中国社会学
经典文库

改革与变奏

乡镇企业的制度精神

渠敬东 编著

生活·讀書·新知 三联书店　生活書店出版有限公司

Copyright © 2024 by Life Bookstore Publishing Co. Ltd.
All Rights Reserved.

本作品版权由生活书店出版有限公司所有。
未经许可，不得翻印。

图书在版编目（CIP）数据

改革与变奏：乡镇企业的制度精神／渠敬东编著．
—北京：生活书店出版有限公司，2024.1
ISBN 978-7-80768-401-5

Ⅰ.①改… Ⅱ.①渠… Ⅲ.①乡镇企业－企业管理－研究－中国 Ⅳ.① F279.243

中国国家版本馆 CIP 数据核字(2023)第008036号

责任编辑	赵庆丰　曾　诚
装帧设计	范晔文
责任印制	孙　明
出版发行	**生活書店**出版有限公司
	（北京市东城区美术馆东街22号）
邮　　编	100010
印　　刷	天津睿和印艺科技有限公司
版　　次	2024年1月北京第1版
	2024年1月北京第1次印刷
开　　本	635毫米×965毫米　1/16　印张 21.25
字　　数	298千字
印　　数	0,001-3,500 册
定　　价	69.00元

（印装查询：010-64004884；邮购查询：010-84010542）

目 录

写在前面：永佃制与集体制 …………………………… 渠敬东　i

上篇　重返经典社会科学

占有、经营与治理：乡镇企业的三重分析 …………… 渠敬东　3
　一、概念问题 ………………………………………………… 3
　二、经验问题：以产权研究为例 …………………………… 5
　三、占有 …………………………………………………… 20
　四、经营 …………………………………………………… 30
　五、治理 …………………………………………………… 43
　六、尾议 …………………………………………………… 74

中篇　相关研究

二元整合秩序：一个财产纠纷案的分析 ……………… 张　静　87
　一、基本问题 ……………………………………………… 87
　二、案例事实 ……………………………………………… 90
　三、根据什么确定产权？ ………………………………… 91
　四、公共组织投入的含义 ………………………………… 94

五、何为投资？……………………………………………… 99
　　六、二元整合秩序 ………………………………………… 102

集体产权在中国乡村生活中的实践逻辑：
社会学视角下的产权建构过程……………申　静　王汉生 109
　　一、关于产权的概念………………………………………… 109
　　二、研究介绍………………………………………………… 111
　　三、有限方位的排他：发生于集体边缘的产权实践逻辑… 112
　　四、多种原则下的权利分配：产权在集体内的实践逻辑… 127
　　五、结论……………………………………………………… 144

产权怎样界定：一份集体产权私化的
社会文本……………………………………折晓叶　陈婴婴 153
　　一、社区集体产权：一种社会合约性产权………………… 156
　　二、一个动态界定事件……………………………………… 162
　　三、事前界定：社会性合约的形成和运作………………… 172
　　四、事中界定：社会性合约的达成和弱化………………… 180
　　五、事后界定：社会性合约的清算和表达………………… 190
　　六、结束语…………………………………………………… 198

"关系产权"：产权制度的一个社会学解释……………周雪光 206
　　一、"产权是一束权利"……………………………………… 207
　　二、"产权是一束关系"：一个社会学的思路……………… 212
　　三、关系产权与企业行为…………………………………… 220
　　四、乡镇企业的重新解释："关系产权"理论的一个应用… 233
　　五、结束语…………………………………………………… 237

占有制度的三个维度及占有认定机制：以乡镇企业
为例 ·· 刘世定　244
　一、研究策略 ··· 244
　二、概念与分析框架 ································· 245
　三、乡（镇）办企业：作为占有者的乡（镇）政府 ······· 251
　四、乡（镇）办企业：作为占有者的企业经理（厂长）······· 263
　五、结语 ·· 277

下篇　评论与争鸣

回归乡土与现实：乡镇企业研究路径的反思 ······ 周飞舟　283
　一、"中国模式"的悖论 ····························· 283
　二、乡镇企业的"外围"解释 ······················· 285
　三、乡镇企业的乡土性与现实性 ···················· 289

理论化与制度精神："占有、经营与治理"一文引申的几点
思考 ·· 赵立玮　296
　一、"总体现象" ···································· 298
　二、"概念问题" ···································· 302
　三、"制度精神" ···································· 306

写在前面：永佃制与集体制

一

《占有、经营与治理：乡镇企业的三重分析概念——重返经典社会科学研究的一项尝试》，是酝酿许久而于2012年写成的一篇长文，次年《社会》分两期发表。这篇文章的缘起，是向当代社会学家关于组织和产权问题的几项精彩研究致敬，也是对改革开放以来关于中国社会实践的理论思考，因为这些经验不仅在现实中富有意义，同样也是对社会学经典理论的思想升华。而且，对乡镇企业这样的"小问题"的反思，倒是能促进中国社会的"大文明"的认识。

文章的结尾，我曾颇有感触地说道："今天，我们不能不面对一个事实，曾经改革浪潮中的乡镇企业已经基本消亡了，淡出了人们的视野。但是，好些过往的社会现象，并不因它们消逝了而死去，好些人们正看得见的现象，也并不因其现实存在着而活着。对于社会科学的研究者来说，历史的本质即在此"。十年后的今天，我依然这样认为，而且，这样的感悟愈加深切。

收入本书除了此篇长文外，还包括曾经孕育这一思考的五篇论文，以及两位学界朋友对拙文的评论，也都发表在《社会》上。非常怀念十年多前的那个时候，社会学界有个好习惯，学者无论长幼，常为一个学术上的具体问题交流争执，从不伤感情，反而情谊笃厚。苏国勋、李汉林、折晓叶等先生是我的恩师，老师的朋友王汉生、杨善华、周雪光、刘世定、谢立中、张静等先生也是我的恩师，学问贵传承，无信念、责任和情感，也便无从依靠。单个学者从来都不是什么"大人物"，但代代相续起来，就会生生不息，创造出一个"大时代"。

社会学这门学科有几个特点，一是紧随时代的脉搏，所有经验问题都必须从田野中来，田野工作也不是一次或多次，而是长期纵贯的实地调查，其本身就带有历史的特性；二是社会学不迷恋于分析上的前提设定，也不执着于普遍性的理论模式，不仅在研究领域上是开放的，在思想上也是开放的。由此带来的第三个特点，即是与别的学科高度融合。本书涉及的组织、产权和治理等问题的研究，就普遍涉及经济学、管理学、法学、政治学，甚至是哲学和历史学等学科的思想方法。也出于这样的原因，第四个特点也就显而易见了：社会学家的思考和技艺，带有综合性的特质，社会学发轫，便有了超越各学科的既有姿态，从总体性的视角来考察多重社会构造，凸显出一种文明研究的意识。

所以说，社会学兼具经验性和理论性，既非诉诸一种形而上的思维原则，也非局限于纯粹的实证性；如何在经验与观念、事实与价值、演绎与归纳、理论与实证之间构建一种彼此交织汇通的关系，便是研究中需要体会的微妙之处。在我看来，社会学理论的研究，若不能带出经验感或曰将抽象上升为具体的能力，就体现不出理论的真义；而经验研究中，若不在概念的界定、流脉的梳理、解释的扩展上做出思考的努力，甚至少了最终能够关联到情感和价值的因素，社会也会失掉真正的生命气息。因此，将理论研究经验化地予以呈现，而使经验研究更富有思考的意味，就成了学术写作上的一种自我要求。

二

关于乡镇企业的研究，只是一个小小的经验切入口。乡镇企业作为一种社会实体，存在的时间不长，前后不过十几年，是特定时代的产物。可是，社会中的有些现象，其存在的价值并不是以时间来判分的，关键要看其社会诸种因素的复合度有多高、多强、多广，社会学所追求的总体阐释原则，其要义在此。在20世纪八九十年代，乡镇企业遍及大地，曾一度"村村设厂、户户冒烟"，可若从学理分析的角度看，却总是暧昧不明，依稀难辨。人们总是用"摸着石头过河"来揣摩体会，觉得它毕竟是一种过渡时代的"产品"，甚至有些学者干脆用"模糊"这一概念来概括之，到头来在解释上依然一头雾水。

从任何角度看，乡镇企业之所以模糊，是因为它是一种复合性的社会体。从实体的方面看，虽说它具有过渡性的特征，从根本上说却是不同时期、不同区域、不同制度甚至是不同文明的构成要素相互叠加交融的产物，不仅有迹可循，而且会牵连出社会构造的方方面面，是理解社会学之基础理论问题的最佳样本。从方法论的角度说，一旦某种社会现象很模糊，反倒应该引起思想上的"警觉"；解释上的为难处，便是发现上的切入点，世间的事情往往越模糊，就越复杂，不仅对于其构成的历史来说如此，对其所蕴涵的思考的可能性来说亦如此。涂尔干将这样的现象称为一种"历史时刻"的涌现，他说："在每个历史时刻，都有几种可能的未来。"[①] 后来，蒂利也有过这样的说法，这样的历史"即使不是无限的，也是多样的，每个时刻都有许多可能的未来"。[②]

由此说来，乡镇企业面容模糊，却很迷人，生命短暂，却学理

---

① 涂尔干：《教育思想的演进》（渠敬东编《涂尔干文集》第四卷），李康译，上海：上海人民出版社，2003年版，第10页。

② Tilly, Charles, 1992, "Singular Models of Revolution: Impossible but Fruitful", CSSC Working Papers Series No.138, New School for Social Research, p.33.

常青。它的谜题，怕是需要靠几代学人的努力才会解开。

首先，依照习惯上的思维，人们必得追问"乡镇企业归谁所有？"，这个问题着实很难回答。所有权或占有权的界定，是经济学和法学思考的基本前提，这个问题搞不清楚，其余的问题便一团糟了。乡镇企业归个人所有，还是归集体或国家所有，连企业经营者、当地老百姓和地方政府都说不明白，就别提学者了。乡镇企业牵涉的几方，都可以说是所有者，也都不是所有者。一旦占有权很模糊，西方理论就变成了丈二和尚，摸不着头脑。

其次，就社会学的研究来说，虽然想尝试跳出这样的预设，直接从行动者出发来辨明所以，也常常会感到无从下手。乡镇企业的经营者，可不止是那些厂长或经理们，因其受土地集体所有制和国家各级行政权的限制，他们不可能成为充分享有自主和自足经营权的行动主体。即便将厂长或经理们看作是集体或政府的代理人，那么所谓的委托—代理关系也极其复杂，由于"厂商政府"和"政府厂商"的现象随处可见，而且这种关系可以越级干预，委托方往往多次选择代理方，代理方多次替换或更迭，造成极高的"代理风险"，此类理论解释上的有效性随之大打折扣。不过，这样的情形对乡镇企业名义上的经营者来说也未见得是件坏事，代理强度减弱，也会使"合同约束软化"，经营者依靠人际上的"圈内归属"关系，反而扩展了其行动的范围。

这样一看，乡镇企业的构造可真正成为"社会问题"了，其中蕴涵的社会意味特别丰富：纵向上看，乡镇企业与其嵌入其中的集体、层层叠叠的政府，甚至是条块之外的各类行政因素、国有企业或其他类型的企业，以及社会上的关键人物都有或显或隐的关系，组成了围绕在自身周边的"大社会"；横向上看，由于有不同地域、历史、风俗和人际互动样式的影响，各地决定和影响乡镇企业占有权和经营权的方式和程度也大有不同，于是便出现了各种各样以区域性为特征的乡镇企业模式，如苏南模式、温州模式、珠江模式、晋江模式等，对此我们再熟悉不过了。

既然如此，福柯所说总体社会的"治理术"就有了题中之义。若说乡镇企业很小，可也是五脏六腑俱全，但若从社会生态和心态上论，因为乡镇企业产权模糊，又是多主体复合经营，因而牵涉面甚广。以小见大，是社会学的风格，由个案而迈向社会全体①，是社会学的方法。假如没有体制、认知和民情所塑造的那个时代，乡镇企业则无处容身，反之，我们亦可从这样的社会实体入手，来管窥时代的风习和精神。

从体制上说，20世纪80年代是一种双轨制的试行期，既与"改革"的意识形态有关，也与各项具体的社会政治制度有关。"改革"的哲学，是一种体制"存量"和"增量"之间的辩证法。我曾在一篇文章中说，所谓"改革"，"即是在一定程度上守持体制存量的情况下，培育和发展原有体制之外的增量，再通过增量的积累而形成结构性的变迁动力，促发原有体制的应激性反应，从而实现社会结构逐步转型"。"'保护存量、培育增量'的原则，事实上形成了两者间的辩证关系：通过保护存量来控制增量的过快扩充，避免增量因偏离路径依赖的逻辑而产生系统风险，同时又通过增量的扩充来实现存量的演变效应，使存量部分可以循序渐进地发生转化，而不致因为结构突变而出现社会动荡。本质而言，改革所遵循的是一种'双轨制'的逻辑。"②

乡镇企业是"增量"改革的成果，但也正因有"存量"存在，所以它既可以在"存量"那里效忠、求庇护，也可以从中挖取各类资源，甚至利用"剪刀差"来寻租；与此同时，"增量"也打开了自由资源的流动空间和自由竞争的市场空间，重构了全社会再分配的秩序。本文曾说明，只有乡镇企业所运作的社会关系紧紧绑缚在体制关系之中，并尽可能扩大其与不同类型、不同层级的体制之间的连带关系，才能更有效地增加自身的"排他性"，就是这个道理。

---

① 渠敬东：《迈向社会全体的个案研究》，《社会》2019年第1期。
② 渠敬东：《项目制：一种新的国家治理体制》，《中国社会科学》，2012年第5期。

而且,"承包制"的改革话语,不仅在行为方面,更是在认知层面上为双轨制运行提供了治理基础,促使全社会浸染在这样的风潮之中。

20世纪80年代的"承包制"改革,遍行于社会生活的每个领域:大到中央与地方,乃至逐级地方政府之间的财政包干制,以及改革特区的另行体制,小到各城市社区的企业承包制,以及农村普遍推行的家庭联产承包责任制,在整个社会掀起了一场"思想解放"运动。无所不"包"的时代风习,印刻在每个人的意识活动之中。"承包"话语,将所有占有关系上的"剩余权"和"追索权"一并搁置起来,留待事后;制度留出的落差和空隙,也使企业经营无所不用其极,"效益至上"的原则胜出了所有权原则。不仅如此,这类话语也构成了一种弥散于全社会的理解力和感受力,即孟德斯鸠和托克维尔所说的"民情"(mores)效应,从而在各级政府、乡镇企业和国营企业乃至相关民众等诸层面构成了交互作用的复杂机制。

由于中央与地方政府之间是以"定额包干"这种财政体制来运行的,而且,包干制期间的税制以产品税为主,无论企业效益好坏,只要能够正常运转,税收便以产值或增加值为基数来计算。因此,地方政府为促发经济增长和增加财政收入,便常以"放水养鱼"的办法,通过兴办企业迅速扩大地方信贷和投资规模,地方企业规模越大,所能创造的税收和预算外的财政收入就越多。所谓"银行放款、企业用款、财政还款"的模式,即是这种政企关系的一个形象概括。[①] 而且,在乡镇企业的发展过程中,农村集体制除提供土地和劳力外,无法提供任何资金、技术、人才等市场竞争中的硬实力,地方政府也必须为其建立行政管理、银行借贷和民间融资等各种隐性的交易和庇护关系,通过集约各种社会资本来降低交

[①] 渠敬东、周飞舟、应星:《从总体支配到技术治理:改革30年的社会学研究》,《中国社会科学》2009年第6期。

易成本。

此外,在承包制的治理系统中,国营企业与乡镇企业亦可以建立广泛密切的联系,特别是在相关产业领域,国营企业往往采取外包方式,将初级产品的加工发包给乡镇企业,并在生产资料计划价格、生产工艺和技术人员上提供支持,尽可能换取乡镇企业市场经营所得的利润。在这个意义上,乡镇企业尽其所能,创造出各种灰色地带,将双轨制的制度效应发挥到极致,来拓展隐性占有和多元经营的自由空间。[1]

三

关于乡镇企业的具体研讨,本书说得比较详尽,不必多赘。不过,还有一些未解的问题,让我多年来依旧念念不忘。当初酝酿此文,大体上都是从当前史出发的,文献与材料均围绕现代社会理论和当下社会经验而展开。但写作的过程中,一些思想史和社会史的阅读体会时常扑面而来,挥之不去。我知道,一切当前的社会实在,无不有社会的种子和历史的脉系于其中,可自己力有不逮,只能在所谓的"拓展分析"一节里提出两三个粗浅的想法:一是乡村公共性制度的历史源流,二是由"永佃制"塑造的独具中国特色的农村土地制度,三是区域性思想传统和地方性知识体系如何作用于历史的现实或现实的历史,对乡镇企业的形成产生了实质影响。不能不说,时隔多年,我研究兴趣发生了转移,依然没有形成上述几个方面的完整学识,未能深化自己的认识。

作为现象,乡镇企业无疑是新生的,可其中的构成逻辑,却有长久的根由。"拓展分析"所及的三个研究面向,既是历史学问题,也是社会学问题,但终究是两者互为构造的问题。自不必说,历史

---

[1] 渠敬东、周飞舟、应星:《从总体支配到技术治理:改革30年的社会学研究》,《中国社会科学》2009年第6期。

学家对此有颇多深入研究,而社会学家提出的经典议题,也常常关涉于此。这里,可先撇开第一和第三个问题,先就"永佃制"的逻辑尝试讨论。当然,这与有关乡镇企业的理解密切相关,绝不是时下流行的专题研究可限定的。

对农村土地问题,经典社会学家们都有天然的研究兴趣。林耀华先生的《金翼》讲的不是历史故事,是他亲历的社会生活。在福建的古田,黄家兄弟起初还没分家,他们虽然对土地有某种权利,却是佃户。佃户与地主的土地关系很是特别,林耀华如是说:

> 根据当地的土地租佃法,对土地的占有有不同类型。地主占有田地的"底盘"或"土地权",有权征收地租,他是土地的合法主人,他的名字要在政府注册,必须向政府缴纳地租。但占用土地的人被乡里人称为"根的占有者",对土地拥有永久的占用权。"根"这个字显然是意味着那一部分生长庄稼的土地。①

这就是"底—根租佃制"的基本结构:拥有"底盘"的地主所收取的地租,为土地收成的一半。"根的占有者"作为"自佃农",既可自己从事生产,亦可将土地出租给其他农民暂时耕作,这种被称作"二佃农"的农民必须向前者交租。倘若是这种情况,自佃农会得到收益的四分之一,二佃农则得到其余的四分之一。原则上讲,地主是唯一的纳税人("大税"),有时租种土地的农民也被迫交税("小税")。依照书中的描述,地主常常住在古田城里或湖口镇上,每到收获季节,地主派管家来村里征收实物地租。

我们先不论永佃制的历史起源和曾经的社会实态,就社会的构成来说,便具有相当的理论意义。首先,这一制度所预设的产权结

---

① 林耀华:《金翼:中国家族制度的社会学研究》,庄孔韶、林宗成译,香港:三联书店(香港)有限公司1990年版,第11页。

构，与我们熟悉的移植于西方法权概念的占有权体系不同。中国乡村土地制度中的"一田二主"现象，并没有将土地占有权作为一种绝对权利，来派生和统摄收益、使用和处分等诸项权利。事实上，永佃制并未"依照"这种标准的产权逻辑来运行。相反，我们可以清楚地看到，虽然地主是土地的占有者，但佃农似乎也享有着一种非常独特的"二级占有权"，或可称之为"使用占有权"，即《金翼》所说的"根的占有者"。

这里，存在一种文化上的权利指涉：土地除了作为占有物存在的对象性含义外，似乎对实际耕作者有一种特别的"眷顾"，即从事具体耕作的佃农（甚至是二佃农）都具有某种意义上的不充分占有权，或是分有占有权的权利，我们从土地的收益比例中，也可以分辨出占有权利的配额。另一方面，"二级占有权"或"使用占有权"还享有一种土地租赁的权利，即实际的土地耕作者，可将土地进一步出租给其他农民，形成梯次性租赁的现象，这种现象在占有权作为绝对权利的法权体系中，是无法想象和不可理解的。

也正是在这个意义上，林耀华的说法便很值得回味了："'根'这个字显然是意味着那一部分生长庄稼的土地。"显然，对于乡间社会里各个阶层的人来说，土地最先被赋予的社会意涵，并不是作为占有的对象，而是其独具的生长性或生养性的价值。庄稼总是要长在土地上，也由此养育了人。《诗经·大雅·生民》有云："载震载夙，载生载育，时维后稷。"后稷作为周人先祖，发明稼穑之术，土地成了生养之地："荏厥丰草，种之黄茂。实方实苞，实种实褎，实发实秀，实坚实好，实颖实栗。"于是，有了粮食，才有家；有了家，才会有敬祖和丰产的祭祀。"后稷肇祀，庶无罪悔，以迄于今"，正所谓社会得以构建，能够延续至今天，神圣基础即在这里。

因此，永佃制的精髓，自然在"永"和"佃"二字：耕作土地的人一旦拥有了土地的长期使用权，方使农业赓续，社会得以继替。在《金翼》的故事里，即便黄东林去了外地做生意，生辰葬仪、年节假日、进香拜佛也都是他回家的理由，土地永远是他依傍的物质基础和精神支柱：

  东林偶尔拿起锄头绕着田走，为他兄弟找水，就像所有农民在灌溉季节所必须做的。离家乡几年后，他现在开始怀着一种至爱的心情看着葱茏的田野。林鸟啾啾，涧水潺潺，这是大自然的协奏曲。在一片宁静的气氛中他漫步在田野小路，远离喧嚣繁忙的市镇生活，他感动完全摆脱了心理上的负担。①

  永佃制的产权构造，确保了农村土地占有权的泛化，或者说，占有的排他性在地主方面的弱化，以及对于土地使用权的强化，反而加大了灵活使用土地的空间，减小了频繁的土地交易和兼并，从而在土地使用权得以轮转的情况下，保证土地长期有效耕作。土地的梯次性占有和使用权，既可以使占有权以复合形态存在，也扩展了土地利用的人力资源范围，增加了乡村社会的弹性空间。即便像黄东林这样的商人，也依然可以通过自家兄长的土地经营或将土地转租给二佃农的办法，来保持"家庭与商店、乡村与城镇、田园生活与商业事务"之间的平衡。②

四

  提升使用权的地位，并使占有权梯度拆分化，是永佃制的基本精神。其目的，就是为土地利用赋予最高的价值，保持土地在乡村社会生活中的核心作用。赵冈指出，乡村社会中老百姓的"业"观，既可以是在土地所有权层面上的"永远"持有，也可以是租佃关系"永远"维系，即租佃权也可以以"永远为业"的方式予以转

---

① 林耀华:《金翼》，第11页。
② 林耀华:《金翼》，第12页。

让，发展到一定程度即为永佃。①孟子所谓"恒产"与"恒心"的"民之为道"，便是题中之义。②

无独有偶，费孝通先生的《江村经济》也曾讨论过苏南地区所广泛实行的相似制度：

> 根据当地对土地的占有的理论，土地被划分为两层，即田面及田底。田底占有者是持土地所有权的人。因为他支付土地税，所以他的名字将由政府登记。但他可能仅占有田底，不占有田面，也就是说他无权直接使用土地，进行耕种。这种人被称为不在地主。既占有田面又占有田底的人被称为完全所有者，仅占有田面，不占有田底的人被称为佃户。③

这意味着，无论是完全所有者还是佃户，只要拥有田面权，就可以自行耕种土地；与此同时，拥有田面权的人，也有可能不是土地的实际耕作者，他可以把土地租给他人，或雇工为自己种地；甚至承租人也有暂时使用土地的权利，他也可雇工。以上所有当事人，对土地产品均享有一定的权利，田底所有者可从佃户那里收取地租，田面所有者可要求承租人交租，雇工可从雇主那里获得工钱。所以，费孝通很明确地说明：考察乡村土地的权利关系，必须把实际耕作者、田面所有者以及田底所有者明确区别开来。

由此看来，江村的土地制度与古田很类似，只因为苏南地区人口流动性大，很容易产生逐级外包的情形，即长工和短工相结合的雇农制度。但无论如何，皆可称之为"永久性佃权"的存续。不过，费孝通也对比过华南和华东的情况，他参引了陈翰笙的研究，

---

① 赵冈：《永佃制下的田皮价格》，《中国农史》2005年第3期。
② 谭明智：《永远为业：清代田土买卖观念的社会学研究》，《社会学评论》2020年第8期。
③ 费孝通：《江村经济——长江流域农村生活的实地调查》，载于《费孝通文集》第二卷，北京：群言出版社，1999年版，第126页。

指出华南的雇工和无地贫农为数较多,故土地租制非常复杂,永佃制几无遗存;而在华东地区,之所以还能够留存这样的土地制度,是因为有不在地主制的存在。

《江村经济》有关"不在地主制"的讨论,可谓是最精彩的理论发现。可此番讨论前,费孝通则满怀深意,谈起人与土地之间非同寻常般的情感。他说,人投入于土地之中,却无法全面地控制土地,特别是灾荒之年,土地的反应让人出乎意料,也捉摸不定。于是:"恐惧、忧虑、期待、安慰以及爱护等感情,使人们和土地间的关系复杂起来了。"①

> 人们利用土地来坚持自己的权利,征服未知世界,并表达成功的喜悦。……名誉、抱负、热忱、社会上的赞扬,就这样全部和土地联系起来。村民根据个人是否在土地上辛勤劳动来判断他的好坏。例如,一块杂草多的田地会给他主人带来不好的名声。因此,这种激励劳动的因素比害怕挨饿还要深。②

"一抔也而千年永守",是土地对乡民的永恒价值。人生有涯,土地长存,人的生存保障、家族的绵延更迭、世代的心灵寄托,都表现在对某块土地的依恋上。从摇篮到坟墓,从后代到祖先,土地承载着一代又一代人的社会生命,因而也会造成这样的现象:"土地的非经济价值使土地的交易复杂化。"③换言之,土地耕作的不确定性愈大,对人身、家庭、宗族乃至地方社会的稳定性就威胁愈大。因此,土地问题必然涉及保障、救济、抚恤等一系列的社会问题,由此也必然关系到债务问题和金融问题。

《江村经济》的一大创见,就是将农村土地问题置于一种"人

---

① 费孝通:《江村经济》,第129页。
② 费孝通:《江村经济》,第129页。
③ 费孝通:《江村经济》,第130页。

文区位学"或"区域生态学"的视野之中,从城乡关系的角度出发来破解上述难题。费孝通的这种思想,显然受到了他的中国的导师吴文藻以及英国的社会经济史家托尼(R.H.Tawney)的影响。土地问题的研究,必须从城乡两个层面的互动中来考察其中的动态机制,既要看到乡村社会中土地占有和使用中的形态,也要看到移居城镇中的不在地主与土地之间依然保持着的连带关系。

费孝通指出:

> 永佃制似乎保护了贫农不致因乡村工业需要资金而迅速失去土地权。不应把永佃制当作历史遗存来研究,而应把它作为耕种者与投资者利益的调节来看待,是不在地主制整体的一个部分。①

如何保证土地长期稳定的使用,同时保障地主和佃户的利益,是永佃制的关键所在。在这种制度下,作为田面所有者的佃户,一般不受作为田底占有者的地主的干涉。虽然例行化的法律规定,佃户连续两年无法交租,地主可以退佃,但事实是:只有佃户才熟悉土地耕作的一切,不在地主作为一种抽象的权利占有者,长期甚至几代人都没有乡村生活经验,既不熟悉土地耕作的情况,对于乡村中的社会关系也一概不知,很难找到一个被乡村共同体接受的合适的替代者。因此,不在地主最合理、最恰当的解决方案,就是有效地输入资金,帮助佃户一起克服困难,继续维持原有承租关系。费孝通指出:"宽容拖欠是符合地主利益的。"永佃制甚至还会形成一种有趣的现象:即使田底权发生了变化,地主有了更迭,田面所有者却往往保持不变。

而且,正因为乡村社会的底色是一个熟人关系的世界,亲属、宗族、自然村落式的人际关联,天然具有道德的属性,因此,土地

---

① 费孝通:《江村经济》,第132页。

的交易和变更,以及债务和借贷关系,必然受此保护。费孝通很认可托尼在《中国的土地和劳动》中提出的看法:"租佃制问题是城乡间金融关系的职能"。①而其中的具体表现,便是"城镇资本对乡村进行投资"。对地主来说,土地的价值寓于佃户的交租能力之中,因此,"土地的价格随着可供土地投资的资本量以及收租的可靠性而波动"。于是,就造成了另一种有趣的现象:田面的价格不会在土地的市场价格中体现,其实质上是虚置的,不易买卖。②即便是地主想要种地,也需要在佃户那里购买田面权。

由此,最为悖谬也颇具积极意义的现象出现了:正因为不在地主几乎切断了与乡村和土地的日常具体联系,城乡之间才得以长期保持一种稳定的金融关系。而且,不论是收租、兑税,还是针对天灾人祸形成的产品价格波动,都需要更富有组织性的委托—代理关系来解决。不在地主会理性化地强化各项组织工作,组建"收租局"或"联合会"来进行管理,从而针对乡村事务的一整套"不在制度",在城镇中发育起来。

五

"一田二主"的现象,在土改时期有过很多调查。潘光旦、全慰天曾在《苏南土地改革访问记》中提出:"中国的田底权与田面权的分化现象,以长江下流各省,尤其是苏南为最普遍,而苏南农村尤以东部为多",并认为虽永佃制普遍实行于明清社会,但"苏南农村田底权与田面权分化的现象,是太平天国革命战争以后才开

---

① 费孝通:《江村经济》,第133页。
② 这只是苏南地区的特殊情况。根据以往的研究,在清代的地权流通过程中,田底权和田面权的流通是并行不悖的,有时田面权的流通比田底权更有营利性,田面的价格超过田底的价格是十分常见的现象。参见李文治:《明清时代封建土地关系的松解》,北京:中国社会科学出版社,1993年版。

始的"[1]。关于永佃制的分布、形态与变迁的历史,极为复杂,经济史家傅衣凌通过契约、文书、碑刻、族谱、账本等历史文献做过最早、也是最丰厚的研究。

傅衣凌认为,中国传统社会的财产法权概念是多元的,并不存在独立的形态。一方面,国家的剥占和褫夺是常见的现象,另一方面,乡族势力也对此有一定的控制权。"宋代以后'永佃权'和'一田多主'现象普遍存在,不但土地的所有权、经营权和使用权发生分离,而且每一种权益还可以做多层的分配。"[2]因此,传统社会的产权,正因为不以绝对法权的形式出现,会形成两种相反的结果:在社会要素配置较为平衡的时期或区域,永佃制可扩展土地经营的灵活空间,构成不同主体之间的相互支持和保护;但在社会资源相对集中的时期或区域,便容易产生强力集团对各级佃户的剥夺。

在有关赔田约的研究中,傅衣凌着重分析了"一田三主"的情况。这种情况与"一田二主"不同,是永佃权被转让、典当、买卖时,"在租佃之间又产了一种中间层人物,他们——赔主,也俨如地主一样,可以向佃户坐抽租谷——即是小租。结果,羊毛出在羊身上,这只有加重实际耕作者的负担"。[3]赔主的出现,使得永佃制的运行中出现了专门的食利者阶层,他们常与其他占有者群体结合起来,将阶级的作用因素置于土地制度的结构之中,也印证了宫崎市定的判断。[4]事实上,"一田三主"的具体情形非常复杂,其具体机制因新的阶级因素的介入,加重了佃权买卖的幅度和力度。更有

---

[1] 潘光旦、全慰天:《苏南土地改革访问记》,北京:生活·读书·新知三联书店,1952年版,第43、38页。
[2] 傅衣凌:《中国传统社会:多元的结构》,《中国社会经济史研究》1988年第3期。
[3] 傅衣凌:《近代永安农村的社会经济关系》,《福建佃农经济史丛考》,福州:福建协和大学中国文化研究会,1944年版,第51页。
[4] 宫崎市定:《东洋的近世:中国的文艺复兴》,张学锋、陆帅、张紫毫译,北京:中信出版社,2018年版。

甚者，傅衣凌还专门讨论了"一田四主"的现象，凸显了其有别于其他情况的独特逻辑。他指出，大租主把办纳粮差的任务委托于专人，即"白兑之家"，这种所谓的"专业职务"进一步强化了阶级矛盾，从而使封建势力以立体化的方式进行搜刮，甚至顾炎武很早就讨论过这样的状况。①

傅衣凌的研究非常复杂，这里不须详说。阶级问题的引入或是土地制度激起的民变，根源在于永佃制并不完美，甚至在其权利结构的叠合或缝隙中，亦可形成彻头彻尾的食利阶层，鱼肉乡民。在傅衣凌看来，土地制度依然是在一种总体性的社会格局中来运行的："一方面，凌驾于整个社会之上的是组织严密、拥有众多官僚、胥役、家人和幕友的国家系统，……另一方面，实际对基层社会直接进行控制的，却是乡族的势力。"②因而，林耀华和费孝通的个案，需要纳入到一个更为广阔的结构分析之中，透过国家和地方社会的视角继续加以审察。理解乡村，土地是一个重要的载体，而家庭、宗族、地方精英，乃至国与天下的制度观念都会融汇地施于其上，发挥作用，而介入其中的每个视角和方法，都是该做出一篇大文章来的。事实上，像费孝通《乡土中国》《生育制度》《中国绅士》或《皇权与绅权》这样的思考，都是一种总体性社会观的学术关切。

绕了这么大的弯子，之所以不厌其烦地讨论永佃制，目的还是想解开乡镇企业的谜题。解谜需要很多把钥匙，土地制度问题就是其中之一，甚至可以说，只有恰切的土地制度培植的制度土壤，乡村工业方可得以滋长。在《江村经济》中，费孝通便紧紧围绕土地—家庭—手工业—金融的支架来确立社会分析的进路。而到了20世纪80年代，开放的中国需要全面打造国内市场并为走进国际市

---

① 傅衣凌：《清代永安农村赔田约的研究》，《福建佃农经济史丛考》，福州：福建协和大学中国文化研究会，1944年版。
② 傅衣凌：《中国传统社会：多元的结构》。

场做充分准备，其情势和条件虽已完全不同，但其中的逻辑机制却依然是共通的。

六

新中国成立初期，随着土地改革和合作化运动的开展，新中国的土地制度得以基本形成。这其中的政治意味很明显，一是走群众路线，通过集体形式将农村生产和生活组织起来，二是要剔除土地制度中的一切封建因素。[①]

改革开放以来，农村土地制度的基本结构依然未变。宪法第十条规定："农村和城市郊区的土地，除由法律规定属于国家所有的以外，属于集体所有；宅基地和自留地、自留山，也属于集体所有。"这意味着，"农村的土地，无论是谁占有和使用，也无论其用途如何，都属于农民集体所有"。[②] 宪法第八条也有一项原则性规定："农村集体经济组织实行家庭承包经营为基础、统分结合的双层经营体制。"根据这一原则，"农村中的生产、供销、信用、消费等各种形式的合作经济，是社会主义劳动群众集体所有制经济。参加农村集体经济组织的劳动者，有权在法律规定的范围内经营自留地、自留山、家庭副业和饲养自留畜"。这说明，农村土地的基本经营制度，依然具有集体性质，但同时亦可以家庭承包形式进行经营。陈锡文认为："有了这两条就可以说，尽管农村土地制度改革面临的问题纷繁复杂，但基本方向是明确的，改革的底线也是清楚的，只要坚持这两条，就不至于出现颠覆性的错误"。[③]

从制度结构出发，我们可辨析出几个明确要件：（1）在占有

[①] 参见邓子恢：《在农村组织合作社》《关于土地改革的几个基本问题》，载《邓子恢文集》，北京：人民出版社，1996年版，第288-295，296-315页。

[②] 参见陈锡文：《深化农村土地制度改革与"三权分置"》，载于《中国农村改革研究文集》，北京：中国言实出版社，2019年版，第623页。

[③] 同上。

权的意义上,农村土地为集体所有制。(2)在经营或使用权的意义上,家庭承包制具有基础地位。(3)农村土地承包经营权必须保持稳定并长久不变。(4)农村集体经济组织成员有权依法承包由本集体经济组织发包的土地,家庭承包的承包方是本集体经济组织的农户,这是《农村土地承包法》的明确规定。① (5)《承包法》还规定:"承包方承包土地后,享有土地承包经营权,可以自己经营,也可以保留土地承包权,流转其承包地的土地经营权,由他人经营。"这意味着,除所有权和承包经营权分离外,承包经营权亦可分离出承包权和经营权,以此顺应农民保留土地承包权、流转土地经营权的意愿,推动现代农业发展。上述土地权利的构造,即广大农民所说的"明确所有权、稳定承包权、放活经营权"。②

可以说,这样一种农村土地制度在经验上是独具特色的,在理论上也很别致。在西方人看来,占有权总是排他性的,而且,占有者会充分享有其财产的收益,并对所有财产享有控制权,可决定其使用、重组或处置。③而且,只有通过这样的产权保障,即无限方位的排他性,所有者才会有最强的动机去使用他的财产,以满足利益最大化的目标。④即便在现代公司制的经营中,产权在适当程度上不是不可分离的,但其理论的核心假设并未发生过根本改变。⑤但以此标准来看,中国式的农村土地制度无疑是混杂的,所有权与承包经营权,或后者分离而成承包权和经营权,其各个权利主体的形式都是多元的、复合性的,常常混融一处,不易辨识。

---

① 虽然与乡镇企业兴盛时期相比,一些相关法律文件是后期出台的,但其内在的逻辑是基本一致的。
② 陈锡文:《深化农村土地制度改革与"三权分置"》,第628页。
③ 参见 Alchian, A. A. & H. Demsetz, "The property rights paradigm", *The Journal of Economic History*, 1973, vol.33: 16–27.
④ 参见 North, D. & B. Weingast, "Constitutions and commitment: The Evolution of the institutions of public choice in 17th century England", *The Journal of Economic History*, 1989, vol.49, 803–832.
⑤ Alchian, A. A. & H. Demsetz, "The property rights paradigm".

不过，更有趣的是，共和国确立的土地制度体系虽然带有强烈的革命特征，但若细致辨别，便会发现其中依然包含着强大的传统因素：农村土地集体所有制的结构中，潜藏着与"永佃制"相互契合的成分。从占有或所有权的角度看，集体所有制的确立，消除了农村社区一切私人地主存在的可能性，也挤掉了傅衣凌所说的"赔主"或"白兑之家"的存在空间，将土地所有权归于农村社区。这种集体性的特征，一方面从整体社会制度上确立了权利主体的最高合法性，从统一的法权规定上保证了政策因循的稳定性，也确立了乡村集体成员的集体人格，使所有权不会因为个体的意愿和行为任意发生转变。

与此同时，也正因为集体所有权得到最理论化的明确，农村家庭的承包权才获得了非常牢固的制度根基。土地的承包经营颇类似于永佃制的"一田二主"现象，即集体所有权和承包经营权的分离，以及后者"保持稳定并长久不变"的制度保障，使得土地使用权本身具有了某种意义上的二级所有权性质。但这其中，权利结构却有了与传统社会不同的特征：由于"家庭承包的承包方是本集体经济组织的农户"，因此，作为集体经济组织的成员，农户自身便是土地所有权的持有者，只是这种权利不是由个体或个体的集合所分享，而是一种作为集体"公意"的"主权"，土地的实际发包者为村集体经济组织、村民委员会或者村民小组（见《农村土地承包法》第十三条）。在这个意义上，宪法所规定的"双层经营体制"便有了落脚点，即集体经营和承包经营共处并存，权利关系非常清晰。

同样，由承包经营权分离出承包权和经营权，两者分置并行，所贯彻的则是"保留土地承包权，流转土地经营权"的原则。这种由长期稳定的承包权衍生而成的租赁关系，与"一田三主"的现象也很类似，即集体所有权、家庭承包权和个体经营权之间形成了一种学界常说的"三权分置"的结构。当然，这种现象上的"一田三主"，依然存在很多问题尚未解决，分离出来的经营权，其权利性质究竟是什么，是物权还是债权？还需在理论上深化处理。①

由此我们可以看到，只有基于这样的土地制度结构，乡镇企业才能获得真正的土壤，在祖国大地上繁生发展。首先，乡镇企业是集体经济，这无疑是由土地集体所有制来决定的。这说明，乡镇企业有着明确的边界，以农村社区为限定；同样，组成集体的成员及其资格也是明确的，他们拥有共享集体经济的各项权利。

从历史的角度看，永佃制既包含着国家意志，也需要以家庭本位的社会关系为基础，由此获得较为稳定的土地关系。而新中国的土地集体制，则从根本大法上全方位、总体性地确立了集体本位土地制度，从而使农村土地关系更加明确、更加稳定。其次，家庭承包制的核心，不仅在于在制度上保证土地的有效利用和农业劳动生产率的提高，而且更有助于维护农村家庭及其社会关系的稳定性，并随此，提高金融储备水平，更准确有效地投入到乡村副业、手工业乃至工业等领域。

因此，更趋稳定的集体—家庭关联，是乡镇企业勃兴的社会保障。当然，我们也会看到，由于农村社区始终纳入到国家行政体制之中，这也意味着集体这一概念必然存在于治理体系内，其代理关系具有政治意涵。这就是本书所说的多重占有关系的含义，乡镇企业的产权结构也贯穿着同样的逻辑。在这个意义上说，土地关系中的"三权分置"，也便成了乡镇企业占有结构的模板。只是在国家—集体—家庭—个人的复杂的权利要素中，因不同时期、不同区

---

① 陈锡文总结了学术界不同的观点："着眼于把承包权作为承包农户财产权来保障的观点认为，因为承包权是物权，因此经营权只能是债权。而着眼于保护经营者权益的观点认为，经营权也应当是物权，否则它就没法再次出租或抵押、担保；但反对者认为，如果经营权也是物权，那就明显侵犯了承包权人的权利。第三种观点提出，可否在一定程度上实行债权的物权化，即当事人可以在订立合同时约定，在得到出租人同意的前提下，承租人可以对租入的土地再次出租或用于抵押、担保。"陈锡文认为："这个问题事关重大，不仅关系到从承包土地中分离出来的土地经营的权能问题，更关系到整个社会财产关系中对租赁行为如何进行有效的法律规范。"参见陈锡文：《深化农村土地制度改革与"三权分置"》，第630页。

域、不同文化的作用，而形成了不同的产权模式。而且，无论乡镇企业中的代理权，还是成员权，以及由此派生出的各种权利，也都会因上述因素的变化而发生具体变化。

不过，土地制度毕竟不能等同于企业制度，土地制度作为乡村社会的基础架构，为生长在农村大地上的乡镇企业提供了根本的支撑和制度想象的依据。事实上，农村土地集体所有制，既真正实现了"永佃制"的"人生不可无田"的保障性理想，也保留了其中极其复杂灵活的权利空间。只有集体制作为真正的制度底盘，才会充分调动乡村农业和工业的持久活力。不过，现代产业毕竟有自身的发展规律，也会产生新的矛盾关系，乡镇企业无法全面担负起这样的使命，但乡镇企业的生命，并不存于现实的永恒，而在于思想的可能。

七

实话实说，从社会史的面向看，乡镇企业已经销声匿迹了许久，但今天我依然认为，它的曾经，仍继续闪着社会学研究所追寻的那种光彩。也许，现实只有一种，可历史却蕴含着极其丰富的可能。

黑格尔说过："实体即主体"。对于乡镇企业的思考，让我明白了此话没错。

渠敬东
2023 年 7 月于北京

上 篇

重返经典社会科学

占有、经营与治理：乡镇企业的三重分析

渠敬东

一、概念问题

改革开放30年来，中国企业组织的变革，始终伴随着中国社会结构的总体变迁而推进，甚至成了促发若干重大领域加快改革的引擎。但这种变革的步调极快，现象极为丰富，从而为理论界带来极具挑战的难题。显然，中国企业组织发展与变革所产生的各种疑难现象，难以符合西方经济学家或社会学家已提出的一些标准性解释，其原因在于中国的企业组织不仅形态多样，以复杂的形式嵌入同样复杂的制度结构和社会关系之中，而且，若从发生机制的角度看，企业组织的构成和运行又调动了大量本土的制度和文化资源，致使学者们常用"变通""共谋""调节"或"路径依赖"等本身便带有变通性质的概念来做分析。

质言之，上述概念不太容易被当作严格的分析概念来使用，因为它们大多基于一种描述性的解释。虽然这类概念描画出了某些社会现象得以形成的中间地带和微妙机制，但在分析的意义上，也像是它们所要解释的现象那样，是灰色的、模糊的，总有些想说又说不出、说不透的感觉。同样，类似于"正式的"和"非正式的"这样的概念划分，也容易在解释上造成一种模棱两可的效果：强调"非正式的"因素的作用，很容易将"正式的"结构因素消解成为微观的和局部性的解释，从而忽视总体体制的制度结构及其强制作用；同时，这种划分其实从理论上已经默认了结构因素的合法性基

础，因为所谓"非正式的"说法，恰恰是指一种对于"正式的"制度标准的"偏离状态"。刘世定在评述产权研究时就曾指出，对中国这样一个"偏离状态"是常态的国家来说，所谓"非正式的"概念，容易暗示性地引导人们将在这种状态中起作用的因素看成干扰的或导致混乱的因素，而且从研究的结果看，通常告诉人们的是"不是什么"，而对于"是什么"的问题则不容易提供比较充分的内容（刘世定，1996）。这里，最为关键的是，从"非正式的"因素出发的解释，既难以构成对标准的理论范式的挑战，也难以确立这些因素在现实社会构成中的合法基础。因此，有关中国企业组织变革的经验研究，还须重新回到分析概念的层次上做基础性的讨论。

中国社会变革中的组织现象异常复杂，其间掺杂着各种制度的或习俗的、历史积淀的或外部移植的、国家的或地方共同体的（社会）、私人的或公共的、强制的或同意的、结构的或网络的，以及诸如此类可从多个理论向度加以概括分析的因素。但这些不同层次的分析概念也很容易缠绕在一起，从而使本来复杂的现象变得更加复杂。事实上，同经济学分析一样，社会学分析也需要建立一种清楚、明确的概念系统，在一级分析概念的统摄下，逐步确立二级乃至三级分析概念，形成一种可不断积累、延长和修正的解释链条（孙立平，2007）。

这方面，有三个问题值得注意。首先，社会学研究非但不能规避其他学科（如法学和政治经济学等）之经典理论的概念和范畴，反而应强调学科内的概念创新之前提，在于深入挖掘这些经典理论在历史和经验上的意涵，从原初概念出发来确立逻辑清晰的解释链条。这是因为，无论近60年还是30年来，中国社会都在经历着现代社会基本要素的形成、组合和演化的基础过程，即是一种结构性的社会再造过程；对此过程的考察，无法脱离经典理论的宏大视野。其次，社会学研究不能仅从单一视角出发，将社会现象理解为孤立的和剩余的现象，而应从原初概念的解释链条出发，结合具体的历史和现实经验，逐步构建一种总体性的解释框架，即从现象与总体社会结构的关联出发形成结构分析的基本脉络。这是因为，社会转型中的任何表面看来微小的现象，都可牵一发而动全身，都可透视出结构变迁的效果，社会分析不能囿限于学科分支的逻辑。最后，结构分析不能停留在总体特征和类型的归纳层面，而应深入分析造成结构变迁的每个动力机制。

就本质而言，社会转型中的所有社会过程及其机制，皆具有历史分析的意义，任何机制都孕育着进一步变迁的可能性，隐藏着其中的逻辑契机。而且，中国的社会变迁不是简单的制度移植过程，其中融合着各种制度上路径依赖的因素和本土的（或传统的）资源的微妙转换，所谓具有理论意义的"中国经验"，恰恰是由此孕生的。

二、经验问题：以产权研究为例

十几年来，针对中国企业组织的构成和变迁现象，社会学界做了大量研究，形成了很多分析概念和视角。这其中，产权研究最有学科特色，也最有创新。这些研究在理论上的突破率先来自经验本身的活力，对经济学普遍存在的产权制度改革的思路提出了挑战，并试图通过将产权分析扩展到组织构成的所有范围，突破时下通行的法人治理结构改革和制度主义分析的理论架构，从而确立一种能够囊括组织研究之基本问题的新范式。

下面，本文尝试对五项具有代表性的产权研究，做详细探讨。

（一）研究一

张静通过一桩村办企业财产纠纷案的经验分析，指出20世纪80年代诸多村办企业在产权结构上普遍存在着某种"二元整合秩序"。拿此文的个案为例，村煤厂虽最初由本村9名村民创办，其间村委会又在借贷、移民补偿、设备、公共设施等方面做了大量投入，致使双方各自从私人投入和公共投入出发，对产权归属问题产生争议。最终，法院是用"变通"的办法来加以调解的，将"产权名分与利益分配"分开处理：一方面，并未完全从产权的私人产品性质来确认原始投资人的排他性权利；另一方面，则通过将权利转化为利益的方式，由村委会出面对原始投资人进行利益补偿。这样，等于在事实上确认了行政管理和公共服务的产权资格，投资人将煤厂"自愿赠予"村委会。张静将"权利声称"与"利益分配"称为构成上述"二元整合秩序"的两种合法性来源，前者为制度意义上的，是一种权利的法律正式表述，后者则是一种人们习惯意义上的默会认识，强调"不同社会利益的现实平衡"，可通过利益分配的修复作用，来"中和权利声称隐藏的社会不同意，同时尽可能不去触动权利声称的正式（官方）表述"。（张静，2005a）

显然，这一分析将产权过程拉入了一个非正式的，却最终有效的社会领域，强调企业的性质和界限皆不完全由原初的产权结构来规定，亦不是一种排他性的占有。相反，它所嵌入的社会条件、社会环境和习俗构成了企业组织的另一重合法性基础。不过，虽然这一解释扩展了产权构成的范围，却没有跳出萨缪尔森的问题域，即从"私人产品"与"公共产品"的区分入手来厘定权利（Samuelson, 1954: 387—389）[①]。只是在这里，社会性因素的加入，最终形成了"双重承认"，产权归属成为双方相互妥协的结果。这种解释虽然在产权概念的外延上做了拓展，但并未从理论上澄清产权本身，而且还遗留下了一个危险，即村政府的公共投入似乎成了社会道义的最后理由，这种理由在20世纪50年代末的社会主义改造运动中曾一度流行。显然，通过利益补偿权利来实现的这种平衡秩序，只能是个临时的解决办法，凡是带有公共投入的经营性行为，都可以通过利益换权利的办法来夺占私有产权吗？当政府以社会整合的名义来分割和占有私人产权时，后者显然不是"自愿让渡"的，即便从习俗意义上的社会意见出发，这种"变通"的判决

[①] 萨缪尔森认为私人产品具有使用意义上的排他性，这是权利之属性的来源。参见Samuelson, 1954: 387–389。

也只是一种权宜的办法，不能作为最终的公正依据。由此来看，上述个案遗留了一个理论问题，即所谓村政府的公共投入还具有更深层次的产权正当性，还具有更明确的以集体（或共同体）为核心的权利基础，有待深入挖掘。

（二）研究二

申静、王汉生有关"集体产权"的分析拓展了上述难题的研究视野，其主题虽不与企业组织直接相关，但在理论上却联系密切。该文以一次发生在内地农村的征地事件为例，指出以集体制为基础的产权关系，并非像经济学家所认为的那样，是划分明确且一经形成便相对稳定的关系结构，而表现为在具体的社会环境中的一个动态均衡过程。再具体说，即"对于一项有着明确界定的产权，交易双方会以适当的合约形式来实现产权在不同实体间的转渡"（申静、王汉生，2005）。在中国，为何产权研究要从一个动态的机制入手呢？这源于所谓集体产权的复杂性：一方面，在土地使用"农转非"的过程中，村集体作为土地的原始所有者，应享有出让土地所得的收益；但另一方面，土地包干后，农民对承包到户的土地拥有了长期稳定的使用权，享有着对剩余收益的控制权，而且由于土地作为基本生产资料而带有"专属专用"的性质，因而这种使用权带有排他性，在农民看来已经具有"变相的所有权"属性。作者认为，所谓集体产权的内在矛盾，正是这种（1）对上不排他的土地集体所有的产权制度与（2）农民个体将承包土地使用权作为排他性权利之间构成的关联，但其实质，则在于农民个体是以一种"类所有者"的身份来行使土地使用权的；这促使他们采用"成员权"的方式来理解自身在集体所有制中的位置，即"对集体外个体的明确排他性，和在集体成员间的非排他性共同占有"。因此，集体产权的本质乃是成员内部的公平分配，征地补偿的逻辑最终应落实到这样的权利基础上。

虽然这一研究并没有落脚在企业组织的分析上，但其中所探讨的集体产权结构却对此类研究有极大的帮助。它突破了所谓私人产品与公共产品的分析范畴，将产权的困难落实在集体制这样一种特别的所有权上，而非私有制与公有制间的矛盾。在下文的讨论中，我们会看到最富中国特色也最为复杂的产权问题，是"共有制"提出的理论挑战，但这种权利制度既不同于西方学者曾提出的那种简化模型（德姆塞茨，2007）[1]，也不能简单等同于古代欧洲的公地制度（Dahlman，1980），它不是典型意义上的共有制，而是嵌入于国家行政治理体制之中的，只具有有限方位的排他性（刘世定，1996）。

由此我们可以看到，集体制下的权利便处于多重矛盾之中：（1）成员权的追索终端为村集体，但村集体的所有权仅具有对同一行政等级的集体或其成员具有排他性，对行政体制的上级单位不具有完全的排他性，从而造成了集体占有与国家治理两种逻辑间的矛盾（张静，2003），集体成员不可能对上级政府提出产权要求，进而无法实现集体产权的保护；（2）所谓"类所有者"及成员权概念，仅是一种抽象的权利概念。在现实中，谁来作为集体产权的代理人并承担共有权的保护，是问题的关键。事实上，曹正汉的研究说明，集体土地的产权界定究竟采用何种原则，既不是完全由法律决定，也不是自发演化之结果，而是集体权利代理人与集体成员间的博弈结果（参见曹正汉，2007）。在集体产权不具备完全的排他性、成员权追索不充分的条件下，集体产权的维系和保护则在相当程度上仰赖集体代理人的行事能力和道德公信力（折晓叶、陈婴婴，2000），若社会教化和基层民意的力量匮乏，集体所有制很难通过扶贫济困来实现共同体的社会团结，当成员权受到威胁时，也只有采取用权利换取利益、用土地换取衍生权利（参见郑雄飞，

---

[1] 德姆塞茨（Harold Demsetz）仅简单论述道："共有产权允许任何人使用土地，在这一体制下所有的人必须达成一个土地使用的协议。但是，与财产私有制相伴随的外部性并不影响所有的人。"

2010）的权宜出路。由此可见，即使在形式上如作者所说"以'共同占有'为特征的集体产权在集体成员间绝非是'模糊'的"，但若从产权的排他性界定和代理机制出发，尚不能清晰确认这种产权的主体形态。

（三）研究三

在上述第一项研究中，我们看到私人投入和公共投入间的张力构成了产权界定的模糊地带，在第二项研究中，我们看到土地集体所有制所确立的共有产权形态既是共同体权利结构的基础，同时也是不完整的。这两个关键的矛盾因素，在20世纪90年代乡镇集体企业转制中表达得最激烈。折晓叶、陈婴婴曾用极细腻的笔触刻画了20世纪90年代一家苏南乡镇企业如何将集体产权私有化的过程，指出村庄工业共同体的形成不能单由国家赋予农民的集体成员身份来界定，而是由"土地使用权人"和"共同创业人"两种资格来确定成员身份的（折晓叶、陈婴婴，2005）。作者指出，以乡镇企业为代表的集体产权主要不是一种市场合约性产权，而是一种社会合约性产权，即表现为熟人社会所默认的隐性合约，时刻处于乡村共同体特定的社会关系的协调过程中，农民对集体经济的信任和合作，以及对互惠回报的期待，主要体现为提供非农职业、保障就业和提高社区福利水平等方面。集体产权依靠社会连带关系中的情理和习惯规则而被看作一种"习俗性产权"，从而对市场合约不完备情况下产生的产权冲突形成缓和和协调作用。

但当这种产权所嵌入的制度环境发生急剧变化，特别是各级行政开始积极推动改制进程时，上述社会合约便难以为继了。首先，村领导采取"股份合作制"的办法对集体"存量"进行了"置换"，集体产权被偷换为投资性产权。其中，大部分由私人资本联合而成，一部分以配股形式量化到个人，从而实现了"集体大股"与职工个人的分离。随后，乘着公司制改革的"春风"，将村与公司的"所有物"严格划分（即村企分家），借助分配股权的办法塑造了新的产权主体，经营者和职工持股会都以公司法为依据，各自形成了可指认、可计价、可交易的资产。最后，通过变现、上市或赎买等策略，最终让集体资产退出原初的产权结构。作者接着在分析中指出，所谓集体产权最初不是依靠市场合约来维系的，社会合约所依据的情理合法原则是一种公意性合约，并无"初始合同"；但由于企业经营多采用"订单加工"形式，利用市场信息不完全的优势，实际控制着企业资产的支配、处置和转移，由此形成企业经营代理人与经营伙伴之间的"二次合同"（刘世定，1999）。因"二次合同"具有经营意义上的排他性，所以会出现"委托—代理"过程中的"套牢现象"，代理人获得了经营性占有；而作为无明确权利主体的集体委托人则无法实施有效监督。而当经营者开始以"公司创造集体净资产"的名义承办乡村公共事务时，实际上已经在意识形态上对于集体产权进行了替换，即将公司的产权原则置于村集体之上。于是，在产权转移中，再次发生了与研究一和研究二相似的现象，公司用"倒推算法"按照满足公益需要的程度来推导出能够用来维持社会合约的底线目标，用很小的代价购买集体成员对公共福利预期中的下限数额，而绝大部分集体资产则经过隐匿的分割、流失和侵占而私有化了。

有趣的是，在上述极精彩的个案研究中，尽管社会性合约在作者所说的"事前界定"和"事后界定"中扮演着很重要的角色，但我们最终看到的结果是这种合约的无效的终结。这虽不意味着农村土地集体所有制在形式上有本质的变化，但自土地被企业征用，并用个体就业权和集体公益权来换取他们的土地使用权后，乡镇企业逐步转向私有化，仿佛是一个幽灵，蚕食了农民的土地，最终只剩下没有土地的土地集体所有权，难以再进行多次博弈。因此，在广大东部地区，以土地集体所有为基础的社会性合约经历过乡镇企业的生死幻灭，农民逐步丧失了其讨价还价的土地权利保障。从动态的效果看，社会性合约的博弈能力逐渐下降，甚至一度使农村社区事业陷入破败的境地（参见 Caldeira，2008；毛丹，2010）。①这里，我们不禁要问：诉诸土地的集体权利，与诉诸乡镇企业的集体权利是否有一些本质的差别？难道后者的产权追索可以直接由前者来推断吗？（Cheung，1983：1—21；张五常，2002）②

显然，乡镇企业的制度基础虽说与土地集体所有制有着密切的产权关系，但同时与人民公社的制度遗产亦密切相关（邱泽奇，1999）③，后者完全超出了财产权利的范畴，属于国家总体治理体系的重要组成部分。改革初期，农村体制改革所贯彻的是"承包制"原则，先是农业生产的土地承包，随后是乡镇企业的经营承包。值得注意的是，承包制从本质上遵循着"双轨制"，即悬置所有权的"存量部分"，扩展使用权的"增量部分"，即经营权的让渡（渠敬东、周飞舟、应星，2009）。换言之，与土地的集体所有制和家庭承包制相比，乡镇企业的复杂性在于，它实际上融合了占有意义上的集体所有权、从所有权中分离出来的企业经营权，以及国家治理的体制因素，而不能仅从习俗和情理意义上的社会性合约来解释。因此，上文所说"无初始合同"的现象，实际上是一种企业的体制嵌入性的表现，亦是在产权意义上对上不具备排他性的含义所在。在国家治理依然保持着总体的支配性特征，广大农民还依然留有人民公社制度的历史记忆的情况下，集体所有与国家所有在意识形态

---

① 有关市场化条件与非农化生活对农村集体权利的侵蚀，参见 Caldeira，2008以及毛丹，2010。

② 对此问题的讨论，详见 Cheung，1983，以及张五常，2002。

③ 邱泽奇认为，集体所有制的缘起可以追溯到农业合作化时期，但作为一种制度，却成形于人民公社化时期。人民公社体制的重要内容之一就是"队为基础，三级所有"的集体所有制，它不承认生产资料的私人占有，所有生产资料根据具体情形分属生产小队、生产大队和人民公社所有；生产小队为基本财务核算单位，这种"集体所有"与人们所理解"社区成员集体所有"并不是一个概念。当人民公社时期的社队企业被改称为乡镇企业时，干部集团对集体财产的所有权制度并没有随之改变。当人民公社体制在1984年前后全面解体之后，虽然土地承包给了农民，一些生产资料卖给了农民，但是乡镇企业的支配权仍然留给了乡（镇）和村的干部集团，集体所有制却得到了保留。

上仅有模糊的界限。①在"二次合同"中我们则看到,企业经营者充分利用了"双轨制"的手段,一方面极力将所有权悬搁起来,另一方面则通过不明确的"委托—代理"关系扩展经营权的排他性,竭力将经营权转化为具有绝对控制力的排他性权利。在这一过程中,集体产权的"剩余",往往被明确为土地收益上的剩余,而非企业经营收益上的剩余。当经营权的权利含量大大超过所有权时,承包权则很容易牟取权利的合法性,将村企分离表现为"双轨制"的合逻辑的结果。总之,正是因为占有、经营和治理各因素的相互混杂和融合,构成了乡镇企业在产权和产权变迁上的复杂机制,也构成了其能够"顺利"私有化的历史机缘。

(四) 研究四

周雪光关于产权之社会性构成的分析,突破了经济学者仅从资产的角度来理解产权问题的分析瓶颈。基于此,周雪光直接提出了"关系产权"的概念,即用"产权是一束关系"替代"产权是一束权利"的命题(周雪光,2005)。他认为,一个组织的产权结构和形式是该组织与其他组织建立长期稳定关系、适应其所处环境的结果。因此,产权的基础不是个体化的资产结构,而是反映了一个组织与其环境,即其他组织、制度环境或者组织内部不同群体之间稳定的交往关联。在中国经济转型中,一些被经济学家看作"产权残缺"的现象,如资产使用中不完全的"决策权"、因政府摊派被削弱的收入支配权、被受到严重限制的资产转让权等,恰恰有可能是企业适应其特定制度环境的战略选择,"企业通过在产权上某些形式的妥协、分享和出让等策略,建构一个稳定有利的发展环境"。在这个意义上,企业有意放弃部分产权的排他性,而通过关系来组建产权的动态过程,实际的目的是突破组织边界的限制,为获取资

---

① 周其仁认为,乡镇企业所遵循的主要不是市场的合约逻辑,更类似于公有制企业,参见周其仁,2004。

源、机会或政治保护而开辟路径。关系产权可搭建一种彼此嵌套的结构，培育一种"圈内归属"的关系，形成庇护机制，特别是当资源和生产要素无法明确分割归属时，将各方利益捆绑在一起。而且，相互嵌套的产权关系要比其他社会网络更稳定，同时也因利益和风险的共同关联而更容易发生经济交往关系和共谋性的政治连带关系。这种现象特别反映在乡镇企业的产权问题上，比如在一些地方，私有企业也常常利用"集体企业"的招牌，甚至装扮成"公有企业"来模糊自身的边界，而主动拉拢地方政府或官员个人作为"部分产权拥有者"，并根据现实社会中的信息、资源、机会、风险的分布状况和分配机制，来适当调整资源动员和资源转移战略。①

周雪光从关系的维度来理解产权的构成，突破了仅从资本所有者或以单个企业组织为边界来谈产权问题的范式，甚至对经济学家提出的产权的外部性问题（参见 Coase，1960：144）提出了进一步拓展的空间。不过，科斯（R. H. Coase）和德姆塞茨（2007）等人提出的外部性问题，是从企业边界之外的社会环境出发来解决成本内在化的问题，可反映为对企业内部产生的组织效应。关系产权理论将关注过于集中在制度环境及连带性社会关系对产权变化和调整所形成的影响上，却没有进一步解释这些影响反过来对企业本身在交易、经营和管理上的效果。尽管在中国的经验中，企业的组织边界是模糊的，但并不意味着其边界是可以无限延展的。若只由关系来界定产权，那么会始终存在着用关系最终取代产权（即权利的合法性）的危险。从折晓叶、陈婴婴的研究中我们看到，乡镇企业的产权关系因集体占有的基础和其他社会条件的限制，是上下制约的，即便是在企业内部的雇主和雇工关系中，也存在着集体产权的配置和剩余问题。如果产权不能由经营者随意让渡，那么我们必须

---

① 周雪光肯定了"庇护主义"和"地方法团主义"的研究范式（参见 Lin，1995；Oi，1992），但同时认为这些现象不能仅从制度结构来分析，之所以有些企业能够得到庇护，有些则不能，恰恰是因为关系产权所确定的"圈内归属"关系在起作用。

解释产权转移的结构条件是什么。哪些可以转移，哪些不可以转移？它们的性质为何不同？我们还需要解释，组织内部的权利关系和治理结构在何种意义上可以对产权转移造成阻碍作用。

　　即便从组织间的关系出发来理解关系产权的概念，也不能将此概念像其所要解释的现象那样做模糊的分析。"关系"并不是一个终极分析概念。即使说"产权是一束权利"，也包含各种合约关系的含义于其中。实质而言，关系产权概念的提出，其要义不仅限于关系的范畴，也体现了对权利的界定不同。以往，经济学家们往往从"合法垄断"（参见阿尔钦，1996：1101—1104）的角度来理解产权，将产权看作"一个社会所强制实施的选择某种经济品之使用的权利"（同上）。因此，产权中所包含的各种合约关系，都是以这种由"自由"的基本性质而衍发的强制性特征。但依中国经验，这种"自由"似乎并不是人们维系财产权利及其使用的根本，社会环境有极大的强力打破产权的"合法垄断"，迫使资产所有者（或使用者）主动地让渡自身的权利，进而让渡自身的"自由"，由此形成庞大的相互嵌套的社会网络。

　　不过，这种"去自由的"让渡，并不能仅用关系的概念泛而论之，而必须从不同的关系中挖掘不同的机制和逻辑。譬如，有些权利的让渡，完全是由国家纵向的治理体制所形成的行政权威决定的，特别是在乡镇企业发展阶段里，产权的正当性往往受到权力的正当性的压制，权利让渡的首要前提是权力关系的等级差异；在这种情况下形成的权利让渡，是寻求权力庇护的结果，在权力大于权利的情势下，产权往往只能作为二级分析概念来使用，不能越出由总体治理体制所决定的权力和权威的强制作用。同样，在"双轨制"的作用下，在地方财政包干制的条件下，产权关系通常被悬搁起来，地方政府往往将企业的经营性收益（与地方财政收入密切相关）看作重中之重的事情，因此，企业经营的合法地位也远远超出了产权结构。对于企业而言，最关键的就是如何稳定地维持交易（即使是在不充分市场条件下），降低成本和提高效率。正是在经营权大于所有权的情况下，我们才会看到各行各业的经营者或承包者绞尽脑汁、用尽手段，买通各种关系来保证交易的专有、垄断和持续。当然，产权所及的第三类关系，即乡村共同体的土地集体所有制以及社会习俗，也在占有方面迫使经营者与集体成员之间维持一种连带关系，这要求经营者必须在某种程度上遵循隐形的社会合约，适时地为乡民提供公益保障，并维护由亲属关系决定的某些社会团体。

总之，从关系维度出发确立的产权结构，恰恰对产权概念本身构成了理论上的挑战。从关系维度决定的权利让渡，恰恰说明产权的安排是由有着不同逻辑和不同作用机制的关系来决定的。这里，关系不是最终的分析概念，这些不同的逻辑和机制才最终决定着产权让渡的途径和内容。概括说来，首先，治理结构决定着权力机制，在权威架构中，只有通过从政治服从关系（如"戴红帽子"）、从利益转化的关系运作（如"部分产权拥有者"）中让渡权利，才能获得资源和机会，从庇护关系中规避风险。其次，经营结构决定着交易机制，也决定着交易网络的构建，这其中，效用至上原则突出了市场合约的地位，只是在占有权不明晰的情况下，这种合约往往通过权利让渡而形成各交易方之间的利益共谋，来共同分享收益、转移资产和维持交易信息的垄断地位。最后，占有结构决定着社会连带机制，由于企业组织嵌生在乡村共同体之中，必须超出一般产权理论所说的抽象个体连带的范畴，而在熟人关系中履行一定程度上的公共责任。

（五）研究五

关系产权的概念，是产权分析之社会学视角的理论凝练，但同时也潜藏着根本上的理论难题。刘世定批评了产权研究中一些"似是而非"的研究策略，指出产权研究者们的拓展分析虽然扩大了此概念的研究边界，但同时也将此概念本身模糊化了。因此，我们必须"寻找较之标准的产权更为基础的概念，以此为工具，不仅能够解释产权概念,而且可以深入地透视中国复杂的经济制度及变迁脉络"(刘世定,1996)。刘世定将"占有"作为基础概念,并落实在两个重要的维度上,重新解释了乡镇企业中复杂的产权现象。首先,他通过追溯人民公社领导机构的占有状况指出,虽然公社、生产大队、生产小队等均实现对经济要素的占有,但在等级结构中均存在对上不排他或纵向排他性软化现象,这是因为所有制的等级格局实际上是通过自上而下的行政指令系统来运作的,下级对上级有着明确的行政依附。20世纪70年代初,社队企业的占有权范围逐步扩大,其资产使用范围和交易权等,常常通过"变通"的方式得到地方政府的行政认定。改革开放后,国家以第一占有者身份直接干预乡村经济活动的行为减少了,下级对上级政府的行政依附逐步弱化,特别是乡镇政府财政收入中自筹资金的比例越来越大;而且,在国家财税包干制的宏观政策推动下,各经济主体占有财产的总体边界逐步得到明确,乡镇政府与上级政府及其他政府部门的讨价还价机制也得以形成,从而使纵向排他性得以强化。

另一方面,随着"责任承包制"的推广,企业经理(厂长)的经营自主权扩大了,上级政府不再就企业的产业选择、产品选择、生产组织和销售模式进行干预,而是对"经营占有权"进行目标约束和过程约束,前者指通过确定经营目标来实现对经理的占有权范围的约束或限定,后者指在用工方式、报酬制度、资产处置等方面划定占有的权利界限。而且,承包制是靠与乡镇政府签订的"合同"来确立的,合同的约定内容和执行期限均会受到政府指令的限制,因而刘世定将这种"经营占有权"的排他性称为"有限方位的排他性"。与此同时,作者也指出,乡镇企业的运营中掺有大量非正式的人际关系网络,经理(厂长)借此可获得各种短缺资源和私人利益机会,同时也可维系自身地位的安全性和低替代性,由此,关系网络本身便具有了一定程度上的排他性,从而使经营性的占有成为可能。

在产权分析因关系化而变得过于形式化的情况下,重新落实

"占有"概念的实质意涵是有必要的。毕竟我们从后来乡镇企业转制为私营企业的大量现象中,可以看到企业通过占有权形式归谁所有,是一个根本性的问题;换言之,在占有权的最终转换中,关系分析只能具有描述意义,还不能从根本上解释这种变革过程。20世纪90年代经济学家们强调产权改革,是有其实际意义的,否则,后来的市场化改革就没有了占有条件的准备,也无法解释改革史中阶段性和结构性的变迁过程。[①]不过,当"研究五"试图用占有概念替代产权概念来解释与此相关的全部现象时,占有概念的分析效用被不经意地放大了。

首先,刘世定认为,依照1990年颁布实施的《中华人民共和国乡村集体所有制企业条例》(以下简称《条例》),乡村集体所有制企业的财产"属于举办该企业的乡或者村范围内的全体农民集体所有,由乡或者村的居民大会(农民代表会议)或者代表全体农民的集体经济组织行使企业财产的所有权",可判断这事实上确认了乡镇政府有着占有者的地位。特别是在很多地方的乡镇组织结构中,行政身份和企业职位是对称并置的,就此可确认乡镇政府对于企业的占有权。事实上,这一推论有些跳跃,因为在所有权上明确规定企业归全体农民集体所有,就标志着占有的法权形态是明确的;《条例》规定行使权利的主体为"居民大会(农民代表会议)或者代表全体农民的集体经济组织",是指"大会"或"组织"是实现所有权"委托—代理"关系的中间环节,是由所有权衍生出来的使用权的赋权机构。在这个意义上,居民大会(农民代表会议)与国有企业的职工大会(职工代表会议)的权利结构上的设置是相同的,它有权将使用权赋予谁来行使,却无权让使用权"占有"所有权。只是当时广大农村并未进行基层选举改革,居民大会形同虚设,集体所有权的代理人直接由乡镇领导担任而已。但这不等于说

[①] 私有化和市场化是互补的逻辑,虽然其中具体的过程非常复杂,中央和地方政府发挥了巨大的启动和推动作用,参见渠敬东、周飞舟、应星,2009。

乡镇政府拥有当然的占有者身份。即使在一些地方行政身份和企业职位是对称并置的，也反映的是一种代理关系。

就此而言，由厂长（经理）代理的企业运营已经不再是"占有关系"的呈现，而是"经营关系"的呈现，只是在当时由"双轨制"决定的"承包责任制"的条件下，人们在国家政策的影响下往往将所有权和使用权混为一谈，甚至在现实中常以为经营权的效用远远大于占有权（罗泽尔、李建光，1992）。事实上，在"研究五"的分析中，作者便强调了"经营性占有"的概念。其中的依据是，在治理层面上，财政包干制形成了纵向排他的硬化，因而一方面厂长（经理）的收益与承包指标的贯彻密切扣合，另一方面厂长（经理）在一定的范围内对企业的生产、交换活动做出自主决策，从而在一定范围内成为企业资产的占有者（刘世定，1997：21）。与此同时，人际关系网络形成的排他性，强化了这种占有的低替代性，有助于他们进一步将非正式的排他性占有权转化为正式的排他性占有权的要求。事实上，从20世纪90年代企业转制的历史经验来看，占有权之所以能够最终发生这样的转化，并不是"经营性占有"本身不断展开的结果。其间，为实现这种从使用权到所有权的跨越式转换，厂长（经理）们通常借助的是"占有"和"经营"之外的力量，即借政策的情势、制度的空隙、情理的宽容、派系的庇护等来实施"末次合同中的机会主义"（折晓叶、陈婴婴，2005：37）的"理性选择"。我们在此可称之为多元的治理关系。

治理[①]关系的利用，大概在两个方面上展开：一是本土社会的连带关系，及其习俗上的合法性。由于中国乡土社会并不是一种"占有本位"的社会，因此乡村共同体中的各种默认的风俗、习惯和惯例，都会从血缘亲缘等方面模糊占有权的边界；二是国家治理意义上的政策因素和意识形态因素，也会塑造多变的政策情势，以及人们意识观念上的认知图式。刘世定在本文最后所刻画的人们对

---

① 对治理概念的界定，将在后文予以详细说明。

所有制形式的特殊信任结构，即全民所有制企业、城市集体所有制企业、乡镇办集体企业、村办集体企业、个体和私营企业这一信任度逐渐降低的序列，决定着一些个体创办的企业，往往不在法律上注册为私有企业，而是和乡镇政府达成默契，注册为乡镇企业，而创办人出任总经理。这一现象充分说明，治理体制的力量常常超出了"占有"或"经营"之实际关系的影响，用带有"强权"特点的方式决定着占有结构的最终走向。事实上，从总体结构出发，仅把乡镇企业作为一个专门领域的研究是不够的，从上述事例可以看出，城市中的单位制体系，确实在乡村社会中发生着实质性的连带作用。

总之，从上面五项精彩的产权研究中，我们可以看到，这类研究从结构分析和机制分析上极大丰富了中国经验的理论意涵，但同时由于仅强调总体结构关联中的某个侧面，而使得单一性的分析概念缺乏解释力度。从对此类研究的检讨中，我们也可以看到，正是占有、经营和治理在三个层面上塑造的不同社会关联和其中所贯彻的不同逻辑，才使得中国的乡镇企业组织始终处于一个动态的变迁过程之中，因三个维度在不同时势中的相互作用和调整，而呈现出阶段性的发展特征。因此，重新挖掘和澄清乡镇企业组织的分析概念，是一件很有意义的研究工作。

本文试图通过确定乡镇企业组织在占有、经营和治理三个维度中的位置，来判断乡镇企业的性质及其组织的边界；并透过三重维度的关联，揭示企业组织所特有的政治性、经济性和社会性意涵。事实上，由这三个维度决定的企业的性质，不仅会对企业的组织结构、制度安排以及资源配置做出规定，同时也会影响到企业成员的身份资格、权利形态和行为模式，而所有这些因素，都有助于我们从总体上把握在中国特有的历史和现实环境下企业组织运行和发展的规律。

三、占　有

无论从理论还是具体历史出发,"占有"都始终是先于"财产"(产权)而得以确立的概念。依照洛克的经典定义,基于自然法原理,造物主赐予人土地上的一切,让他来利用和占有。人能够运用自己的能力、人格和占有物(possession)来保全生命。因此,行动和运用自身与占有物的自由是保全生命的条件,个人的所有,是所有人在此世都应享有的东西,是人的自然权利(natural right)(参见拉斯莱特,2007:131 注2)。如拉斯莱特(Peter Laslett)所指出,在洛克时代,property 和 propriety(合宜)这两个词是可以混用的。但因为人有超出自身需要的占有欲,若不确立占有权,就不可避免出现争执,这样劳动者也面临着丧失占有物的可能(Locke,1989)。因此,财产权才成为法理上的根本权利,即通过财产的保护,避免因强权侵害而产生的占有的不平等状况出现,但这同时也产生了不付出成本而得到占有权的情况。

(一)占有的三种理想型

"占有"概念有三种理想型:私有制、公有制和共有制。[①]

1. 私有制

洛克所提出的有关占有的上述两难处境,构成了后世有关资本与劳动关系的基本理论结构,如麦克弗森在《占有性个人主义的政治理论:从霍布斯到洛克》中,即把所有权理解为通过对"资本—物"的占有来确定企业所有者和雇佣者的基本权利和权力结构(Macpherson,1962)。而企业正是发生这种权利的自然平等与社会不平等关系的现代组织形态。在这个意义上,很多人认为,企业组

[①] 关于这三种理想型,许多经济学家都有论述,参见阿尔钦,1992;德姆塞茨,2007。

织的实质乃是一系列占有关系，或者是通过一系列合约关系形成的所有权结构（参见科斯，1994；埃格特森，1996：139—142）。

以私有制为基础的占有形态，一般而言是古典自由主义的理论基础。通过财产获得和继承的所有权定义，肯定了财富的不平等占有前提，并由此确立了企业组织的私人性占有主体。这样，企业组织的运行，便多从自利（self-interest）出发而以资本积累和利益最大化为原则。法权上企业归私人所有，所有者的权利和权力让渡均由所有者决定，也可通过代理委托等方式实行，但最终的权利主体仍为所有者。在这种理想类型中，企业中权利并不存在分有形态，即占有权具有独占性质，而且具有严格意义上的排他性，并由此确立典型的自由企业制度及法人治理结构，即占有者对于企业组织的"合法垄断"。值得注意的是，在理想形态下，私有财产具有宪政上的法理意涵，它不仅具有经济上的含义，更具有政治上的含义。因此在自由经济中，企业组织构成了社会经济结构的主体，彼此构成的市场交换关系，基本上围绕着合约来运行和控制。[1]

2. 公有制

基于对上述私人占有理论的批判，社会主义者对于合理社会形态的构想，是将社会全体的生产结构纳入到合理化的资源再分配结构之中。因此，公有制的权利结构是以全体占有为基础的，一般不以资本积累为优先原则，而以所有人的平等权利及其保护机制为优先原则，权利让渡仅或以代表制[2]或以集权制的方式进行，由此确立企业的基本权利结构和权力机构。因此，公有制经济的核心是分

---

[1] 西方经济学家因此往往将合约和排他性、市场和交易成本作为产权分析的基本概念，波兰尼对此有非常精辟的讨论，参见 Polanyi, 1957。

[2] 新中国成立后三十年间国有企业的职工代表大会制度就是名义上的代表制。在理想情况下，企业内部完全是靠各层级的参与关系、制度及机制来保证运行的，职工作为权利主体，可在经营和治理上将权利让渡给他的代表，即由被选举出来的职工代表来执行企业的最高决策。

配运动和再分配运动，即"资本—物"通过中央机构逐层划拨。

但由于公有制的意识形态是将全体人民作为占有者，全体是占有权的唯一人格基础，因此在具体经济过程中，必须通过代理人（代表）逐级完成由再分配的计划体系所决定的生产、交换和流动等过程，而这里，最具有这种超级理性能力（hyper-rationality）（Heller，1983）和执行效力的只有科层政府。因此，国家各级政府便成为占有权的代理主体，取代企业组织而成为社会经济运行的核心枢纽。我们在有关单位制的研究中，可以清楚地看到这种情况（李汉林，李路路，1999）。塞勒尼（Iván Szelényi）认为，再分配体制的特征与自由经济体制不同，它不像市场经济那样最大限度地扩大生产，而是最大限度地减少个人消费，而保证集体消费。因而，消费决策权才会从个体消费者那里转移到政府手中，并将剩余从利润好的企业重新分配给利润差的企业，从而保护企业间的平等权利（塞勒尼等，2010a：42—43）。科尔奈认为，再分配者通常试图将他们所能控制的剩余数量最大化，从而扩大其再分配权力（Kornai，1959）。这样一来，就像私有制所决定的个人理性，在庞大市场面前失效而形成周期性经济危机一样，公有制的单一人格，也难以靠中央政府的计划理性来承受庞大经济体的良性运行。取代市场的无政府状态的，是计划的无政府状态。[①]

3. 共有制

相比于私有制和公有制，共有制一般强调共同体意义上的传统习惯和文化资源，认为企业组织多少具有传统上的教会、团契、行会、村落或家族共同体的结构特征，建立在共同占有的基础上。譬如，涂尔干所说的法团组织（corporation，涂尔干，2003：第1—3

[①] 科尔奈有关计划体制施加在国有企业身上的"软预算约束"，揭示了这种经济体运行的奇怪现象，即不盈利的企业依然运转，继续满足着消费需求并保证着充分就业，结果产生了过多的需求。参见 Kornai，1980。

章），既不同于自由主义所强调的那样，以资产者（资本拥有者和投入者）的明晰产权作为定义企业组织的原则，也不同于社会主义所强调的那样，纯粹以劳动和全民所有为占有主体来确定企业的所有权。相比而言，它更强调共同体的成员概念，强调成员间的自然分工或历史形成的分工系统，是拥有不同权利或权力的尺度。因此，这种占有是集体占有，目的是谋求组织成员们平均收益的最大化，模糊了资本和劳动的对立概念以及国家权力的范畴，而是以成员身份为基准，来贯彻分有性的占有概念。

共有制即是一定意义上的集体所有制，尤其强调组织内部的社会连带因素，如习俗、仪式、情理和亲密关系等传统上的道德纽带，即成员对组织的归属和认同。这种企业组织反映出非资本主义的特征，而将企业的性质更大程度地落实在职业分层上。在企业间，上述模式容易将企业的一些权利让渡给行业间的社会性组织，通过行业合作来降低竞争风险，确保组织的归属和认同继续维持下去，强化社会纽带的团结力量（涂尔干，2001，2003）。但正如德姆塞茨所说，"在共有财产体制下，共有产权在最大化时没有考虑许多成本。一个共有权利的所有者不可能排斥其他人分享他努力的果实，而且所有成员联合达成一个最优行为协议的商谈成本非常高"（德姆塞茨，2007：267—268）。因此，集体占有的共有制很难适应现代自由市场竞争，也很易于被总体体制的政治权威摧垮。

（二）中间形态

从企业演进的历史看，20世纪以来曾围绕三个占有理想型形成了一些中间组织形态。

以私有制为主体的占有制度，通过不同路径吸纳了其他占有形式的因素加以自身改造，即通过员工持股、参与式管理、分享经济、利益相关者治理、劳资合作与冲突管理等一系列新的方式来维持和发展资本主义企业制度，从而在三个环节上实现不同程度的权利让渡。首先，大卫·艾勒曼提出的"民主的公司制"，汲取了共有制的合理成分，在合约关系的基础上，"构架另外一种企业形式，使公司的雇佣制被成员制所取代"。这种组织既赋予了（原本没有占有权的）企业成员的选举权资格，也创造了一种劳动财产理论，即企业成员拥有剩余和净收入权。艾勒曼的说法是，"雇佣关系的废除并没有废除私有财产、自由市场和企业家的权力，却改变了这些制度的范围和本质"（参见艾勒曼，1998）。但虽然这种制度努力将原雇佣意义上的劳动理解为占有性的，但劳动者本质而言却不能将这些权利作为需要买或能够出卖的财产所拥有，并不享有完整的占有权。劳动者的成员身份并没有对占有关系构成绝对意义上的挑战，只是在经营和治理意义上转换了部分占有关系，转化了雇佣关系而已。

其次，分享经济理论是指企业职工参与利润分配和收益分享的一种组织模式，如通过奖金制、分红制、刺激工资制、利润分享制、纯收入分享制等，使被雇佣者除工资收益外，与占有者一起分享企业经营的总收益（米德，1989）。这也是将共有制经济的一些要素纳入私有制范畴中的尝试，但分享制本质上是一种产权分散分布于人力资本所有者与非人力资本所有者的制度安排，是一种有别于支薪制（资本独享制）和劳动独享制的企业收益分配制度安排而已，分享的决策权依然来自资本占有者（柳新元、张铭，2002）。重要的是，私有产权不仅对于加强生产专业化有促进作用，而且其可分割、可分离、可让渡的属性，可以创造一种融合社会资本的形式来扩大生产及其他经济活动。现代股份制或股份合作制企业，既将组织的边界扩展到全社会的范围，建立一种占有上的社会资本集合体，能够为大规模经营集聚充足的资本作为企业专用资源，同时也将企业专用资源的决策权与这些市场价值的实现结果自愿分离，从而实现控制权和所有权双方面的专业化。但由于股份企业的占有结构是按股权比例来确定的，因此最终并不是平等权利的分配，而是资产等级的权利配置。

有意思的是，以公有制为主体的占有制度，也同样在吸纳其他制度的因素。第二国际时期，伯恩斯坦等人就试图将市场和国家的观念与阶级分析的观点结合起来。[①]这一中间道路的基本主张是：以承认民主制为前提，在国家层面通过议会政治的形式确立集体谈判在立法机制中的地位，并通过参与立法的方式确立与职工权益保护相关的法律；企业法作为宪法原则，而非仅仅是民法原则。在企业内部，则通过类似于议会制的形式使职工参与企业决策，以此决定企业组织的占有权结构及其行使中的权利和义务。后来的社会民主党即通过议会的立法、司法、工会和企业议会等多个环节，而非纯粹的劳动契约关系，来实现职工占有权的维护。这种公有制的转换思路，目的是将全体人民占有的原则，通过宪政的法理基础，分解成以企业组织为基础的职工占有的原则，将占有权还原为企业组织的单元，以此减弱总体体制有可能带来的专制风险。此外，根据塞勒尼等人根据东欧经验所做的研究，由公有制决定的计划体制从来就不是单一性的，而存在着两个经济部门：一个是占主导地位的再分配部门，另一个是处于从属地位的市场整合部门。特别是后者，如靠市场整合兴起的各类小型国有、集体和私营企业，与那些计划体制内的大型企业一起，构成了一种"混合经济"。这种"积累的双重循环"，将占有的总体体制多元化了，由此产生一系列自由流动资源，也化解了计划体制下消费和效率的难题。但这些所谓多元的占有形式，始终处于全民所有制的阴影下，尤其在意识形态上不具备充分的合法性。相比而言，改革开放30年来中国企业的占有权改革在内容和形式上更加丰富，下文我们将细加分析。

与此相应，共有制的占有形态也做出了调整。法团主义虽依然从企业组织出发来确定基于集体公意而形成的占有权结构，却同时强调了企业组织对于社区公共生活和国家公共决策所具有的中介

[①] 比如，佐尔就认为，工会体制便是基于这样的理念而形成的，因此工会本来就有一种双重性格（double character）：即在既定的生产关系中发挥作用，在现有的生产关系中通过讨价还价来争取被雇佣者的基本权利，参见Zoll，1976。

和调整作用，强调了企业组织和地方政府之间的有序互动和国家权威的组织作用（张静，2005b）。在这个意义上，法团主义认为企业组织在双向角度上扩展了自身的范围：一是将个别企业的边界扩展至行业或地区的领域，塑造了一种整体上的组织环境，确立了更大范围内的社会合作体制（Streeck，1982：72—73）；二是主动将自身纳入国家的治理体系，或将地方政府与基层社区、企业捆绑成一个利益和权利的共同体，政府为企业筹集资金、提供技术、联系销路、减轻税负，而企业则为政府带来大量财政收入，为社区提供就业机会和福利设施，从而构建了一整套地方保护系统（Oi，1999；陈家建，2010）。[①]显然，在法团主义的理念中，企业组织力争在最大限度内模糊和拓展占有结构的边界，以此获得更大程度上的公共性优势，这恰恰体现了法团组织（corporation）本身所包含的合作（cooperation）性质及其所依赖的各种本土意义上的习惯和传统资源，以此来抵御更高权力和更大资本的双重侵害。

（三）经验考察：乡镇企业的三重占有关系

现在，让我们以乡镇企业为例，来讨论其极其复杂的复合性的占有结构。首先，若将这种企业形式放在更长的历史时段中去看，乡镇企业的制度基础是改革前的人民公社下的社队企业。[②]它虽一直冠以"集体所有制"的名义，但从互助组、合作化到人民公社化的制度过程，乃是农民逐步放弃对生产资料控制权的过程。在前两个时期，农民依然可以运用退出权来监督和约束集体的生产和经营活动；人民公社化后，"由于法理意义上的集体所有制与户籍制度的结合，使得农民的退出权被剥夺"（邱泽奇，1999）。由此，自愿

[①] 有些学者用"蜂巢政治"来形容地方保护主义，参见 Shue，1988。

[②] 乡镇企业的说法在人民公社前叫社办工业，人民公社初期叫公社工业，20世纪60年代到1984年叫社队企业，从1984年3月才开始叫乡镇企业。1983年中央决定取消人民公社，建立乡镇政府。社队企业的名称需要做适当调整，人民公社制度取消后，原有的社办企业"各归其口"，社队企业的名称和内容得以明确界定。

的资产联合和合作代之以政府对集体资产的控制，集体资产具有了国家所有的特征，这与依行政等级来逐级代理全民所有权的单位体制并无明显区别。

其次，《乡村集体所有制企业条例》所规定的"全体农民集体所有"以及居民大会对于企业行使权的决定权，都完全类似于《城镇集体所有制企业条例》[①]的规定，况且在农村地区，并非全体农民都作为企业职工而行使占有权，我们难以想象企业外的本地农民如何履行在该企业中的占有权的景象。因此，"全体农民"在实质上象征着占有权中"全体人民"的含义，其中具有浓重的意识形态色彩，即集体所有制企业中所包含的公有制的维度。[②]就此来说，乡镇政府作为集体权利的代理者，便具有了在这个维度上代理占有权的合法性，"研究三"所说的"无初始合同"的现象亦可借此得到解释，因为此类占有是不依合同来确定的。

虽然全体农民对于集体企业拥有名义上的占有权，但就其实质而言，因居民大会（农民代表会议）的代表制形同虚设，所以农民（特别是未在本乡本村企业就业的农民）是不实际享有这种权利的。然而，在共有制的意义上，即在农村土地集体所有制的条件下，却明确享有占有的权利。在广大农村，农民因在土地上世代耕作，既较充分地了解土地的基本收益水平，也对于决定其身家性命的土地制度有所认识，就那些在集体企业中务工或自己的土地被企业征用的本乡农民来说，必然通过计算土地经营或占有的得失来评价自身的收益。至于集体产权的剩余问题，首先是农民对其失去的集体土地占有的承包量（包括务工后不再耕作的产值）做整体估价而界定的剩余，其次是他作为集体成员而应获得的企业利润的分享。当然后一种剩余的核定与追索是不确定的，不受任何企业意义上的合同限制，只能追溯到土地承包的合同和份额。

---

① 参见1991年颁布、1992年实施的《中华人民共和国城镇集体所有制企业条例》。
② 参见倪志伟（Nee，1989）有关集体所有制是再分配体系中的一部分的论述。

总之，集体所有制中带有共有制色彩的占有关系，其根本基础乃是土地集体所有制。农民对于土地经营折算以外的要求，属于治理维度上的要求，否则我们难以解释"土地承包"这个中间环节的作用。土地集体制下的承包制，构成了农民的二重占有概念。承包制划定了农民对土地收益的计算范围，即以家庭而非集体作为单位，但同时也因集体所有权的保护，使农民将承包期限内的使用权当作占有权来理解，因为国家政策做出了稳定的承诺。在这里，最有意思的是，农民对于乡镇企业占有权及其连带剩余问题的关注，并不是从企业或其合约关系本身出发的，而是从自身的土地权利出发的；与此同时，我们也不能将由土地集体所有权所形成的权利要求与乡村共同体成员的社会福利等要求等同起来。①

当然，乡镇企业的建立和运营过程，也是以个体形态呈现的技术、资金以及物质、信息和关系等资源持续投入的过程，由此出现了"二次合同"的现象。这里，私有制形态下的占有问题也随之出现。因为照上述两种占有制的规定，厂长（经理）只是作为代理人来经营企业，不涉及占有权的问题。但事实是，这些代理人往往以厂为家，在代理经营中持续投入各种资金和资源，进而对占有剩余产生明确的要求。这种权利要求虽不是一种先在合约，却无法否定它的合法性。因为在一般意义上，企业占有权的结构变化，往往以资本投入作为首要条件得到确立，企业运行过程中任何个人性的资本投入，都属于参与分享占有权的过程，即我们常说的"参股"。只是在合约预先不明的情况下，我们无从判断哪些剩余收益是由私人投入带来的，但我们不能完全否认投资者对占有权利的要求，这种要求，并不是"研究五"所说的基于排他性的经营性垄断和社会网络而形成的，而是由占有的定义本身确定的。当然，由于乡镇企

---

① 陈剑波认为，乡镇企业的产权边界"是在与社区、政府的交易之中而划定的，企业经营所必需的要素（土地、劳动力、资本）都需要由社区政府来提供，政府则参与企业净剩余的分割，同时分割企业的决策空间，在这笔对等的交易中，要素的获得方式成为产权边界确定的先决条件"。（陈剑波，1995）

业的产权形态具有一种复合结构，投资个体无任何理由将企业据为己有。

有趣的是，乡镇企业的私有制维度不仅限于个体投资者，也反映在一个特别的股份制改造过程中。从"研究三"提供的案例来看，其中的特别之处在于，这不是一种常规的股份制，以股权的配置和分别持有为目标，而是通过配股手段来偷换企业内前两种所有制的实质内涵，通过股份制内在的私有产权形态代替公有和共有的法理规定。公司制的处置，其实质还不仅仅在于"分家析产"中谁占了多少股份，更在于这种当时由政策推动的改制运动，最终改变了占有的性质，将集体所有非私有化的部分替换为按股权比例搭建的私有化的产权结构。在一次性的股权配置中，最重要的转变是用（私有的）公司的占有性质替代了（公有或共有的）共同体的占有性质，而且，若依占有权结构做精确计算的话，农民分得的股份值甚至很有可能大大低于他们土地承包生产的累计收益值。这从一个侧面，我们也可以解释20世纪90年代转制过程中地方资本得以迅速积累的现象，而这种转换根本上是以占有权体系的替换，以剥夺农民的占有权属性为代价的。

从占有的三种理想型出发，我们可以看到，由乡镇企业体现的占有形态反映出一种非常微妙和奇怪的现象：乡镇基层政府认定自己是占有者，集体或集体成员认定自己是占有者，投资个体也认定自己是占有者。第一种认定因由国家代理的全民占有形态决定的，所以是最不明晰的；第二种认定虽将占有的范围缩小到集体的范围，却不直接体现在企业产权上，而是体现在土地集体所有制上；第三种认定虽在一定程度上认可了投入性占有的合理性，却难以分辨，往往将公私混同起来，表现出"非正式的"特性。因此，乡镇企业的这种复合性的占有结构，实际上使得企业的占有主体是无法明确界定的，不同的占有形式相互缠绕在一起，并相互牵制，经济学家所说的"模糊产权"（李稻葵，1995）指的即是这种现象。相比而言，苏南地区那些社队企业基础较厚的乡镇企业，因有较明显的体制特性和集体属性，资产和资本结构也往往来源于前两者，因此三种占有形态比较容易形成趋同的取向，出现所谓"厂商政府"的现象。

当然，从后来的转制过程中我们看到，由于三类占有制度之间留出很多空隙，一些政治权力或资本权力的拥有者利用国家政策的大势，巧妙地挪动了占有制度的界线，偷换了占有制度在不同维度上的本质内涵，推动了乡镇企业私有化的过程。这一因素，应比从市场竞争、技术含量、资金匮乏等因素出发对乡镇企业衰败现象的解释更有决定意义。

四、经　营

如果说，占有的概念偏重从政治和法理的角度界定企业组织的权利性质、结构及其作用方式，那么，经营的概念则构成了决定企业组织行为的另一重维度。马克斯·韦伯认为，现代企业组织无论具有什么样的占有形态，都可理解为一种经济行动的构成和展开；而且，这种行动不再像家计活动那样集中在消费上，而是以社会组织为条件，以持续的营利活动为手段，以目的理性与计算为基础而展开（参见斯威德伯格，2007：45—52）。因此，企业的性质，乃在于以经营体形式所组织的持续性经营活动；企业的原则，首先是营利和效用的原则；塑造企业概念的核心，是形式理性下的资本算计（capital accounting）。[①]与之相应，企业组织必须要有诸多经营性的前提：(1)会计、账簿等资本算计的制度设置；(2)自由市场的经济原理，即货币作为支付手段，以及围绕货币交换而建立的信用原则；(3)职业的概念：借着经济规制团体的内部，对于劳务的他律性分配，和对于生计手段的提供而得以形成（不自由的职业划

[①] 韦伯也用营利（Erwerb）的概念来定义经营，将企业组织意义上的营利机会（Erwerbschance）与市场机会（Marketchance）分开使用，营利是通过预算管理（Haushalt）来实现的（亦参见Weber, 1978: 96）。

分）；或者通过对职业劳务的市场状态做自主性的取向而实现（自由的职业划分）；（4）占有与市场关系之间形成的主要组织形态：即从家庭工业到限定顾客的工业（庄园制）到自由工业（行会制）的企业组织发展。①

经营是企业为实现自身的效益目标而形成的制度和人员安排结构。这一点非常关键，这是企业与其他一般社会领域的根本区别。企业是一种营利性组织。营利，作为经营活动的一个根本特征，即是争取机会获得对财务的处分权；理性的经济性营利所持有的货币计算形式，叫作资本计算，即对营利机会与营利损益所做的估算和监控。一般而言，经营者都位于企业中上层，即决策者和各级执行及其监管者，这与企业的效用特征有紧密关系。企业的经营结构是一种纵向的指令性结构，是一种科层体制。

在这个意义上，占有与经营之间的一个根本差别，在于前者是一种基础性的权利结构，是经营活动的前提条件，而经营则是围绕如何实现营利目标而组建的一系列行动。占有结构决定着占有者经济活动的动力和方向，而经营则决定着在这一方向上如何实现效用最大化的合理性的机制。在前一种因素中，主导经济活动的是占有者，在后一种因素中，则是全体企业成员，特别是管理人员所主导的具有执行能力的工具理性行动。

（一）经营的三种理想类型

我们大体可从威权型的、法理型的和代理型的三种结构来把握经营活动的类型。

---

① 在这个意义上，马克斯·韦伯对资本主义制度有着一套独特的理解：（1）企业家独占货币经营手段，以作为预付劳动者的办法，企业家拥有基于生产信用和对生产品的处分权而掌握财物生产的管理权；（2）基于先前对市场知识的独占，资本家占有生产品的买卖权，并根据独占性团体秩序占有市场机会的货币经营手段；（3）劳动者发生内在的纪律化；（4）劳动者与生产手段的分离；（5）所有物质性生产手段都转化为资本。管理者也与生产手段分离，而在形式上转变为官僚，企业拥有者实际上则成为信用提供者（银行）的代理人（参见韦伯，2005a：123—124）。

1. 威权型

这种准家长式和军事式的企业组织，一般在资本主义初期和企业创业阶段出现，即企业占有者本身作为经营者，以其个人（或群体）的理念、动机、资本实力和个人能力为核心，来支配或实现企业资本运作和生产经营。占有者将占有的排他性扩展到经营的一切领域，而实施企业组织内部的专制性垄断。基于私有、公有和共有的不同占有形态，这种威权分别表现为企业主独断、政府指令和家长、族长或中世纪晚期的行会师傅专权，后者即是人们常说的父权制或家长制的传统因素。在这个意义上，占有者无论是以个体、全体还是群体的形式存在，都会转化为支配经营活动的权威，其特征是将占有权与经营权完全结合起来。因此，威权型经营模式中命令和纪律所产生的效用是最大的，但能否合理性地实现占有者的经营目标，则存在着很大的疑问。

2. 法理型

按照韦伯的经典定义，这种模式可概括为一元化领导的企业组织制度，具有最为理性化的经营模式，是依靠纪律和专业知识来从事经营活动的。法理型模式的典型制度结构是科层制，它所贯彻的是事本主义原则：即并非完全按照占有权的结构来安排经营权的结构，而是根据理性的、技术的、专业的和知识的要求来合理配置企业资源、组织形态和经营渠道，从生产流程、工艺、流通、销售等环节内在要求的合理秩序出发，来设计分工组织和管理制度，从而完成总体的经营目标。科层制强调形式理性的精神，努力将全部经营人员都理解成为知识型和技术型的专业化人才。这种明显的形式化特征，使得不受个人因素影响的精神取得主导地位，其责任亦与个人的情感与意志无关（韦伯，2005b：307—322）。换言之，在法理型的组织形态中，企业内在的合目标的经营性要求，甚至超出了企业占有者的决定权，因为企业的组织形态是根据实现目的的有效手段来结构化的。有时候，在足够大规模的企业中，真正的所有者和最高管理者甚至仿佛是一种无形的或不在场的存在，即便如此，经营活动依然可以按部就班地展开。

在威权型经营活动中，占有权决定着经营权；而在法理型经营活动中，占有权则似乎退隐了，似乎只剩下了经营权在活动，但这种经营权也并非落实在某个具体的人身上，而呈现出了非人格化的特征。科层制意味着通过知识本身的规则来支配经营活动，一方面，专业知识拥有着常规的权力地位，另一方面，在科层制内部，专业知识往往只能在专业等级之内获得，从事经营活动的职员只能在自己的业务范围内积累更多的经验和知识，了解经营活动中各种事情的真相，接近只对这个层级开放的资料。因此，科层制企业具有明显的行政化特征，它既有可能是资本主义体制下的企业形态，又有可能是社会主义体制下的企业形态。无论计划体制还是市场体制，都有可能出现这样的法理型组织。计划体制下的大型国有企业或市场体制下的大型企业集团，其内部都是一种程式化的组织链条，层级森严，环环相扣，将总体经营目标分解在每一个层级的具体职能上，再进行上下传递和核查。这种组织形态也由此表现出一种矛盾：因固定在特定层级上的职员在经营行动中仅对上级负责，所以无人真正能够知晓企业总体性的和合理性的经营目标是什么；科层制虽然是一种纵向的结构安排，但就所有嵌入在科层制中的执行者及其经营活动来说，除等级之外并无根本差别，他们反而被夷平了（leveling）。

3. 代理型

委托—代理关系的形成，是指委托人将占有意义上的权利转化成为代理人经营意义上的权利，事实上实现了一种权利的让渡。这种经营模式的前提，是占有者仅具有占有的权利，而将占有所决定的资产使用权委托给（一般不具有占有权的）代理人，即企业的经营决策权交由代理人执行。在委托—代理关系中，两者的身份和权利是明晰的，因为占有权与经营权发生了事实上的分离，而且，经营权是占有者通过合约方式自愿让渡的。这种情况与法理型的科层制有所不同。在科层制中，经营权被分解成各层级针对自身的经营目标而拥有的权利，是一种经营目标环环相扣的链条。而代理型中的职业经理们，则在经营权上有着完整的空间。在合同关系上，科层制中的职员仅对上级职员负责，不对占有者负责。而代理关系中代理人则直接对占有者负责，委托人的目标是资本收益的最大化，而代理人则有固定期限的合同约束。

占有者之所以要委托，经营者之所以能代理，是因为代理人具有明显的管理、专业或信息等方面的比较优势（Grossman & Hart, 1983：7—45）。因此，在委托—代理的权利结构中，便出现了明显的信息不对称问题，其后果主要有两种：一是逆向选择（adverse selection），即在交易前，信息居于劣势的委托方不一定能够正确选择具有较高素质的代理方；二是"代理风险"（agency hazard），即在交易发生后，有信息优势的代理人可能利用信息不对称而故意采取有利于自己而损害委托人利益的行为。所以，基于这些因素，委托方必须找到恰当的办法对代理方实施有效监督和激励（Jensen &Meckling, 1976：305—360）。下文我们将会看到，改革以来在企业经营过程中经常会出现此类现象。这里需要指出的是，委托—代理关系在社会中是普遍存在的，我们在国家与国企经理、国企经理与雇员、国企所有者与注册会计师、公司股东与职业经理、选民与官员等中都能够看到这种关系的存在。

（二）经验考察：承包制下的经营至上法则

乡镇企业得以形成并进入到真正意义上的经营轨道，与改革开放前十年的体制环境密切相关。改革初期，乡镇企业的发展得益于双轨制的结构。从某种角度来说，双轨制具有一种"悬置效应"：即在占有权上保护和封闭存量，不在根本上改变固有体制的基本结构，同时在强化经营权的作用，通过培育和发展增量，扩充流动资源的积累（参见张军，2006）。这意味着，双轨制事实上是一种分割并置的社会经济结构，一方面，将计划经济体制下的所有权基础，即占有结构暂时搁置，存而不论；另一方面，则旨在解放原来被所有权束缚住的土地使用权或企业经营权，刺激社会经济诸领域的新要素的发育，从而借用迂回的办法，通过增量逻辑来提高交易效率，转变社会结构。①

使用权和经营权的释放，是通过"承包制"实现的。改革的前十年中，承包制从三个方面展开：一是家庭联产承包责任制，将土地使用权从土地集体所有权中分离出来。这种意义上的承包制，一改农村土地占有中"三级（即组、村、乡）所有，队为基础"的原则，将土地使用权落实在家庭单位上，即所谓"包产到户"或"包干到户"②。联产承包制，首先确立了个体（家庭）使用和集体占有的双轨格局，使土地所有权和使用权的权利主体发生了错位；其次，它在广大基层农村确立了一种绩效意识形态，即生产效率和收益至上的原则，从而使土地经营获得了优先于占有的地位；同时，土地承包也使得原初国家或集体占有获得了经营的人格化基础，即产品和商品交易的准契约形式得以形成，促使非国有经济在地方政府的管辖下，从生产、销售和定价等方面开始寻求市场规律，建立起一种完全不同的增量逻辑。

---

① 举例来说，杨小凯、王建国、威利斯就曾用12个指数描述对四种财产（产品、劳动、土地、金融资产）界定三类权利（使用权、转让权、收益权）的交易效率，来解释中国农村20世纪80年代社会制度的阶段性变化。第一阶段，界定产品的使用权和收益权、界定劳力和土地的使用权的交易效率大大提高；第二阶段，界定产品和劳力的转让权，以及界定劳力的收益权的交易效率大大提高，界定土地转让权的交易效率有所提高；第三阶段，界定金融财产权的交易效率大大提高，界定土地转让权的交易效率大大提高（参见Yang, Wang, and Wills, 1992: 1—37）。

② 包干到户，是指各承包户向国家缴纳农业税，交售合同定购产品以及向集体上交公积金、公益金等公共提留。其余产品全部归农民自己所有。包产到户，是指实行定产量、定投资、定工分，超产归自己，减产赔偿。目前，绝大部分地区采用的是包干到户的形式。当时农村广泛流传的一句话"交够国家的，留足集体的，剩下都是自己的"，即是农村土地使用权优先的真实写照。

承包制在农村从农业领域向工业领域的拓展，使得土地上的所有权与经营权的分离，也为社队企业中所有权与经营权的分离奠定了合法性。与此同时，乡镇企业的经营权亦逐渐形成了愈加复杂的结构。依照《乡村集体所有制企业条例》第六条的三项规定："乡村集体所有制企业实行自主经营，独立核算，自负盈亏"；"乡村集体所有制企业实行多种形式的经营责任制"；"乡村集体所有制企业可以在不改变集体所有制性质的前提下，吸收投资入股"。这说明：首先，乡镇企业的经营自主性是完全建立在具有收益处置权的基础上的，不再受到原再分配体制的控制和占有制度的约束，成为带有市场体制特征的相对独立的经营体（塞勒尼，2010a：42—53）。其次，经营责任制的多元化，事实上承认了承包制、租赁制或联营制下的厂长（经理）的独立地位，确立了经营上的人格化形态，即具有具体代理人的委托—代理关系。最后，在占有结构上，也为确立私人性的资本投入型占有开了口子，只是这种资本参与不能在根本上触动和改变集体所有制的性质。在后两种规定中，实际上都暗含着代理人和投资人所享有的充分经营权。

无论是1984年中央一号文件《关于1984年农村工作的通知》，还是1990年的《乡村集体所有制企业条例》，或是1997年开始实行的《乡镇企业法》，虽始终强调乡镇企业的集体所有权性质，集体对于企业产品方向、资产处置和分配原则拥有决策权，以及企业对于集体成员及所在农村社区的公共义务，但在经营权的确立上，则极其明确地认定了三项原则："企业经营者是企业的厂长（经理）；企业实行厂长（经理）负责制；厂长（经理）对企业全面负责，代表企业行使职权。"显然，这些文件、法规或法律为承包制下的厂长（经理）赋予了全面的经营权，换言之，所谓"代表企业行使职权"，意味着经营决策权已经全面交到厂长（经理）手中。

这里，问题的关键有两个：一是厂长（经理）由谁来任用，通过何种形式任用？这涉及国家或集体的占有权形态如何确认经营权的代理的问题，即在选任代理人的过程中，占有权与经营权之权利传递的中间通道是什么？谁来确定委托代理关系？二是在企业实际运营的过程中，厂长（经理）的经营权和决策权如何通过正规途径获得，即企业组织内部的权利让渡的途径是什么？《乡村集体所有制企业条例》规定，厂长（经理）的选用采取公开招标或招聘、推荐等方式。这表明，事实上的承包代理人的选用，并非是通过集体占有制下的居民大会（农民代表会议）这一权利主体，因此造成了"研究三"所说的"无初始合同"的现象：在占有权与经营权之间的委托代理关系中，委托人不可能是集体占有的真正权利主体，而往往是由那些国家治理体制下地方政府的行政代理人来决定的。在占有权和经营权的这种转换关系中，直接造成了经营权中的占有权部分缺位，由此也为20世纪90年代企业转制中经营权转换为占有权留出了制度空隙（Tian，2000：247—268）。

对于第二个问题来说，即厂长（经理）人选到位的企业实际经营过程中，企业组织内的决策权和经营权，也缺少有效的权利机制加以制约。《乡村集体所有制企业条例》规定，"企业职工有参加企业民主管理，对厂长（经理）和其他管理人员提出批评和控告的权利"；"企业职工大会或者职工代表大会有权对企业经营管理中的问题提出意见和建议，评议、监督厂长（经理）和其他管理人员，维护职工的合法权益"。实际上，在广大乡镇企业中，不仅职工代表大会基本上已经消失殆尽，即使是有上述的所谓建议、评议和监督权，这些权利也不再是集体占有中最重要的权利内容，或者说，在企业内部，职工们基本失去了由集体占有权所规定的集体参与和决议权。

因此，在企业承包制下，乡镇企业厂长（经理）的选用和实际经营，都不再强调与集体所有制下的权利主体属性发生本质上的联系。"研究五"所说的"经营性占有"，虽不符合占有与经营两个概念的实质含义，却成了人们认识中广泛存在的"真实假象"。正因为占有权与经营权的分离，并非通过两者的规范权利关系来实现的，反而造成了经营权僭越占有权的普遍现象，使研究三所提及的

"二次合同"越来越在乡镇企业的经营中占据主导的地位,甚至成为理解权利归属及属性的基本依据。

20世纪80年代中,承包制的另外一种形式,还表现在行政体制下各级政府之间的财政关系上。这种被称为"包干制"的办法,使国家不再以第一占有者身份直接干预乡村经济活动,使乡镇政府对上级政府财政拨款的依赖弱化,而提高了财政自筹资金的比例(张闫龙,2006),进而也出现了"研究五"所说的"纵向排他硬化"的现象。包干制的最大意义,是将地方政府变成了有明确自身利益的行动主体。地方政府通过努力增加"可支配财政收入"留下超收分成的部分,即通过与中央政府讨价还价来争取低包干基数和高超收分成比例(渠敬东、周飞舟、应星,2009)。由于包干制期间的税制以产品税为主,是事实上的包税制,不管企业效益好坏,只要企业运转,税收便以产值或增加值为基数来计算。因此,地方政府的行政权也迅速转化为经营权,一方面努力增加税收的总盘子,利用贷款兴办大规模的乡镇企业,即所谓的"放水养鱼";另一方面则努力强化对本地重点乡镇企业的经营性干预,甚至采取"研究三"所说的"村书记兼董事长"的村企一体化策略,将集体产权的"委托人"与从事实际企业经营的"代理人"并为一体,出现众多厂商政府及"制度企业家"(参见周其仁,2002;Oi,1992)。财政包干制,进一步强化了乡镇企业在内部组织关系和外部行政关系的经营权分量,无论是厂长(经理)的选用,还是企业经营模式的形成,无论是政府促成的企业经营上的制度环境和资源,还是直接干预甚至成为经营性主体本身,都表明经营至上的原则,已经透入到乡村社会的所有关系中。

由此,经营权相对于占有权所获取的优先地位,从三个方面表现出来:农业生产的承包制首先将土地集体所有权分解为个体(家庭)的土地使用权;工业生产的承包制,使乡镇企业的经营权在很大程度上脱离了占有权,确立了经营优先、效益优先的原则;地方政府财政的承包制,则以包干的形式,在政府直接主导经济活动的过程中，使经营权的实际作用范围扩展到企业组织外部，以致我们难以界定组织的边界究竟在哪里。由此三方面，乡镇企业的经营结构呈现出了诸种极特别的性质。

首先，从企业自身的组织范围来说，正因为有了双轨制的"悬置效应"，即作为存量而被封闭起来的占有权，特别是集体所有权难以对集体成员形成完全的保护，而包干制的制度环境仅从结果不从过程中构成对企业内部管理的约束，厂长（经理）拥有了至高无上的经营权力和管理权力。甚至在相当长的一段时期内，乡镇企业内部的管理和运营都像黑洞一样，无法看清。这种典型的威权型经营体制，没有为企业成员，即职工留出多少参与性权利的制度空间，企业中发生的一切活动，都基本上围绕着生产和销售两个经营环节来进行。加之由社队企业而来的专制体制的路径依赖，以及行政指令所产生的专断惯性，"对企业全面负责""代表企业行使职权"的厂长（经理）们在企业经营中往往具有独大的权力。这在当时市场条件匮乏、商品供给短缺的情况下，可以使承包经营仅通过集中权力就可获得经济活动的效率，形成竞争优势。与此同时，企业中的权力垄断，也可以尽可能保证外部交易的隐蔽性，降低经营上的政治风险。[①]

相比而言，产权研究者们更愿意关注这类企业的委托代理关系。本质上，委托代理关系是由占有关系的结构来决定的。但如上

[①] 当然，仅仅看到这种威权形态是不够的，而且，那些仅认为乡镇企业只具有粗放型经营模式的看法，事实上并没有注意到由经营至上原则所决定的自发理性化的动力：首先，对工人的纪律化程度加强，即农民在严格的生产体制中逐步被规训为雇佣工人；其次，企业对于专业知识的学习能力得到极大提高；大多数乡镇企业无所不用其极，挖人才、偷技术、冒品牌、优化工艺，从生产流程、工艺、流通、销售等各环节入手，率先在企业内部合理配置资源、优化组织形态和经营渠道，完全从经营理性化和效益最大化的原则出发，各显其能、竭尽所能地获取利润。虽然这种理性化的动力仅来自经营者，但已经出现了韦伯所说的理性经济活动的典型特征，即围绕效用（Nutzleistungen）来获取处分权的机会，有计划地采取所有筹措手段（Beschaffungsmittel）来制造或运输效用，这些活动皆是以货币所得之经营管理的形态出现（参见韦伯，2005a：10，14）。

文所说，这三种占有关系皆不完备、不明晰，并不能确立一种完整的委托代理合约，只能因具体条件不同，依据三类占有的相对权重不同，形成不同的委托代理关系及其后来向占有权转化的不同途径。在那些乡镇基层政府认定自己是占有者并进行"自我代理"的地方，如在苏南地区，政府和企业大多是一种合并结构，这种委托代理的合一关系，在很大程度上将乡镇、村政府打造成为带有厂商性质的经营体（Oi，1995），或者说，在财政包干制的财政激励下，基层政府既是行政意义上的包干主体，也是经营意义上的谋利主体，而且其占有与经营的关系亦像"研究三"所说的那样，无须有"初始合同"约定（张静，2000）。[①]

不过，以华西村为代表的带有农村共同体特征的经营模式，情况则更为复杂些。周怡将这种经营称为"转型经济中的后集体主义"，确有其道理（周怡，2006a，2006b）。事实上，集体经营在很大程度上不同于国家代理，它更着意将公与私、共有与私有的意识形态界限模糊化，转化为村庄共同体的团结与整合机制；通过将村庄共同体统摄下的企业及其他经营单位整合为一种集体成员共享的社区性组织，改变了公有制或私有制下的分配和回报结构，将"研究二"所说的"成员权"观念提升为占有和经营性主体。因此，在这个意义上，企业的经营目标既不带有国家代理的厂商政府特点，同时也不是一种个别经营单位的谋利，这种营利目的是以集体成员的再分配为目标的。当然，正像周怡所论述的，这种集体经营也充分吸纳了传统的因素，将诸如集体消费的习惯、村规民约的强制性遵从以及家族政治的权威秩序融合到这种集体经营模式之中。

相比而言，那些比较倾向于将个人投资或投入的主体认定为占有者的情况，更易于在温州等地区见到。由此形成的经营活动，更强调《条例》之"乡村集体所有制企业可以在不改变集体所有制性

[①] 亦参见杨善华、苏红（2002）有关"从代理型政权经营者到谋利型政权经营者"的研究。不过，依照国家代理的全民占有形态的关系来理解，代理型政权经营者与谋利型政权经营者在逻辑上并不矛盾。

质的前提下，吸收投资入股"之"个体化投资"的含义，除将全民形式的占有权悬置起来外，还进一步将集体所有制悬置起来。[①]不过，这种经营模式虽不易受到地方政府或集体的辖制，却也容易产生威权体制，出现被雇佣者集体失声的情形。

实际上，上述三种情形通常是混杂存在的。换言之，正因为在一般情况下，三种代理情形都在，三种被不同界定的占有权与经营权的关系往往彼此交错在一起，从而使"代理风险"的解决更加棘手。更重要的是，占有权与经营权间的委托代理关系，并不是通过承包合同一次性达成的。现实中，承包合同因带有约定俗成的性质，有时是不成文的，未予正式签署，或因"逆向选择"的原因，委托方往往会多次选择代理方，出现代理方多次替换或更迭的情形。

但问题还没有这样简单。刘世定通过系统检讨奥利弗·威廉姆森（Oliver Williamson）之关系合同的前提和结构要件，指出乡镇企业承包后的经营过程存在二次嵌入现象。他发现，占有者与经营者签署的初始承包合同，"由于嵌入层级关系体系中，经营者对企业资产只能实现有限方位排他、有限选择范围、有限期的占有。但二次嵌入改变了这种状况。由于经营者将二次合同嵌入于他自己的人际关系网中，并在很大程度上阻隔了乡镇政府、村领导和这一网络的直接连通，因此建构了特殊的非正式排他性。在这种条件下，经营者实现了对企业的更强的控制"。（刘世定，1999）这也是"研究三"和"研究四"同时提出的代理难题，"研究五"也通过讨论"人际关系网络形成的排他性"，揭示了关系资源对于承包制中借助私人化社会关系运营而产生的"低替代性"问题。

[①] 张建君曾分析过温州社会经济结构的特点，指出民营经济的结构优势决定了当地人更容易从资本化的角度来认识乡镇企业。实际上，民营经济在温州的真正贡献要远大于官方统计所显示的份额，因为有很多所谓的集体企业都是戴着"红帽子"的假集体。1990年民营经济占温州工业产出的比重达到了75%，而在苏南98%的工业产值是由乡镇企业实现的。此外，当地地方政府在财政收入上对乡镇企业的依赖也小得多。因而，温州的地方政府并没有通过乡镇企业改制而扭转地方经济表现的需求（张建君，2005；亦可参见Zhou, Kate Xiao, 1996）。

乡镇企业普遍存在的"合同约束软化"的现象（刘世定，1999），对代理人来说既是一个难题，又是一次绝好的机会。首先，由于委托代理双方无须完全符合合同约定，代理人在一定程度上具有摆脱合同约束的优势，但同时也容易丧失合同保护，因此，代理人通常会主动为委托人解决"逆向选择"的难题，主动与委托人形成带有依附或庇护特点的稳定关系（有些私营企业主动"戴红帽子"，更是一种典型事例）。但与此同时，代理人也会充分利用"合同约束软化"的条件，牢牢控制或积极扩展其经营权的范围。这里所说的经营已经完全超出企业常规经营的界限，即不仅像"研究三"所说的那样，将接单权和财务权（特别是加工企业）揽于一手，把握着企业的生死命脉，而且要尽可能铺展其嵌入范围，如刘世定所说："不仅委托人和经营代理人、经营代理人和他的经营伙伴之间有直接的密切关系，而且委托人和代理人的经营伙伴之间也有直接的密切联系。"事实上，代理人在营造关系网络意义上的经营之手往往伸得更长。"研究四"所说的"圈内归属"关系，不仅可以利用私人联系，延伸到越出委托人之上的更上级的庇护关系中；也可以通过运作当地亲属关系网络，与委托人的长辈或亲戚建立亲密关系，形成一种挟制力；或利用价格双轨制的条件，通过利润回补或回扣的办法，与行政级别更高的国有企业建立战略伙伴关系，反过来制约委托人；或通过掌握一门核心技术、绑定一名必不可缺的技术人员，来减少自身的替代风险；等等。代理人的社会化或关系化经营，不仅超出了占有关系的范围，甚至超出了承包约定下的经营关系的范围，超出了组织界限内的交易关系范围。而且，从理论上讲，这种现象也超出了产权理论和合同理论可解释、可分析的范围。

从这个角度来说，威廉姆森在关系合同研究之中的隐含假设是意有所指的，他力争将这一问题的讨论限定在经济分析的限度内。同样，刘世定对于二次嵌入的代理关系的分析亦是有效的，其所适用的范围应该在交易关系之内。但现实中，乡镇企业经营者所缔造的关系网络，往往是无法转化为交易成本分析的社会连带，其间既可能含有绑缚于政治体制的因素，也可能调动了地方性的默会知识、家族伦理关系，甚至是地下社会势力。与此同时，当复杂的社会关系网络向外伸展，企业组织的边界也会随之不断扩展，甚至将经营运行中最核心的命脉嵌入在外部因素中。如果这些运作都能纳入到产权或合同分析的架构中来，那么后者也会因为将企业组织之边界无限推延而降低自身的解释力。

事实上，从威廉姆森为构建这一分析范式所采用的概念表述来看，他已经明确看到了进一步拓展这一研究领域的理论极限。他明确指出，他的合同研究是在治理结构（governance structure）的视野下展开的（参见威廉姆森，1998）。在这里，特定的制度背景或条件在研究中就显得极为重要。因此，威廉姆森的关系合同研究，实则有一个其所在社会中的人们共同认可的前提，涉及既有的法律体系、政治架构、市场秩序以及交易道德标准等结构要件。但在中国20世纪80年代的社会变迁中，上述要件都不具有明显的结构化特征，无法成为交易分析的默认前提。也正是由于这样的原因，经营中的二次嵌入才显得如此重要；但也由于同样的原因，我们才必须从另外一个维度，即治理的维度上去进一步追查这层企业运作的隐秘机制。

五、治　理

治理（governance）概念的提出，意味着我们不能将企业组织理解为一个纯粹自足的系统。相反，它嵌入整个社会结构及其国家制度环境之中，特别是在一种未规范化、未定型化的变迁状态中，其占有关系和经营关系，在更大程度上会受到体制、意识形态和社会习俗的影响。治理作为企业组织研究的第三个重要维度，"嵌入性"（embeddedness）是其首要的分析概念。正如刘世定引述波兰尼的说法："人类经济嵌入并缠结于经济与非经济的制度之中。将非经济的制度包容在内是极其重要的。对经济的结构和运行而言，宗教和政府可能像货币制度或减轻劳动强度的工具与机器的效力一样重要。"（刘世定，1999：75［Polanyi，1957/1971］）诺斯（D. North）从如何回答"经济史中的变革问题"入手，指出"为分析说明经济组织，必须将交易成本理论与国家理论一道加以运用"；"如果没有一种关于意识形态的清晰理论，或更广泛意义上的知识社会学的理论，那么，我们解释现行资源配置或历史变革的能力便会有很大的缺口"（诺斯，1992：34、48）。德姆塞茨在有关所有权的分析中，也将"企业经济的社会责任"和"产权制度中的道义"等问题作为落脚点（德姆塞茨，1999）。由此可见，这里所说的"治理"，已经远远超出了所谓"公司治理"的法人和法权范式，而是将国家体制及其政策运动、知识权力及其构成的治理技术，以及家庭伦理和宗族关系等传统资源及其背后的民情基础等纳入到一种有关企业行为的扩展性研究中来。

（一）治理的三个面向

1. 体制治理

体制（regime），是指国家在政治、经济、意识形态上的一种受到国家意志及法律界定的规范化的治理制度。按照孟德斯鸠的说法，它贯彻着总精神的原则（孟德斯鸠，1993：305），不论是宪政国家，还是权威国家，都具有一种总体性的特征。任何一种经济行为或规则，任何一种企业组织活动，都无法脱离这样一种总体上的体制环境。如波兰尼所说，只能通过整体的方法来分析，只有在与整个体制发生关系的历史过程的社会背景中，所谓个别的经济系统才能得以解释。[1]波兰尼通过对经济史的考察，指出19世纪英国通过国家干预和自由市场思想的双重作用，才发生了土地、劳动力和

---

[1]　事实上，在波兰尼的理论结构中，互惠、再分配和市场等价交换可以说是经济整合的三个维度，只是因为体制结构不同相互关联的方式而有所不同而已（参见Polanyi，1971）。

资金的商品化：一方面，土地、劳动力和资金是通过非经济机构管理和配置的，还远不是商品；另一方面，由于工厂主受自由市场之空想观念的影响，将劳动力、土地和资金虚拟为商品，将工业经营纳入到观念化的市场之中，来扩展等价交易领域，并通过自我管理市场来增强社会的自我保护（Polanyi，1951）。因此，所谓"自我调节的市场"并不是自足的，而是经由工业生产、国家干预和自由市场观念所形成的市场"脱嵌"，不仅其形成过程受到体制因素的介入，其自我保护也必须以体制作为其对立面才能得以实现。

波兰尼的考察实际上揭示了一种辩证关系，在组织活动与国家体制的互动中，既要借助体制资源的配置，又要通过构建一种对体制的对张关系来保持自身的独立性。这本质上是一种嵌入关系。不过，嵌入关系并不是一种依附关系。波兰尼的经济史考察毕竟是有其政治体制之前提的，即19世纪英国宪政政体为产业的个体占有权和经营权留出了生存空间，为自由市场的意识形态留出了散布空间。相比而言，塞勒尼则充分发展了波兰尼的"再分配"理论："事实上，用波兰尼的术语来说，这样描述中国也许最为准确：在中国这种社会型构中，通过一个中央再分配等级制以及各种省级和省内市场，地方国家社会主义社会得以整合起来。"（塞勒尼等，2010a：53）塞勒尼的这番表述，说的是20世纪80年代中国的体制格局。但即使在此前最为典型、最为固化的社会主义体制之中，再分配体制占据着支配性的主导地位，第二经济亦会以或明或暗的各种形态存在，从而形成"积累的双重循环"，即"更具主导地位的部门，由被中央计划体系整合起来的大型企业组成；同时，还存在着一个具有相当规模但处于从属地位的私有部门，这一部门由市场整合起来的规模较小的企业组成"（塞勒尼等，2010a：50）。这种情况在东欧或其他具有相似体制的国家中都可以见到。

从理论上说，波兰尼和塞勒尼并无本质差别。两者都强调人们不能迷恋于主导体制的神话。在那些以自由体制为主导的国家中，市场化的平等交换原则实际上也嵌入在复杂的政治和社会体系之中。而在那些以计划体制为主导的国家中,依然存在着庞大的第二经济部门和消费市场,甚至再分配体制也必须在后者的补充和协调下才能持久存在(塞勒尼、曼钦,2010b:194—219)。反过来,波兰尼和塞勒尼的研究还意味着,任何一个系统都不是独立存在的,无论是市场体系、企业组织体系,或者是庞大的国家体系,都需要与其他系统相互嵌合而存在。不过,这种嵌合过程还是个动态的过程。正如波兰尼所揭示的那样,市场体系与国家体制之间实际上是一种"嵌入"和"脱嵌"的关系,不仅其形成过程需要国家等非经济因素的有效配给,而且还会自发产生社会的保护性反应,通过社会运动来维持自身系统的存在。同样,在社会主义体制中,国家在常规的科层制治理外,还需要不断掀起各种体制性的运动机制[①],来调动和控制各类社会性因素。

周雪光在一篇讨论"运动型治理机制"的文章中指出,"常规机制与运动机制是两个相互矛盾又相辅相成的治理机制,只有在常规机制及其随之而来的组织失败背景下才能认识运动型治理机制"(周雪光,2012:105)。这一分析的起点,与波兰尼的命题不无相关,只是运动的肇发者源于国家。就体制治理的具体过程而言,"嵌入关系"的存在,不仅使庞大的科层制系统无法按照其理性设计的程序有效运转,等级制度和分工结构很容易导致信息流动困难,而且,地方性差异使得这一体制必须保持灵活性,而灵活性又加剧了上下级间的猜疑和失控(周雪光,2011)。因此,运动型治理实际上是一个"脱嵌"过程,即通过打破官僚制度中由上下级间的忠诚、信任、庇护关系交织而成的逐层向上负责制,来强化国家意志的政治效力和意识形态的影响力。如周雪光所说,政治运动中的动员机制"需要通过超越常规的紧急动员过程、突破已有组织结构而实现之"(周雪光,2012:108)。运动型治理与常规的官僚化

---

① 冯仕政认为,"国家运动"的含义非常广泛,包括国家各级部门和政府为了完成特定政治、经济或其他任务而发起和组织的所有运动(参见冯仕政,2011)。

治理的区别，不仅在于要掌握足够的专断权力，来充分调动意识形态甚至带有专政性质的国家机器，进而将各类行政问题转化为政治问题，同时也要能够充分调动地方政治资源（周飞舟，2009），甚至将政治动员的范围扩展到几乎所有的普通人群之中。恰如罗西瑙所说："治理是只有被多数人接受才会生效的规则体系"（罗西瑙，2001：5）。

总之，治理体制一定具有总体结构的特点，但又不能单纯理解成结构性的。从治理体制运行的机制来看，任何体制的形成都具有"嵌入"的特征，无论是自由市场经济体制，还是再分配经济体制，都不是孤立存在的，都需要与其他系统相互嵌合而存在。同样，对于体制中的上下级关系，或中央与地方关系而言，也存在嵌入性，进而形成各自的自我保护性反应，由此也形成了并不能完全为一统体制所囊括的灵活的治理空间（周雪光，2011）。不过，任何一种主导性的体制，都会面对因嵌入关系存在而产生结构性失效的难题，而采取一种全面覆盖的、更为激烈的运动型治理，来使原有的嵌入关系"脱嵌"，周期性地强化体制意志的力量和有效性。在这个意义上，治理体制从来就不只是僵化的结构层级关系，而是一种多变的动态机制。

2. 知识治理

嵌入性概念的提出，意味着任何单一体制的治理并不是自足的，它必须始终在"嵌入"和"脱嵌"的动态过程中辗转腾挪，形成一种多重的治理体制。另一方面，体制治理的不自足性还表现为，这种治理之所以能够有效运转，所依赖的不仅仅是强制性的制度作用或制度规范，而是一整套的程序、技术和知识。换言之，无论是常规性的治理，还是运动性的治理，都需要治理双方用一种可内化的知识技术甚至由此达成的合意性认同，才能从意识形态上实现治理的效能。

在《新教教派与资本主义精神》中，韦伯所强调的，并不是哪个教派的教义学说及伦理结构更切合于市场交易的信任关系，而是只有通过成为新教教派的成员，只有在这一教派化过程中经受过一种与尘世隔离开来的神圣化考验，得到道德品行的历练，才能将在这种作为宗教自愿联合体的教派内部培育而成的端正品质，转化为外部经济活动中的信用。或者说，在美国经济史中，商业上的信用关系并不是依靠市场制度形成的，而是那些典型的中产阶级首先通过在教派内部实现纪律化的自我治理，使其信用价值得到充分的检验，才能"获得私人及社会生活方面合法化"，从而获得不可替代的商业机会。"只有禁欲教派的那种有条理的生活方式，才能够对现代资本主义的精神气质所具有的那种经济的'个人主义的'推动力进行合法化，并赋予它一种荣光"（韦伯，2010：140）。

韦伯有关新教教派的研究，提供了一个非常有趣的议题，即体制治理的合法化来源实际上并不一定出于体制所规定的制度校准，而有可能来自另一个领域（宗教作为社会领域）内的治理过程。后一种过程往往在知识价值、信仰激励等更内在、更深入的伦理化要求中展开，从而在世俗经济生活中更容易获得信任，取得成功。同样，福柯基于对西方17世纪以来所形成的现代治理过程的考察，也指出"从治理的角度看，重要的不是法律"；"治理的工具不再是法律（law），而是一系列多种形式的手法（tactics）"（参看福柯，2001；2010：79）。治理术（governmentality），成为福柯治理研究中的一个重要概念。

福柯通过对马基雅维里以降，特别是重商主义学说的考察，指出国家治理从以往只偏重于领土的治理，发展成为一种将"治人理事"的所有范围都纳入其中的总体治理结构，从而确立了三种基本的治理形态，"每一种都和一门特定的科学或学科有关：自我治理的艺术，和道德有关；恰当地治理家庭的艺术，属于经济（家政）范畴；最后是统治国家的科学，与政治学有关"（参看福柯，2001；2010：84）。在这个意义上，现代体制将治人与治事复合起来，确立了一套把人的财富、资源和谋生手段，习俗、习惯、行为和思维方式乃至饥荒、流行病和死亡等事故通通统合起来的治理系统，进而将私人生活和组织生活都置入"公共效用"（public utility）的范畴之中。福柯指出："随着重商主义的出现，我们第一次看到了一种可以被用来作为一种治理手法的关于国家的知识（savoir）的发展。"并且，这种知识必须能够有效地将人的灵魂治理（道德治理）和家务治理（经济治理）与人口统计或治安等公共治理（政治治理）纳入到一种知识类型之中，从而形成国家和社会内部相互交织的，并能使其有效运转的总体治理形式。与此同时，知识不同于制度，它作为治理术，不仅为治理一方提供了更具合法性意涵的意识形态工具，也为被治理一方赋予了具有主体性色彩的话语空间和表述空间，从而在治理体制内部形成了微妙的权力控制与反抗的关系（Foucault，1980）。

举例来说，郭于华和孙立平的"诉苦"研究（2002），就揭示了如何通过知识和技术来重塑普通民众的国家观念的一种治理机制。在土改运动中，通过"诉苦"技术将农民日常生活中的苦难提取出来，建构阶级划分的类型知识和革命话语，来重构农民与周围世界的关系，特别是农民与国家的关系，实际上也是将农民塑造成为话语主体的过程。换言之，只有在此知识化的过程中，那些抽象的意识形态才能转化成为广大农民内在的主体意识，进而与更宏大的国家观念建立起联系，使国家的政治意志通过农民有效的自我治理而得到贯彻。下文我们将讨论到，在从革命体制向改革体制的社会转型中，诸如"承包制"或"包干制"等这样的知识和话语转型具有极其重要的意义，这是在治理中实现"思想解放"和"结构突变"的前提条件。

3. 民情治理

就治理的理论问题而言，波兰尼与福柯的论述之间实际上存在着一种奇妙的张力。波兰尼虽强调总体性的体制环境，却认为因"嵌入关系"的存在，任何体制都不是一面密不透风的墙，反而会构建一种针对体制的对张关系。而福柯则强调，治理中的知识和技术生产，会渗透进社会存在的每个角落，将一切因素都收拢于一种弥散性的知识/权力系统之中。坦言之，这两种理论的提出，都针对的是西方社会形成的典型体制，而对于转型中的中国社会来说，既不可能出现一种有别于主导体制的独立的自我保护性机制，也不可能形成能够统合所有社会要素的知识构型。由于治理意义上的"中国经验"具有不成熟、不定型的特征，因而也为那些非体制性的或非正式制度的因素留出了存活空间，甚至在社会转型初期，这些因素反而会因"制度短缺"而发挥重要的治理作用。

就西方制度史而言，资本主义体制也有着辗转多变的生成过程。在《论法的精神》中，孟德斯鸠曾提出一个富有创见的见解：如果我们从"法"，即"来源于事物本性的必然关系"出发，要探究国家运行的基本规则，就不仅要考察政体的性质，即一个体制的制度结构，更要考察这种政体的本原，即那些能够让政体运动起来的人们的情感构成（孟德斯鸠，1993：19—29）。换言之，构成社会秩序的，既缺不了恰当的治理体制，更少不了与这种体制相适应的情感基础。在这一点上，旨在培育这种情感基础的教育，应是成为公民所需要的最先接受的"法"。孟德斯鸠所说的后一种治理意义上的情感本原，即是社会学家们常说的"民情"或"民风"（mores）的概念。托克维尔对于美国民主与法国革命的分析，就是基于政体结构与民情基础是否匹配的原理而形成的论断。

特别是在社会急剧变迁的时代里，国家体制非但不容易对民众的情感结构起到决定作用，反而会摆脱它而实施制度改造，造成整个社会的文化不适。涂尔干有关失范型自杀的论述，就说明了19世纪欧洲的资本扩张迅速革除了整个社会的道德情感基础，传统的职业群体无法再形成社会连带和保护作用（涂尔干［迪尔凯姆］，2001；涂尔干，2003）。不过，体制与民情之间存在着的张力，也对制度决定论提出了挑战。在两者之间，体制总试图通过调动官僚制的常规权力、政治运动的专断权力乃至学科化的知识权力来规制民情，通过"移风易俗"来强化国家意志；但民情却更容易扎根在宗教与风俗、亲属连带和地方性知识的土壤里，更容易唤起历史的活力，在社会运行中守持各种传统相互混杂和复合的因素，而成为真正意义上的制度精神。

在体制治理与民情治理的互动中，社会学家往往采用"变通""非正式制度""准正式程序"等说法，来描述基层政府或社会在解决实际问题时偏离官方话语体系或正式制度安排的做法，但这种论证方法既容易忽视民情结构中的制度枢纽（如严格的宗教仪轨、祭祀礼仪和乡约族规等），也容易忽视所谓文化中隐藏着的主导治理结构的逻辑链条（参见杜赞奇的研究给出的启示，Duara，1988）。事实上，一个地区的人文地理生态、宗教信仰、家族结构乃至文化历史遗产都影响着体制治理的路径和社会组织方式，这种治理实践的形成和运行过程，就不能单纯采用制度主义范畴内的概念工具来做分析，而必须从其原本的构成逻辑出发来加以探究，再考察与体制互动过程中的转化形态，而不宜采用似是而非的概念回避之。[①]

体制与民情之间实际存在的空间或缝隙，可造成不同治理层级或治理维度之间的微妙周旋。民情中的诸多习俗、文化或制度，可拿来作为对抗体制入侵的弱者的武器，如詹姆斯·斯科特（James C. Scott）所说的那样，农民利用各种地方文化所提供的微观技术和隐匿网络，开展自卫性的游击战和消耗战（斯科特，2007）。亦可根据体制运动和知识转型的情势，用民情的逻辑来转化体制性的制

[①] 在这一点上，陈寅恪的"风俗史"研究堪称典范。在有关魏晋社会的研究中，陈寅恪不拘泥于单纯的制度史、观念史或单向度的社会史范式，而是从各种社会和文化构成因素的共相和逻辑节点入手，来论述能够以一点带出整个面的解释脉络。在"天师道"研究中，他步步考证当时风俗构成的诸种因素，最终撤除了制度、思想及实利政治运作的通行解释和成见，而得出惊人结论："东西晋南北朝时之士大夫，其行事遵周孔之名教（如严避家讳等），言论演老庄之自然。玄儒文史之学著于外表，传于后世者，亦未尝不使人想慕其高风盛况。然一详考其内容，则多数之世家其安身立命之秘，遗家训子之传，实为惑世诬民之鬼道，良可慨矣。凡前所举此时期宫廷政治之剧变多出于天师道之阴谋，考史者自不可得而忽视。溯其信仰之流传多起于滨海地域，颇疑接受外来之影响。"（参见陈寅恪，1992：189）

度安排，如某些乡镇企业名义上为集体所有、实则为家族网络所支配，或是依情理原则而进行的司法调解，或是社会学研究中常说的变通现象，都是依据民情默会的合意原则而形成的常规性体制治理的转换。此外，民情也为地方政府的基层治理提供了可调整、挪移和衍变的制度空间和应对机制，扩展了基层政府因地制宜解决实际问题的能力，同时也扩张了它的体制治理范围（周雪光，2011）。

可以说，体制、知识和民情等不同维度上的治理机制，从不同方向上拓展了不同的治理逻辑，并相互作用成为一个多元复合的治理结构。它们不仅可重新界定经济活动中的占有和经营关系，同时也可在不同的地域、文化和历史传统中，形成主导这些经济关系的不同尺度和准则。乡镇企业发展中曾出现的不同模式，其形成彼此差异的根源，不仅在于各种占有关系的不同组合方式，以及经营上不同的合约和代理关系，也在于在不同治理面向上表现出来的治理关系的差别。现在，我们来考察这一点。

（二）经验考察：乡镇企业的多向度治理关系

1. 双轨治理体制

从体制的角度看，没有改革开放，就没有乡镇企业的勃兴；而没有20世纪80年代在体制改革中所遵循的"双轨制"，乡镇企业的兴盛也就不会具备必要的结构条件。双轨制的原则，即是"保护存量、培育增量"。从20世纪70年代末到20世纪80年代初的改革，所谓"存量"，即是计划经济的再分配体制，特别是对于分属各行政层级的公有制企业以及广大城市社区来说，重建以单位制为基础的体制治理结构，是清理"文革"乱象、恢复生产和生活秩序的必要举措。而所谓"增量"，则是以家庭联产承包责任制为改革契机，在计划经济的存量体制外围培育非体制性的生产活力，借此扩充资源的自由流动，松动单位制的体制瓶颈和规范效应，逐步形成初级市场体制。中国经济学家常把这种增量改革作为中国式渐进改革的成功基础（参见樊纲，1993，1994；林毅夫、蔡昉和李周，1994；Naughton，1994），并认为即便是在广大农村，依然也是在双轨体制的前提下来推行家庭联产承包责任制的，如通过继续保持国家对粮食的收购，采取"价格双轨制"而非"土改运动"来激励农村集体化生产制度的改变，从而实现整体的"帕累托改善"（张军，2006：97；胡汝银，1992）。

不过，从改革策略来看，双轨制改革的目的是要在存量与增量之间建立一种互为激变的关系：即是在一定程度上守持体制存量的情况下，培育和发展原有体制之外的增量，通过保护存量来控制增量的过快扩充，避免增量因偏离路径依赖的逻辑而产生系统风险；同时再通过增量的积累而形成结构性的变迁动力，促发原有体制的应激性反应，从而实现社会结构逐步转型（渠敬东，2012）。因此，从体制治理的角度看，既通过双轨制的逻辑在存量与增量之间搭建起了一种波兰尼意义上的"嵌入关系"，同时也在意识形态上让塞勒尼所说的再分配体制下隐藏着的市场交换关系重新出场，获得明确的合法性基础。双轨制既造成了一种经济上的分割结构，同时也为存量与增量之间的有效连接提供了体制保障。一方面，作为计划经济基础的国有经济依然通过行政体制实行指令价格、资源集中调拨以及级别工资制度；另一方面，新兴的非国有经济则从生产、销售、产品定价和劳动工资等方面开始探索市场化的运行机制，特别是在从农业积累向工业化积累、从农产品交易向轻工产品交易的拓展扩张过程中，这种优势则变得更为明显。

现实说明，这双轨的两端并不是各安其位、互不往来的。事实上，在农村工业化的初级阶段，乡镇企业就仅凭手打机磨，用粗陋的手工作坊生产向"短缺经济"发出了挑战，迅速依赖初级产品的生产形成了"农村包围城市"的局面。再后来，乡镇企业抓住国营企业"放权让利"的承包制改革的契机，利用国营企业与其下属集体企业之间委托—代理不充分的条件，大范围地与国营企业形成全方位的私下交易。其具体做法是：首先，乡镇企业依托价格双轨制的优势，从国营企业那里私下获取大批只按指令价格标价的生产资料，并以回扣等方式让渡利润。其次，乡镇企业也借着国营企业固定资产流失的机会，低价收购机器设备和生产工艺，迅速提高自身的技术竞争力。此外，乡镇企业亦可借助市场化的薪酬标准，支付高额工资，从国营企业那里广挖技术人员和管理人才。更进一步，乡镇企业也会在相关生产领域，直接与国营企业建立外包制的业务联系，国营企业直接将一些初级产品的加工发包给乡镇企业。在很多地区，乡镇企业甚至采取了更为直接的办法，与国营企业的"二级产权单位"（集体企业）私下参股、合股，寄生在国营企业身上直接进行市场化运作（渠敬东、周飞舟、应星，2009）。

可以说，体制治理中的双轨制，为乡镇企业的成长提供了全方位的比较优势。从乡镇企业的发展经验看，若没有存量体制的存在，若没有存量与增量之间嵌入关系的存在，乡镇企业也就丧失了体制资源。虽说这种体制资源并非是按照再分配体制来配置的，但增量改革中可灵活操作的各种策略和手法，以及其可不受存量体制约束的思想观念，都为乡镇企业最大限度地利用存量体制资源，并将这种被体制控制的资源转换为自由流动的资源提供了巨大的运作空隙和空间。

从这个角度来说，"研究四"所说的"关系"产权，以及刘世定在"研究五"或另一篇文章中提到的"关系合同"，其所涉及的关系网络，并不局限于乡镇企业所属地区的交往范围，而是远远超出了"乡镇"意义上的地理区域。这里，颇为悖谬的是，关系产权或关系合同能够得以成立并有效运转的基础，并不仅在于"关系"在表面上所具有的"去体制化"的特征；相反，只有乡镇企业所运作的社会关系紧紧绑缚在体制关系之中，并尽可能扩大其与不同类型、不同层级的体制之间的连带关系，才能更有效地增加自身的"排他性"。事实上，乡镇企业或乡镇企业家们只有在政治上不断攀附高枝，建立与本地区、跨地区、越层级甚至是中央行政部门的关系，才能越加发挥体制嵌入性的优势，只有与具有更高行政级别的国营企业或明或暗地建立从生产、设备、技术工艺,到产品销售、利润分享、资本运作等诸领域全方位的庇护关系,才能在经营上不断拓展并确立不可替代的排他性,并寻找将经营权转化为占有权的机会。"研究三"有关乡镇企业转制的分析,其拓展理论分析的基础,也恰恰在这一体制治理的层面上。

在"双轨制"的治理逻辑中,增量部分的改革事实上受到了更大程度的保护。无论是乡镇企业内部治理的灵活性和对外界的封闭性,还是乡镇企业与外部体制,特别是国营企业之间发生的明显的或隐秘的交易关系,都不会在"包产到户"的政治大背景下受到追究。因为在当时的历史处境中,承包制是社会经济运行中最大的合法性依据,甚至存量体制内部也同时酝酿着带有承包性质的改革。与此同时,"双轨制"也为乡镇企业所在地方行政部门为其提供的保护奠定了体制基础。乡镇企业作为改革的合法"试验田",并不像单位制下的组织结构那样被条线型的一统体制所管辖和控制,而俨然是地方政府襁褓中的一块"飞地",不易被党团组织、"工青妇"等其他体制要素所介入,像是一个个小的独立王国。

需要说明的是,这种地方保护还有着更为深刻的治理体制根源。这还要从财政体制上的中央与地方关系的调整与改变说起。20世纪80年代中期,中央政府为突破行政干预经济的制度瓶颈,开始通过财政、税收和金融等一揽子的经济政策对地方经济做间接调节,扩充地方政府在经济管理和运行中的自由权限,这即是"财政包干制"的改革。本质而言,"包干"就是"承包"。所谓财政包干,即中央政府对各省级地方政府的财政收入实行以固定基数为基础的承包制度,基数内的部分按照一定比例在中央和地方间进行分配,超基数的部分大多留归地方。包干基数和超基数留成比例各省份不一,取决于中央和地方的协商谈判。[①]这种定额包干(fixed rent)的财政体

---

① 经济学家将这种财政体制称为财政联邦主义,参见 Qian & Weingast, 1997; Qian & Roland, 1998。关于财政分权对地方政府行为的影响,参见张闫龙,2006。

制虽然经过了部分调整，但是一直持续到1994年。实施财政包干制的近10年时间，恰恰与乡镇企业的兴衰周期是相吻合的。

由于在包干制下，中央政府最后只对地方政府做经济总量和财政收入上的要求，而且包干制期间的税制以产品税为主，因此无论效益好坏，只要企业开起来转起来，税收便可以产值或增加值为基数来计算。如果说地方政府推动乡镇企业发展的最初动机是解决失业问题，或增加本地农民收入、改善集体福利状况（Byrd & Lin, 1990），那么在定额包干制下，地方政府想方设法借钱找钱大规模兴办乡镇企业，则是为大幅度增加地方财政收入的目标而做的努力（Oi, 1992），以致在广大农村地区，甚至是在一些内地工业化程度很低的地区，出现了"乡乡办厂，村村冒烟"的热闹景象。[①]因此，从治理体制的角度看，双轨制为乡镇企业的自由选择路径和非体制性的市场化运作提供了制度保护，而包干制则从体制路向上对地方政府行为产生了制度激励。乡镇企业的发展命运亦随着体制治理的变迁轨迹起起伏伏，也随着20世纪90年代中期"分税制"改革的出台，最终陷入衰落的结局。[②]

2. 承包制话语

上文有关体制治理的分析，说明乡镇企业的兴起依靠的不仅是基层社会的自发动力，而且在更大程度上依靠的是体制动力。从根

[①] 参见新闻报道：《从"村村冒烟"到"集中连片"：安徽含山县铜闸镇工业小区的调查》。该报道称："20世纪80年代末和90年代初，铜闸镇在当时'消灭空白行政村'的思想指导下，刮起大办乡镇企业风，除原有的20家镇办企业外，下辖17个行政村呼啦啦一下办起轮窑厂、粮油加工厂、石灰窑厂、石料矿、小复合肥厂等39家。然而，这些村办企业好景不长，到20世纪90年代中期，除少数几家粮油厂仍然开机为当地农民加工粮油外，其余的企业关门的关门、停产的停产。结果，不仅毁坏了大量农田，还背上了沉重的债务，17个行政村少则几万元，多则几十万元。"引自新浪网：http://news.sina.com.cn/c/287792.html。

[②] 由于分税制确立了中央与地方共同分享工业企业增值税的财政制度，加之增值税属流转税类，按企业进项和销项额度征收，使得地方政府兴办企业的热情受到极大打击，从此乡镇企业迅速衰落。参见周飞舟，2006。

本上说，这一体制动力并不仅仅限于包干制提供的地方政府激励，更在于乡镇企业的发展历程蕴含着20世纪80年代改革的基本路线。我们不难看出，自20世纪70年代末起，从广大农村全面铺展的家庭联产承包责任制，到社队企业的承包制改革，到国营企业放权让利所推行的厂长（经理）承包经营责任制，再到从中央到地方按照"下管一级"逐级分包的财政包干制[①]，甚至是经济特区战略的实施，无不以"包"字当头，用承包话语来统领上上下下掀起的改革浪潮。

概言之，承包制改革的政治性意涵是非常明显的。双轨体制的政治含义，是在这样一种判断上得以体现的：即仅靠存量体制的常规治理，无法有效实现改革目标，只有通过扩充增量才能突破存量体制的束缚，凸显体制改革的方向。在这个意义上，"摸着石头过河"，首先在增量上"解放思想"，大胆探索，才能逐步明确政治治理的新方向；通过搁置姓"资"姓"社"问题，看看哪一种发展路径更有成效，才能有机会进一步确立改革体制的政治正当性。邓小平曾经这样说过："我们的改革和开放是从经济方面开始的，首先是从农村开始的。……农村改革的成功增加了我们的信心，我们把农村改革的经验运用到城市，进行了以城市为重点的全面经济体制改革。"[②] 对于要不要改变农村家庭联产承包责任制这样的政策，邓小平说："我说不能动"，因为，"一动人们就会说政策变了，得不偿失"。（邓小平，1993：371）[③]

[①] 财政包干制的雏形从20世纪80年代就开始形成，中央与15个省实行的是"划分收支、分级包干"的财政体制，到1985年得到进一步完善和推广，实行的是"划分税种、核定收支、分级包干"的财政体制。

[②] 参见邓小平同志1987年6月会见南斯拉夫共产主义者联盟中央主席团委员科罗舍茨时的谈话（邓小平，1993：164）。

[③] 1983年1月，中央印发《当前农村经济政策的若干问题》，指出党的十一届三中全会以来，我国农村发生了许多重大变化。其中，影响最深远的是，普遍实行了多种形式的农业生产责任制，而联产承包制又越来越成为主要形式。联产承包制是在党的领导下我国农民的伟大创造，是马克思主义农业合作化理论在我国实践中的新发展。同月，邓小平在同国家计委、国家经委和农业部门负责同志的谈话中说："农业搞承包到户我赞成。现在放得还不够。农业文章很多，我们还没有破题。"

就此而言，承包制改革颇像是一场内含一种新的国家治理理念的政治运动，而率先在农业或乡村工业领域实施的试验，则是这一体制改革的序幕。不过，掀起这场政治运动的路径，是遵循双轨制的原则来进行的。它不像以往的政治运动那样，通过专断权力（arbitrary power）从个人或中心体制的单向意志出发来实施全面动员和全面参与（周雪光，2012），而是从边缘而非中心，从体制外而非体制内起步，在体制内外之间建立的一种循序渐进的突破与制衡、刺激与反应的转变次序。具体来说，就是将农业领域联产承包的成功经验推进到乡镇企业的工业化改革，从乡村工业的承包制改革推进到国营企业的承包制改革，再进一步推进到行政体制改革的范围（财政包干制改变了原有的中央与地方的单向治理关系），甚至最终专门拿出几块地来，在经济特区另搞一套体制来推行改革意志。①在每一次承包制改革的节点上，增量部分都从体制外出发实施制度创新，引发对相应的存量体制的剧烈刺激，同时又在另一方面依托相应的存量体制而获取资源，借助市场化途径获得竞争优势。

承包制改革的推行，虽依次展开，带有渐进改革的特点，但从乡镇企业两次飞速扩张的统计数字来看，这一改革的政策推进过程仿佛是一场政治运动。1984年随着中央1号和4号文件的颁布实施，乡镇企业遍地开花，户办、联户办企业与乡村所属集体企业皆纳入乡镇企业范畴。1984年乡镇企业的数量从上一年的134.64万户，猛增到606.52万户；1984年5月份，仅在浙江省一省范围内，农民就集资了1.4亿元人民币，兴办起2万多个乡镇企业。1992年以邓小平南方谈话为契机，乡镇企业的经济总量、生产规模和经济效益均取得了快速的增长。1992年乡镇企业的营业收入比1991年增长了48.82%，固定资产增长了28.11%，流动资产增长了29.27%，税

---

① 杨小凯认为，经济特区实际上是对中国台湾地区以及其他资本主义国家出口加工区和自由贸易区的直接仿效。参见杨小凯，《百年中国经济史笔记》，引自豆丁网：http://www.docin.com/p-221244259.html。

金增长了44.39%。1993年在1992年的基础上又上了一个台阶，营业收入、固定资产、流动资产和税金分别增长了82.88%、57.66%、84.08%和74.88%（尚列、刘小玄，2001）。乡镇企业的这种发展态势，显然不是一种自发性的经济发展轨迹，而带有造势运动的色彩，很多地区都出现有"大小工厂满天星""消灭空白行政村"的情形。① 由于各地乡镇企业纷纷上马，加之乡镇企业本身又具有多形式、多层次、多门类、多渠道的独立、合作或集体经营的特点，造成了占有关系极端复杂、模糊、混乱的情况。② 无论承包人、村集体还是地方政府，在改革浪潮的促动和催迫下，都愿意权宜地从"搁置产权""经营至上"的原则出发，迅速拓展市场领地。

事实上，乡镇企业内部的治理结构中，占有和经营关系也充分表现出带有双轨制的特征。围绕承包制而建立的一整套话语体系，都将乡镇企业围绕国家、集体、家庭或个体而形成的复合性占有关系作为存量存而不论，而是"不说只干"，一味地拓展经营业务和经营空间；同样，地方政府也秉持"不争论"的原则，只将绩效作为合法性的唯一依据。③ 在这个意义上，承包经营中的"承包"和"经营"实乃同属一个话语范畴：承包意味着要悬置一切所有制意义上的讨论，在一定期限内将一切占有权让渡给一个经营主体，模糊产权关系，明晰经营关系，绕开所有制争论，将"抓住老鼠"作为最首要的效益原则。无论叫作"包产""包干"，还是所谓"自主经营、自负盈亏"，都旨在将经营者放在第一主体的位置上，以绩效制约为机制来统领改革话语。一个"包"字，确立了20

---

① 参看56页注1。
② 戴慕珍指出，在市场转型的过程中，"由群众路线带来的信息的向上流动，并非源自农民自下而上的努力，而是国家自上而下的像开启或关闭阀门一样加以调控"（参见Oi，1989）。
③ 邓小平在1992年初的南方谈话中说："不搞争论，是我的一个发明。不争论，是为了争取时间干。一争论就复杂了，把时间都耽搁了，什么也干不成。不争论，大胆地试，大胆地闯。农村改革是如此，城市改革也应如此。"（参见邓小平，1993：374）

世纪80年代治理机制的知识基础。①家庭联产承包责任制中的"包产到户""包干到户",即是在土地经营上搁置土地集体所有制,将每个农户转变成为经营性的主体,"交够国家的,留足集体的,剩下都是自己的"②。这一农业体制上的承包制改革,为后来的乡镇企业承包经营责任制的实行提供了话语基础,也为其后来转制过程中出现的"集体产权难题"("研究三"所见)埋下了伏笔。在程序技术上,"研究五"详细讨论了承包制的约束机制问题。厂长(经理)所受的责任合同约束,最初采用的是"一脚踢"的目标约束,即承包人只被要求上缴一定数额的利润,其他一概不管。只是到了20世纪80年代中后期才逐渐采用过程约束的办法,对用工方式、报酬制度和资产处置做出约束性规定。

在改革最初的10年里,"包"是统领几乎所有领域的体制改革的逻辑基准。"包"意味着原来属于别人的,现在给你来经营,只看你经营的好坏。在这种代理关系中,甚至没有一个明确的委托者。从后来发生的历史过程来看,倒像是要从经营的效果上重新界定委托者,这为后来占有权的隐蔽转换留下了伏笔,如我们在"研究三"和"研究五"中所看到的那样。由于"包"将一切社会运行的焦点从占有权转移到经营权上,加上地方财政分权的有效激励和保护,因而在具体的企业经营中,承包者与当地地方政府可极大程

---

① 李洁在关于"小岗村"这一承包制改革典型的研究中,指出"小岗故事"在国家根本性话语结构的转变过程中扮演了推动和桥梁式的作用。这一典型的塑造过程,同时也是国家治理体制转变的话语建构过程。作为国家治理符号的小岗,在中国社会转型中的象征价值远远超过上述事件本身。它标志着国家在向全国推行家庭生产责任制过程中,对治理话语和意象的一种重塑:即通过将农民的生存伦理转化为自身的治理符号,国家在制度更替的关口成功完成了话语逻辑的重要转变。生存伦理的短暂凸显一方面使得农民作为承载着国家意志的生产者,以更大的主体热情投入到生产过程中,为国家创造出持续、稳定的财政收入来源;另一方面,农村改革的成功也为进一步市场转型的推进奠定了良好的合法性基础(参见李洁,2009)。

② 吴敬琏指出,到1983年初,全国实行"双包"的生产队已经达到90%以上,由此最终在中国农村确立了新的农民在"包"来的集体土地上建立自己的家庭农场的制度(参见吴敬琏、黄少卿,2008)。

度地从各种制度约束中解放出来，尽可能运用一切办法调动一切资源，甚至达到无所不用其极的地步。

与此同时，"包"也可将所有占有关系上的"剩余权"和"追索权"一并搁置起来，留待事后解决。"研究三"所说的"无初始合同"现象，实乃是承包制改革中的一个普遍现象，这是承包制所特有的内在逻辑决定的。"研究五"在区分苏南地区的几种承包制类型的同时，指出各类承包的一个共同特点，是"政府并没有要求厂长必须生产什么，如何组织生产，必须把产品销售给谁，这些重要的方面，都是厂长自主决策的领域……"（刘世定，1996/2006：21—22）可以说，在双轨制的治理体制的呵护下，一个"包"字，迅速为乡镇企业和地方政府打开了一个自由权力的运行空间，同时也打开了自由资源的流动空间，打开了自由竞争的市场空间。虽然乡镇政府也常会单方面修改合同，调整指标，并要求承包人同意，但双方在企业经营上的合意和默契程度依然很大，在经济绩效追求上形成共识。在乡镇企业的发展中，更为普遍的是行政包办的现象，地方政府竞相兴办乡镇企业，倒是有些"政治锦标赛"的味道。[①]这种效力、效率和效果原则，无疑塑造了改革以来以绩效合法性为核心的治理原则（杨宏星、赵鼎新，2011）。

3. 家庭与宗族的复兴

不过，在对乡镇企业占有、经营和治理关系的考察中，必须要充分考虑到民情的因素。虽然体制治理及其知识形态的考察，可以呈现出一种社会整体上的结构条件、制度环境、运行机制以及人们的思维构架，却无法替代不同地区所具有的地理、风俗和地方性知识的差异性影响。费孝通在乡土工业的研究中，之所以通过"云南

[①] 乡镇企业发展的行政包办现象严重，相当一部分乡镇事先没有做充分的评估、论证，为了完成任务、挣面子而盲目上项目。很多乡镇依靠行政力量的推动，花大力气跑来了项目、资金但最终运作不下去而下马，成为包袱，也成为后来乡镇债务负担沉重的一个大隐患（参见纪程，2009）。

三村"的类型比较研究来弥补《江村经济》的单线叙事,就是希望验证一个中国社会下"受城市影响的程度不同的农村社会发展的不同的社会结构的设想"(费孝通,2004:111)。因此,结构与机制研究不能停留在通则性的形式内。在这里,可资比较的既是产生社会结构的条件,也是这些结构本身;通过了解条件如何产生结构,结构如何运作,再如法了解相同条件下和不同条件的社区,进行比较和归纳就可以得出不同的类型和模式(费孝通,2005:7;亦见杨清媚,2010:105—112)。费孝通的上述讲法,说明差异性即是结构本身,各种类型和模式的存在,恰恰是一切社会构成的本质性体现。而这种差异性,在制度主义的视角下往往是不易觉察的,它持有一种民情乃至"人心"意义上的特性。

乡镇企业具有本质意义上的本土性。但这种本土的理论意义,绝不仅仅反映在它的地方性经验层面上,而更具有文明形态之转型的总体价值(甘阳,1994)。乡镇企业所构建的"农工混合的乡土经济",依然是对费孝通在《江村经济》中所提出的乡土工业传统的一种承续,这实则是对所谓现代工业社会一体化生产模式的一种挑战。但无论是家庭工业还是乡镇企业的实践,都必须具备能够容纳传统社会资源的空间,而不致遭到单一性的权威体制或资本强制的挤压,才能有效地融合各种所谓"非正式的"制度因素,获得生存并加以创新。在这个意义上,改革开放以及最先推行的家庭联产承包责任制,连同体制治理上的双轨制,恰恰为传统社会资源的复苏提供了空间。在承包制中突出"家庭"的经济单位,实际上是对以往革命理论的一次修正。在这里,与其说是家庭获得了解放,不如说是将中国的当代革命史重新纳入到历史传统的社会基础之中:即农村社会所根植的基础,不再是国家化或国家集体化的人民公社体系,或是强制推行的合作经济,而是行政村落组织(在有些地区,行政村落和自然村落依然是复合的)和家庭或家族组织的结合体。

"包干到户"和"分田到户"所产生的政策效应,不只是表现在农业生产的效率上,也表现在农村组织的社会重组过程中。广大农村地区作为改革增量的发展，也不仅表现为经济上的快速增长，更表现为家族组织和村落组织的双重复活。一方面，虽然联产承包是以核心家庭作为经济单元来落实的，但随着农产品交易和工业化生产的出现，家庭的网络化扩散趋势也越加明显，家族的复兴成为搭建社会经济连带关系的重要通道，成为生产、交换和筹资的媒介。随之发生的是，各种传统节日、仪式、族规乃至民间宗教也获得再生和复兴，重新确立乡村的伦理和信仰秩序（参见王铭铭关于闽南三村的研究，1997）。另一方面，随着市场集体经济实力的提升和民间社会秩序的形成，村落乃至乡镇中的地方精英开始大量涌现，行政领域和经济领域中的精英群体，亦承担着农村社区生活的诸多职能，形成了新旧精英之间的替代和转换（Nee & Su，1996）。

家族复兴和村庄重组是相互嵌合的，乡镇企业则是其中的一个重要中介环节。林南所做的天津大邱庄研究说明，正是在地方精英农转工的角色变更过程中，农村地方市场的兴起，以及乡镇企业集群的地缘化特征，使得乡村治理的权力结构有机会向网络化方向转化，而这其中，家族亲属关系则是搭建这种连带网络的首要资源（Lin，1995：301—354）。的确，中国社会能够产生黏合作用的民情治理机制，当首推家庭或家族组织。但家庭或家族组织对于现代社会的构造作用，却也与传统的路径不尽相同。经过了社会主义体制长达数十年的改造，家庭或家族组织必须寻求体制上的路径依赖，找到能够与集体制充分融合的途径，并结合现实变迁的具体情境来发挥社会重组的作用。因此，在不同地区不同的制度和文化环境中，被激发出来、可资利用的家庭制度因素也是不同的；不同的家庭制度因素与工业化、市场化和资本化条件的不同搭配和嵌合方式，构成了乡镇企业的不同模式。

周怡在关于华西村的案例研究中，描述了两件非常有趣的事。第一件事是村党委书记吴仁宝在2003年的村民大会上公开宣布："全村的总资产管理，我吴仁宝占51%，其余49%则由下属八大公司分摊。"（在八大公司中，吴仁宝的直系和旁系亲属亦处于管理体系和股权结构的核心）第二件事是同年村党委改选，76岁的吴仁宝将自己执掌42年的华西村最高政权，交给他的四儿子、39岁的吴协恩（吴仁宝的长子任常务书记，次子和女儿、女婿、孙女婿、侄媳妇等任副书记，家族亲属在党委班子的26个席位中占15席）（周怡，2006a：225—227）。这两件事，说明虽经过20年左右的市场化改革，整个村庄在经济上开始走向家族集权，在政治上形成了家族继承机制。这两件事，虽然外界相当敏感，但村庄内部却风平浪静，因为党委改选是通过村民无记名的民主投票选举产生的，符合所有程序。

周怡并未单纯从政治意见出发对此直接做出是非判断，而是较为详细地追踪了家族权威得以形成的历史过程，指出这种从"权"到"威"的合法过渡，实际上乃是"国家赋予的法理权威回归到传统权威的位置"使然。正是改革开放和家庭承包制的实施，才使得"家族的传统权威重新回到历史起点"而得以复活。简言之，家族权威与体制权威是在不同历史条件下交互作用而形成的：在政治上，吴仁宝在位42年里时刻坚持"与上保持一致"，广泛建立了与从中央到地方的各级领导政治伙伴关系，获得诸多政治名誉和政治身份；在集体中，则"与下属、与老百姓保持一致"，运用集体企业的收益分配、土地出让的福利分享以及集体均权的象征文化建设等办法，既获得了最大限度的政治保护，也获得了最大限度的集体认同。与此同时，他的卡理斯玛权威也从乡村生活的日常生活中得以确立。村民中广为传诵的他的故事，一是家家搬新房时，他还坚持住在自己的老屋里；二是某位村民丧子时，他把自己亲生的四儿子过继给这位村民；三是收纳所有因各种原因流出村庄的本村村民，无差别地分享集体权益。在传统伦理最为看重的平权、孝道和保养等方面，吴仁宝通过自己的伦常日用，确立了"为父形象"和"家长地位"。这说明，一旦双轨制改革为村庄自治留出空间，这些所谓的民情积累，会逐渐将体制治理和民情治理的不同维度嵌合起来，使家族与集体并同起来，使"家长制"或"父权制"的权威在村庄内部制度化。[①]

这里引用此个案研究旨在说明，从治理角度来考察乡镇企业的生长、运行和演化机制及其在社会和集体连带上产生的影响，会发现家庭以及相应的习俗规范在体制治理允许的限度内，会起到极其重要的枢纽作用。而且，在适当的制度和民情条件下，它们会成为企业组织和基层社会的主导机制。不过，什么样的适当条件会催生这种变化呢？我们既要看到占有和经营关系在不同地域中的具体含义，也要看到习惯和民情在不同地域中嵌合于体制的不同方式，尤其是家庭或家族关系进行社会衍变的形态。

费孝通在谈到"温州模式"与"苏南模式"的不同特色时，曾风趣地说："苏南的历史传统是农工相辅、男耕女织，可以说是'牛郎织女'；而温州地区的历史传统却是'八仙过海'，是石刻、竹编、弹花、箍桶、裁缝、理发、厨师等百工手艺人和挑担卖糖、卖小百货的生意郎周游各地，挣钱回乡，养家立业。"（费孝通，1986/1999：456）费孝通的这番议论，实际上是要提醒我们注意，20世纪80年代中国乡村再次工业化的进程中，不同地域将传统习惯资源与企业治理体制相结合的方式是不一样的。若考察乡镇企业的不同模式，还必须从不同地域中的田制、传统产业形态、婚姻形式、人口流动状况以及货物流通途径等因素入手，才能通过类型分析来揭示整体结构的特征。费孝通接着说："在这两种不同的老根基上，苏南长出来的是社队工业和后来兴起的乡镇工业，浙南冒出来的是家庭工业和加工专业市场。苏南是从农副业出工业，以工补农；浙南是从商贩业出工业，以工扩商。"（费孝通，1986/1999：456）概言之，两种模式的差别，反映在苏南地区乡镇企业的生长环境，是要解决"工"与"农"的矛盾关系，而在温州等浙南地区，治理上则突出的是"工"与"商"之间的矛盾关系。

首先，两地的田制有很大差别。按照费孝通的说法，江苏人

[①] 参见周怡提供的详尽而精彩的经验材料和过程分析（周怡，2006a：237—275）。

均耕地较多，是传统上稻业和蚕业最发达的地区，农业是其强大的产业优势。因此，其传统的社会结构是扎根型的，紧紧附着在土地之上，农业先导，以工补农，"牛郎织女"。而浙江则是"七山一水二分田"，温州的耕地面积人均不到半亩田，所以自古以来温州人就不习惯于固着在土地上，呈现出人口频繁流动的流通型的社会结构，常常走街串巷，游走他乡，"八仙过海，各显神通"。①

沿着这样的思考轨迹，我们可以发现，在这两种不同的社会结构中，家庭关系的特点也不相同。由于苏南的家庭固着于土地上，很容易通过亲属关系的网络结构，结成本乡本土的共同体连带关系，表现出很强的集体性和共有性特征，血缘和地缘关系相结合，将家庭、集体和地方行政体制并合一处。在不同的体制条件下，三种逻辑既可结合，也可相互制约，并相继成为主导性的机制。比如，在《江村经济》的那个时期，家庭在工业化过程中是一种主导性的社会关系，在合作化时期，集体经济的特点比较明显，而当总体体制的强制作用得到强化的时候，行政主导便成为一种决定性的机制。而上文所说华西村的例子，则说明当分权体制留出一定的空间后，行政权威亦可向家长制的方向转化。

相比而言，浙南地区的传统家庭结构却表现出迥然不同的特征。按照费孝通的说法："这些漂泊异乡的手艺人和商贩同居家耕地的农家女相结合，是艺商与农业的结合。"这种家庭结构虽说不是不稳定的，却是流动的和弥散的，家庭内聚少离多，产业形态上往往带有个体经济的特征，很适应雇佣制的生产组织方式。在乡镇企业发展初期，温州就出现了许多"雇工大户"和"个体大户"。不过，也正是在商品流通和人口流动中，为形成彼此支援和保护，这一地区更容易发挥家族关系和宗族制度的优势，形成不受地域限制的庞大的亲属关系网络和泛家族文化体系（张苗荧，2008：77—

---

① 有学者认为，温州的发展可以用三个M来概括：群众的首创性（Mass initiatives）、流动（Mobility）和市场（Markets）（参见Liu，1992）。

81)。在温州农村，人们广泛利用祠堂、家谱、族规族训等传统习俗，发挥宗族调动、组织和协调社会资源的功能，其社会团结的功效要远远超出浙北和苏南（周晓虹，1998）。因此，如果说苏南地区长达近百年之久的乡村工业化，始终围绕着以农业划定的区域来发展，并发挥着继续固化原有社会结构的功效，那么温州地区的工业化路径，则是为了继续沿着商业网络向中国各地乃至世界各地扩展，宗族关系扩散到哪里，商品货财便扩散到哪里。并且，由于这种亲属纽带具有极强的团结性、闭合性和排他性特点，因而相对来说不易对治理体制形成依附关系，也不易受到政策性运动的影响。

由于苏南地区的体制化程度较强，因而社会流动垂直向上的力度较大。该地区世代事官学，求官禄，体制资源相对集中，行政上的统筹、组织和协调权也相对集中，对基层生产活动的支持和保护也大多来自治理体制的层面。对地方精英，尤其是那些改革政策造就的乡镇企业家来说，获得社会认可和寻求资源的途径，不仅要依靠经济上的经营，也必须依靠政治上的经营，多以人大代表、政协委员等头衔来谋求政治身份。在这个意义上，地方政府对乡镇企业的深入介入和控制，也具有理所当然的合法性，因而我们不难理解当地广泛存在的"厂商政府"的现象，以及"研究五"所说的乡镇政府行政结构与乡镇企业管理结构并置合一的情形；我们也不难理解，一些以家庭为本位发展起来的企业，或"研究四"所说的私有企业，为何要利用"集体企业"的招牌（"戴红帽子"）来寻求自我保护的情形。简言之，这些情形之所以发生，并非是由难以厘清的占有关系决定的，而是因为其中夹杂着大量体制治理和民情治理相混生的因素。

相比而言，由于温州地区更为依赖家庭和宗族制度的网络联系，因而其水平流动的特点非常明显。[①]企业在生产、销售、流通

---

① 有关温州家族文化与家庭经济、私营企业的关系，可参见史晋川、金祥荣、赵伟、罗卫东等编，2005。

和筹资等方面的交易活动，都往往具有隐性的特征，在所谓非正式制度的"灰色"领域内完成。我们发现，这种家族关系纽带不仅极为坚固，而且也伸缩自如，小可以浓缩为一个个体家庭企业，大可以扩散为一个庞大的泛家族网络，交易、信任以及资本流动和借贷都可通过这一网络畅通八达，自我循环，同时也构成了一种相互依附和依助的社会保护体系。温州民间通行的"合会"或"钱会"、"邀会"、"成会"、"呈会"等组织，以及它们的成员（会脚或会众），都遵守着严格的会规及道德约定，坚守信誉，在信息共享和资金周转上不仅为会脚们的经营业务提供支持和机会，也通过相互扶助的方式避免各种经营风险（参见张翔，2006；杨光飞，2007）。这样的共有制形态，并非完全是地域性的，它在形式上多少带有些韦伯所讲的"新教教派"的风格，也与历史上山西和徽州的钱庄和商帮有似曾相识之处。不过，温州大量存在的这种嵌入在宗族网络中的家庭企业，并不是置体制于不顾的，这一地区也普遍存在"戴红帽子"的现象，但其机制与特点与苏南截然不同。当地所谓的"挂户经营"①，是指家庭企业只需要支付一定费用就可以选择挂靠集体企业，以集体经济的名义从事经济活动，个体或家庭企业依然是独立经营，自负盈亏。这只是一种名义上的或合法化的自我保护，并不与集体或体制产生实质性的关联。

"挂户经营"的另一层含义，则是指民国时期曾经出现过的混成的工场手工业模式，亦即经济史家所说的"包买制"（参见吴知，1936；方显廷，1935）。"包买制"曾经在我国近代农村工业化进程中普遍存在，其生产方式是，包买商除自身进行工场经营外，还以实物或资金等形式向家庭手工业者（小生产者）预先提供原料、定金或机器设备，将前道产品交由小生产者加工，后通过支付实物或工钱而回收。包买制所采取的这种"撒机"模式，并未直接从"占有制"入手来施行生产控制，也未彻底采用资本化的方式建立完整

---

① "挂户经营"模式的合法性在当时曾引起极大的争议（参见罗涵先，2002）。

的生产链条，更没有力图无限扩充企业组织的规模，而是将规模化经营分解或弥散到各个家庭组织中，保留乡村共同体的自然结构以及乡民们的传统生活方式。这其中，包买商既支配流通过程，又支配生产过程，并将产销上的组织管理和市场风险全部承担起来。改革开放后，温州普遍存在的"挂户经营"便具有这种生产体制的特质。在温州，挂户经营是指从事工业或商业的家庭或联户，与具有法人地位的企业挂钩，接受企业的领导和管理，使用企业的介绍信、工作证、银行账号所进行的生产或经营活动（黄正瑞，1988）。挂户经营既可以村为单位组建为带有地域共同体特点的合作经济组织，亦可以行业为纽带组建为带有专业特点的合作经济组织，在占有关系上具有共有合作经济的性质，在经营关系上则采用"双层经营"模式，在财产权利和身份自由两方面都秉持着"包产到户"的承包制逻辑。其实质，乃在于在不改变家庭组织结构的基础上，建立与企业组织之间的双向保护关系，即企业可不靠扩充组织规模来扩充生产规模，家庭工业经济也不会因直接面对市场风险而破产。

包买制或类似的"挂户经营"所呈现出的结构性特点，一是在工业化进程中，社会生活的基本结构并不像典型资本主义那样，因资本的强制作用与市场的流动作用而发生剧变；二是当生产过程采用订单加工的形式分解到家庭单位，各个家户并未完全为资本组织化和雇佣化，依然可保持亦工亦农的生产生活节奏，工钱亦非工资，生产性投资额度极小，不存在雇佣制的劳动力市场化风险。这里值得注意的是，当家庭工业布局分散，全交由包买商来做产销中介和担保，包买商的信用恰恰是依靠保有共同体内的家庭结构以及由此扩散的宗族关系来确立的。而这种混成的工业化模式，在发展模式上突破了中国乡村经济"过密化"的理论假设（参见周飞舟，2006b），同时也为后来的股份合作制和股份制改革确立了民间上的制度资源（参见张建君，2005），在20世纪90年代开始拓展国际市场的进程中，这种经营模式也为订单式"代理出口"和"挂靠出口"的外向经济形态提供了经营原型（即加工企业与其母体公司之间的包买制关系，参见林俐，2005）。

事实上，对占有和经营关系而言，上述不同的治理机制会在不同方向上产生影响。譬如，在占有关系上，苏南地区很容易出现几重占有权相并置的情况，而浙南地区占有权的配置则更容易出现宗族关系或泛亲属连带的网络布局。在经营关系上，苏南的乡镇企业容易为地方政府所主导，依靠"政府信用"从银行取得贷款，无偿或低成本占用社区内的土地资源，易于形成依托体制资源而为城市经济配套的经营格局；此外，政府的强力介入，也为企业组织的规模扩张和产业结构的优化提升提供有利条件。而温州的乡镇企业一开始就具有非农化的特点，家庭作坊星罗棋布，且多采用合伙制、合作制或模拟股份合作制等方式进行小商品加工生产，并以庞大的市场和资本网络进行"摊饼"式的扩张，独来独往，在企业内部实行封闭式的治理。实际上，从此后20世纪90年代以市场化和公司化为目标的企业转制的情形看，苏南地区因占有关系错综复杂，经营关系上也有着较深的体制印记，因而"内部人控制"或"暗箱操作"的情形屡见不鲜，许多体制型企业家以企业转制为平台再行整合各种流溢出的资源，并迅速进行资本积累，从而衍生出更大规模的企业和资源更为集中的企业家阶级。而温州地区则透明度较高，或采用"竞标"办法实施转制，或把本来就以"挂户"为名、私营为实的企业改头换面，重新挂上民营的牌子。[①]这期间，本土企业家组织的商会和协会以及那些隐蔽起来的地下会社，对于转制中各种资源的盘整和转换起到了重要作用。

4. 拓展分析：历史传统的追溯

上述对两种模式的比较分析，虽不能穷尽乡镇企业的各种结构类型，却提出了一个可供参考的解释框架和逻辑链条。实际上，考

---

① 张建君从财政约束、监管约束和信息约束等三个维度上细致分析了两个地区的转制过程及其机制上的差异（参见张建君，2005）。

察苏南浙南两地在民情治理上的差异，还须进一步在经济史和观念史这两个方面加以深入探究。乡镇企业在占有、经营和治理上所形成的复杂关系，有其深厚的历史源流。比如，从土地制度来看，直到晚清以降，农村社会除一般意义上的租佃关系外，依然存在着围绕宗族形成的"族田"或"义田"制度，以及维系地方社会基本赈济和保障的"社仓"（或"义仓"）设置和抑价制度。[1]这种公共化的组织形态虽因新中国成立后革除宗法势力而渐行消失，但其基本的观念和制度遗产依然有可能存留在农业合作社和社队企业的经营活动中，或成为后来乡镇企业及其所属乡镇村落在社会经济运行中所吸纳的传统资源。事实上，集体成员对于企业收益的追索（"研究三"所说的隐性合约），以及同时出现的占有和经营关系中的家族化倾向，都必须从中国社会的传统组织结构中深入挖掘。

再比如，明清以来永佃制中普遍存在"田面权"和"田底权"的划分。一般来说，"田底权"属于地主，为土地所有权，"田面权"属于农民，即土地经营使用权，但"田面权"可在使用权的意义上进行交易和流转。这种"一田二主"的情形[2]，确立了一种极为复杂的多重占有关系及其权利关系，加之明代中叶以后部分地主开始施行"以农起家，以末辅之，农商兼营"的经营策略（参见傅衣凌，2007），使得占有和经营关系变得更为复杂。事实上，这种土地制度直接影响到了农民对于土地收益分配，以及附着于土地之上的工商业收益分配的理解，即他们往往容易追索"田面权"，而非"田底权"意义上的剩余权。这一逻辑与"研究三"所说的集体成员追索乡镇企业收益的剩余权的逻辑非常相似：在很多地方，农民们更看重乡镇企业的收益总额中相当于土地收益的那部分剩余，而对其他剩余则采取让渡的态度。这些具有理论意义的假设，说明乡镇企业虽然是晚近出现的现象，但其占有、经营和治理关系的组

---

[1] 参见潘光旦对于苏南土地改革的记录（潘光旦，2000）。该文虽带有革命意识形态的印记，却也反映出了土改前农村土地制度的几个重要特征。
[2] 根据傅衣凌的研究，甚至也有"一田三主"的情况发生（参见傅衣凌，1944）。

合，在人们的习惯和观念中却很有可能留有丰富的历史印记，在某些体制或环境的激发下，这些传统因素有可能会重新焕发活力，渗透进现实上的具体实践和制度创造之中。但这里值得注意的是，如前文所说，传统土地制度经由新中国成立后"去宗族化"运动和集体化的结构改造，形成了以合作社、社队企业为基础的新的制度基点。在这个意义上，乡镇企业的构成，实际上是将传统的制度文化资源与集体化运动的遗产，以及改革开放提供的新的制度空间相互结合起来，形成了一种全新的组织形态和运行机制。

与经济史的考察一样，观念史的考察也很重要。地方上的民情塑造与其特有的思想文化传统密切相关。比如，在苏南地区，自明代以降，程朱理学便与经世之学相汇通，东林学派始领风气，主张"士农工商，生人之本业"，以及"爱商恤民，上不妨工而下利于途"的"利国益民"原则。[①]而在观念史中具有更重要位置的，是以惠栋等人为代表的乾嘉学派中的"吴派"分支。惠栋秉持"通经致用"的基本理念，强调"通古今之变"，主张"经之义存乎训"，治学必须从训诂入手才能"通经"；其次，"通经"乃为"致用"，他赞同顾炎武有关"八股行而古学弃，《大全》出而经说亡"的判断，主张"以经术饰吏事"（皮锡瑞，2004），而实现"学以致用"的风气扭转。这一地区的思想史脉络虽不能在这里详察，却多少可看出，"师法"与"致用"的汉学传统，力图"明于古今"，治学求其本，为官本其原，遵循一种别于体制而又终于体制的路径。历史上此地多出书香世家、名门望族，在治学和经营理财上虽常常独出一路，求真务实，但也从不偏离体制，而是从"吏事"着手，谋求经营之道。从基本理念和策略来看，改革以来的苏南经验基本上依然是循着这条途径来实践的，即依照自己的理念来运行社会经济实

[①] 乾隆时期苏州紫阳书院提出"于明理之外，务期实用，凡水利、农田、兵刑、备荒诸政必悉心讲求"，光绪初年江阴南菁书院则号召"专课经学古学，以补救时艺之偏"，在"古学"课考中，收纳进天文、算学、舆地、史论等实学科目，创造了与科举教育全然不同的风习（参见蒋明宏，2006）。

务，同时又依靠体制政策筹措资源、寻求保护，再通过进一步投入体制运行，而实现从局部到整体的制度变革。在"学"与"实"的结合中，我们从这一地区精细的农业、手工业和精致的管理运营中也可发现其间的制度精神所在。

而温州地区的思想文化，所受"永嘉学派"的影响最大。该学派有别于从身心性命出发的程朱理学和陆王心学，而主张"道不离器""开物成务"的事功原则，"步步着实，言之必使可行"（黄宗羲，1986）。其代表人物叶适认为，所谓儒道乃是"内外交相成之道"，因而"道义"与"功利"是并出双行的：读书要会知接，为人能关政事，立志存于忧世，认为"以利和义，不以义抑利"，乃是儒之根本。甚至陈亮提出过更为激进的讲法："功到成处，便是有德。"（周梦江，1992：93）叶适的事功之学，将工商业经济置于更核心的位置，对传统"重农抑商""重本抑末"的政策构成了挑战[①]，而且，他通过确立"以物用不以己用"的原则，也将货币流通作为"开物成务"的枢纽，主张"通商惠工，以国家之力扶持商贾，流通货币"，颇有管子思想的遗风（叶适，1977）。相对于理学的正统地位来说，永嘉学派的基本学说多少有些离经叛道，却与这个地方的风土人情是契合的。温州之地偏于一隅，耕地稀少，不以农业为本，不为一统体制所制约，是其特有的人文地理格局。永嘉学派强调事功和货通，往往会弱化官僚治理体制的纵向约束效果，易于塑造商业流通上的平等关系。与此同时，这一地区的宗族关系也没有恪守传统理学的纲常之道，而是与实利经济结合起来，衍生出一套带有泛家族特征的关系网络结构，以及外向型和流动型的人格化特征。这样一种功利性的经营和流通观念和去科层化的社会治理结构，为该地区乡镇企业的组织形态和运行机制产生了重要影响。

[①] 如"市者，天下之利也"，商人乃是"州县之本，上下之所赖也"，"富人为天子养小民，又供上用，虽厚取赢以自封殖，计其勤劳亦略相当矣"等说法。

可以说，上述从经济史和观念史角度列举出的几项民情考察，并不是严格意义上的论证。这里提出的假设和尝试，旨在说明对任何组织和制度的构成和运行来说，仅靠制度分析是不充分的。制度总是镶嵌在一个社会具体的风习和民心之中，风习容不容纳这种制度，民心接不接受这种制度，风习和民心依据什么样的人情道理来做出这样的选择，同样一种制度为何在此处可落地生根，在彼处却受到"百般阻挠"，在又一处则"改头换面"，形成了新的制度，都应该是学者必须处理的严肃问题。

六、尾　议

今天，我们不能不面对一个事实，曾经改革浪潮中的乡镇企业已经基本消亡了，淡出了人们的视野。但是，好些过往的社会现象，并不因它们消逝了而死去，好些人们仍看得见的现象，也并不因其现实存在着而活着。对于社会科学的研究者来说，历史的本质即在此。

我们今天来看乡镇企业，它所独有的生命力，在于这个看似局部的社会现象，在理论分析上却有着总体上的意义。这里所说的总体意义，有两个方面的含义。首先，乡镇企业本身即是一个总体现象：在占有关系上它汇合了公有制、共有制和私有制等多重因素，并在其间进行多向度的转化；在经营关系上，则充分利用双轨制的体制环境，将土地承包、企业经营和财政包干结合起来，集个体、集体和行政部门之力，充分调动和积累各种资源，投入市场化运作；在治理关系上，将体制的、知识的和民情的等多向度的治理机制融合起来，解放了家庭、宗族、习俗等各种传统资源，甚至尽可能地从制度史和思想史中汲取营养，来尝试现实实践中的改革与创造。可以说，正因为乡镇企业作为社会存在的多重因素和多重环节的交集点，才能在改革实践中蕴含有丰富的制度创新空间，并反映出改革开放的前十年的核心理念。

乡镇企业所蕴含的总体意义，也体现在另一个方面：即其内生的理论价值和解释范式，并非为其自身独享。占有、经营和治理的概念、范畴和分析上的联系，对于分析同一历史阶段中的国有企业、政府机构或民间群体的结构特性和运行机制，也具有一定的解释力。不仅如此，正因为乡镇企业无千篇一律的定法可循，无整齐划一的结构所限，因而无论在占有、经营还是治理关系上，都时刻处于动态的组合、调整和转化过程中，并因地域文化的不同而展现出多元并存的形态。对于上述三个理论维度的考察，无疑在理论分析上拉长和伸展了有关这一现象的解释链条，其中，每个要素和媒介的引入，都会提供极其丰富的理论想象的空间。在这个意义上，乡镇企业乃是学术研究的一片沃土，无论西方的还是中国的、传统的还是现代的、规范的还是反常的、核心体制的还是基层民间的等各种因素和环节都通通汇入其中，成为中国当代现代化变迁中的一个缩影和模板。

更为关键的是，与其说乡镇企业的实践是一种制度的创生和建设过程，不如说这一实践过程所代表的更是一个时代的制度精神。乡镇企业实践的活力之源，在于它不为一统的体制、一体的制度和整齐划一的观念所支配，而是将各种各样的历史遗产、传统资源和本土策略，与现行体制结合起来，与外来制度融汇起来，进行大胆的尝试和创造。它不屈从于任何单一向度的制度霸权，不唯传统是瞻，不受体制裹挟，不被西方掠获，印证了真正意义上的改革的时代精神。然而，乡镇企业始于20世纪90年代的迅速衰落，同时也再次说明了总体性体制的威力所在，个中原因，还是留待另文考察吧。

（本文原载《社会》2013年第1期、第2期）

参考文献

阿尔钦（A. Alchain），1992，《产权》，载于《新帕尔格雷夫经济学大辞典》

（第3卷），王林译，北京：经济科学出版社，第1101—1104页。

思拉恩·埃格特森（Thrainn Eggertsson），1996，《新制度经济学》，吴经邦等译，北京：商务印书馆。

大卫·艾勒曼（David P. Ellerman），1998，《民主的公司制》，李大光译，北京：新华出版社。

曹正汉，2007，《土地集体所有制：均平易，济困难：一个特殊村庄案例的一般意义》，《社会学研究》第3期。

陈家建，2010，《法团主义与当代中国社会》，《社会学研究》第2期。

陈剑波，1995，《乡镇企业的产权结构及其对资源配置效率的影响》，《经济研究》第9期。

陈寅恪，1992，《天师道与滨海地域之关系》，载于《陈寅恪史学论文选集》，上海：上海古籍出版社。

哈罗德·德姆塞茨，1999，《所有权、控制与企业：论经济活动的组织》，段毅才等译，北京：经济科学出版社。

——，2007，《关于产权的理论》，载于罗卫东编选，《经济学基础文献选读》，刘守英译，杭州：浙江大学出版社。

邓小平，1993，《邓小平文选》（第3卷），北京：人民出版社。

樊纲，1993，《两种改革成本与两种改革方式》，《经济研究》第1期。

——，1994，《双轨制过渡：中国渐进式市场化改革的成就与问题》，载于《走向市场（1978—1993）》，上海：上海人民出版社。

方显廷，1935，《华北乡村织布工业与商人雇主制度（一）》，《政治经济学报》第3卷第4期。

费孝通，1986/1999，《温州行》，载于《瞭望周刊》第20—22期。另为《小商品，大市场》，《费孝通文集》（第十卷），北京：群言出版社，1999年版，第452—470页。

——，2004，《个人群体社会》，载于《论人类学与文化自觉》，北京：华夏出版社。

——，2005，《〈云南三村〉序》，载于费孝通、张之毅，《云南三村》，北京：社会科学文献出版社。

冯仕政，2011，《中国国家运动的形成与变异：基于政体的整体性解释》，《开放时代》第1期。

福柯，2001，《治理术》，赵晓力译，未刊稿。

——，2010，《安全、领土和人口》，钱翰等译，上海：上海人民出版社。

傅衣凌，1944，《福建佃农经济史丛考》，福建：协和大学中国文化研究会。

——，2007，《明清农村社会经济·明清社会经济变迁论》，北京：中华书局。

甘阳，1994，《〈江村经济〉再认识》，《读书》第10期。

郭于华、孙立平，2002，《诉苦：一种农民国家观念形成的中介机制》，《中国学术》第4辑。

黄正瑞，1988，《挂户经营是农村合作经济的一种新形式》，载于《县域经济开发新思维》，长沙：湖南人民出版社。

胡汝银，1992，《中国改革的政治经济学》，《经济发展研究》第4期。

黄宗羲，全祖望补修，1986，《宋元学案》卷52，《艮斋学案》，北京：中华书局。

纪程，2009，《话语视角下的乡村改造与回应：以山东临沭县为个案》，华中师范大学博士论文。

蒋明宏，2006，《东林学风与明清苏南望族》，《西北师大学报（社会科学版）》第1期。

科斯，1994，《企业的性质》，载于《论生产的制度结构》，盛洪、陈郁译，上海：上海三联书店。

彼得·拉斯莱特，2007，《洛克〈政府论〉导论》，冯克利译，北京：生活·读书·新知三联书店。

李稻葵，1995，《转型经济中的模糊产权理论》，《经济研究》第4期。

李汉林、李路路，1999，《资源与交换：中国单位组织中的依赖性结构》，《社会学研究》第4期。

李洁，2009，《生存逻辑与治理逻辑的"交融"：安徽农村改革口述史研究》，清华大学博士论文。

林俐，2005，《温州市民营企业进入国际市场战略及其演进》，《国际贸易问题》第2期。

林毅夫、蔡昉、李周，1994，《中国的奇迹：发展战略与经济改革》，上海：上海三联书店、上海人民出版社。

刘世定，1996，《占有制度的三个维度及占有认定机制：以乡镇企业为例》，载于《中国社会学》第5卷（上海，上海人民出版社，2006年），原载于潘乃谷、马戎编，《社区研究与社会发展》（下），天津：天津人民出版社。

——，1999，《嵌入性与关系合同》，《社会学研究》第4期。

柳新元、张铭，2002，《分享制的形式、本质与主要模式》，《浙江学刊》第2期。

罗涵先，2002，《"温州模式"与市场经济：浙南农村小城镇调查》，引自人民网：http://www.people.com.cn/GB/shizheng/252/9387/9388/20021105/858805.html。

罗西瑙，2001，《世界政治中的治理、秩序和变革》，罗西瑙等编，《没有政府的统治》，南昌：江西人民出版社。

罗泽尔、李建光，1992，《中国经济改革中村干部的经济行为》，北京：经济管理出版社。

毛丹，2010，《村落共同体的当代命运：四个观察维度》，《社会学研究》第1期。

孟德斯鸠，1993，《论法的精神》（上卷），张雁深译，北京：商务印书馆。

米德，1989，《分享经济的不同形式》，《经济体制改革》第1期。

诺斯，1992，《经济史上的结构和变革》，厉以平译，北京：商务印书馆。

潘光旦，2000，《苏南土地改革访问记》，载于《潘光旦文集》第7卷，北京：北京大学出版社。

皮锡瑞，2004，《经学历史》，周予同注，北京：中华书局。

邱泽奇，1999，《乡镇企业改制与地方威权主义的终结》，《社会学研究》第1期。

渠敬东，2012，《项目制：一种新的国家治理体制》，《中国社会科学》第5期。

渠敬东、周飞舟、应星，2009，《从总体支配到技术治理：基于中国三十年改革经验的社会学分析》，《中国社会科学》第6期。

伊万·塞勒尼等，2010a，《社会主义经济体制》，载于《新古典社会学的想象力》，吕鹏等译，北京：社会科学文献出版社。

塞勒尼、曼钦，2010b，《被中断的资产阶级化：社会主义匈牙利家庭农业企业家的社会背景和生活史》，载于《新古典社会学的想象力》。

尚列、刘小玄，2001，《中国乡镇企业的发展与变化》，载于中国社会科学院经济学研究所所网：http://ie.cass.cn/yjlw/01.asp?id=125。

折晓叶、陈婴婴，2000，《产权选择中的"结构—主体关系"》，《社会学研究》第5期。

——，2005，《产权怎样界定：一份集体产权私化的社会文本》，《社会学研究》第4期。

申静、王汉生，2005，《集体产权在中国乡村生活中的实践逻辑：社会学视角下的产权建构过程》，《社会学研究》第1期。

史晋川、金祥荣、赵伟、罗卫东等，2005，《制度变迁与经济发展："温州模式研究"》（修订版），杭州：浙江大学出版社。

詹姆斯·斯科特，2007，《弱者的武器：农民反抗的日常形式》，郑广怀等译，南京：译林出版社。

理查德·斯威德伯格（Richard Swedberg），2007，《马克斯·韦伯与经济社会学思想》，何蓉译，北京：商务印书馆。

孙立平，2007，《转型社会学：发展趋势与面临的问题》，载于《中国社会科学学术前沿（2006—2007）》，北京：社会科学文献出版社。

涂尔干，2001，《社会分工论》，渠东译，北京：生活·读书·新知三联书店。

——（迪尔凯姆），2001，《自杀论》，冯韵文译，北京：商务印书馆。

——，2003，《职业伦理与公民道德》，第1—3章，渠东译，上海：上海人民出版社。

王铭铭，1997，《村落视野中的文化与权力：闽台三村五论》，北京：生活·读书·新知三联书店。

马克斯·韦伯，2005a，《经济行动与社会团体》，康乐、简惠美译，桂林：

广西师范大学出版社。

——，2005b，《经济与历史支配的类型》，康乐等译，桂林：广西师范大学出版社。

——，2010，《新教教派与资本主义精神》，载于《新教伦理与资本主义精神》，苏国勋等译，北京：社会科学文献出版社。

奥利弗·威廉姆森，1998，《治理的经济学分析：框架和意义》，载于埃瑞克·菲吕博顿和鲁道夫·瑞切特编，《新制度经济学》，孙经纬译，上海：上海财经大学出版社，1998。

吴敬琏、黄少卿，2008，《民营企业的滥觞》，载于 http://www.eceibs.com/column/index/news_show/id/29。

吴知，1936，《乡村织布工业的一个研究》，北京：商务印书馆。

新闻报道，2001，《从"村村冒烟"到"集中连片"：安徽含山县铜闸镇工业小区的调查》，引自新浪网：http://news.sina.com.cn/c/287792.html。

杨光飞，2007，《温州民间商会内部合作机制的演进路径》，《中国行政管理》第8期。

杨宏星、赵鼎新，2011，《绩效合法性与中国经济发展》，未刊稿。

杨清媚，2010，《最后的绅士：以费孝通为个案的人类学史研究》，北京：世界图书出版公司。

杨善华、苏红，2002，《从代理型政权经营者到谋利型政权经营者》，《社会学研究》第1期。

杨小凯，2011，《百年中国经济史笔记》，引自豆丁网：http://www.docin.com/p-221244259.html。

叶适，1977，《习学记言序目》卷45"管子"，北京：中华书局。

张建君，2005，《政府权力、精英关系和乡镇企业改制》，《社会学研究》第5期。

张静，2000，《基层政权：乡村制度诸问题》，杭州：浙江人民出版社。

——，2003，《土地使用规则的不确定：一个解释框架》，《中国社会科学》第1期。

——，2005a，《二元整合秩序：一个财产纠纷案的分析》，《社会学研究》

第3期。

——,2005b,《法团主义》,北京:中国社会科学出版社。

张军,2006,《双轨制经济学:中国的经济改革(1978—1992)》,上海:上海三联书店。

张苗荧,2008,《文化、企业制度与交易成本:温州模式的新视角》,杭州:浙江大学出版社。

张五常,2002,《经济解释(卷三):制度的选择》,香港:花千树出版有限公司。

张翔,2006,《合会的信息汇聚机制:来自温州和台州等地区的初步证据》,《社会学研究》第4期。

张闫龙,2006,《财政分权与省以下政府关系的演变》,《社会学研究》第3期。

郑雄飞,2010,《破解"土地换保障"的困境——基于"资源"视角的社会伦理学分析》,《社会学研究》第6期。

周飞舟,2006a,《制度变迁与农村工业化:包买制在清末民初手工业发展中的历史角色》,北京:中国社会科学出版社。

——,2006b,《分税制十年:制度及其影响》,《中国社会科学》第6期。

——,2009,《锦标赛体制》,《社会学研究》第3期。

周梦江,1992,《叶适与永嘉学派》,杭州:浙江古籍出版社。

周其仁,2002,《产权与制度变迁:中国改革的经验研究》,北京:社会科学文献出版社。

周晓虹,1998,《传统与变迁:江浙农民的社会心理及其近代以来的嬗变》,北京:生活·读书·新知三联书店。

周雪光,2005,《"关系产权":产权制度的一个社会学解释》,《社会学研究》第2期。

——,2011,《权威体制与有效治理:当代中国国家治理的制度逻辑》,《开放时代》第10期。

——,2012,《运动型治理机制:中国国家治理的制度逻辑再思考》,《开放时代》第9期。

周怡，2006a,《中国第一村：华西村转型经济中的后集体主义》，香港：牛津大学出版社。

——, 2006b,《寻求整合的分化：来自H村的一项经验研究》,《社会学研究》第5期。

Byrd, W. & Lin, Q. (eds.), 1990, *China's Rural Industry: Structure, Development, and Reform*, London: Oxford University Press.

Caldeira, Rute, 2008, "'My Land, Your Social Transformation': Conflicts within the Landless People Movement (MST), Rio de Janeiro, Brazil." *Journal of Rural Studies*, vol.24.

Cheung, Steven, N. S., 1983, "The Contractual Nature of Firm", *Journal of Law and Economics*, Vol.26, No.1, pp.1-21.

Coase, Ronald H., 1960, "The Problem of Social Cost", *Journal of Law and Economics*, Oct., pp.144.

Dahlman, C. J., 1980, *The Open Field System and Beyond: A Property Rights Analysis of An Economic Institution*. Cambridge: Cambridge University Press.

Duara, Prasenjit, 1988, *Culture, Power, and the State: Rural North China, 1900-1942*. Stanford, CA: Stanford University Press.

Foucault, Michel, 1980, *Power/Knowledge: Selected Interviews and Other Writings, 1972-1977*, Brighton: The Harvester Press.

Grossman, S. and O. Hart, 1983, "An analysis of the Principal-Agent Problem", *Econometrica*, Vol. 51, pp.7-45.

Heller, A., Feher, F. & G. Markus, 1983, *Dictatorship over Needs*, Oxford: Basil Blackwell.

Jensen, M. C. & Meckling, W. H., 1976, "Theory of the Firm: Managerial Behavior, Agency Costs, and Ownership Structure", *Journal of Financial Economics*, Vol.3, pp.305-360.

Kornai, J., 1959, *Over-Centralization in Economic Administration: A Critical Analysis Based on Experience in Hungarian Light Industry*, trans. by J. Knapp,

London: Oxford University Press.

——, 1980, *Economics of Shortage*, Amsterdam: North Holland.

Lin Nan, 1995, "Local Market Socialism: Local Corporation in Action in Rural China", *Theory and Society*, 24, pp.301-354.

Liu, Alan, 1992, "The 'Wenzhou Model' of Development and China's Modernization." *Asian Survey*, 32, No. 8.

Locke, John, 1989, *An Essay Concerning Human Understanding*, Cambridge: Cambridge University Press.

Macpherson, 1962, *The Political Theory of Possessive Individualism: Hobbes to Locke*, Oxford: Oxford University Press.

Naughton, B., 1994, "Chinese Institutional Innovation and Privatization from Below", *American Economic Review*, Vol.8, No.2.

Nee, Victor, 1989, "A Theory of Market Transition: From Redistribution to Markets in State Socialism", *American Sociological Review*, Vo.154, No.4.

Nee, Victor & Shijin Su, 1996, "Institutions, Social Ties, and Commitment in China's Corporalist Transformation", in John McMillan & Barry Naughton (eds.), *Reforming Asian Socialism: The Growth of Market Institutions*, Ann Arbor: University of Michigan Press.

Oi, Jean C., 1989, *State and Peasant in Contemporary China*, Berkeley: University of California Press.

——, 1992, "Fiscal Reform and the Economic Foundations of Local State Corporatism in China", *World Politics*, Vol.45 (Oct.).

——, 1995, "The Role of the Local State in China's Transitional Economy." *China Quarterly*, 144.

——, 1999, *Rural China Takes off: Institutional Foundations of Economic Reform*, Berkeley: University of California Press.

Polanyi, Karl, 1957, *The Great Transformation*, Boston: Beacon Press.

——, 1971, "The Economy as Instituted Process", in *Trade and Market in the Early Empires: Economics in History and Theory*, edited by Karl Polanyi,

Conrad Aresberg and Harry Pearson. Chicago: Henry Regnery Company.

Qian, Yingyi & Barry R. Weingast, 1997, "Federalism As a Commitment to Preserving Market Incentives." *Journal of Economic Perspectives*, Fall, 11(4), pp.83-92.

Qian, Yingyi & Gérard Roland, 1998, "Federalism and the Soft Budget Constraint." *American Economic Review*, December, 88(5), pp.1143-1162.

Samuelson, P. A., 1954, "The Pure Theory of Public Expenditure", *Review of Economics and Statistics*, Vol. 36, No. 4. (Nov.), pp.387-389.

Shue, Vivienne, 1988, *The Reach of the State*. Stanford, Calif.: Stanford University Press.

Streeck, W., 1982, "Organizational Consequences of Neo-Corporatist Cooperation in West Germany 1973-1982". In G. Lembruch & P. C. Schmitter (eds.), *Trends Toward Corporatist Intermediation*, London: Sage, pp.72-73.

Tian Guoqiang, 2000, "Property Rights and Nature of China's Collective Enterprise", *Journal of Comparative Economics*, 28(2): 247-268.

Weber, Max, 1978, *Economy and Society: An Outline of Interpretive Sociology*, Guenther Roth & Claus Wittich (eds.), University of California Press.

Yang, X., Wang, J., and Wills, I., 1992, "Economic Growth, Commercialization, and Institutional Changes in Rural China, 1979-1987", *China Economic Review*, 3, 1-37.

Zhou, Kate Xiao, 1996, *How the Farmers Changed China: Power of the People*. Boulder: Westview Press.

Zoll, Rainer, 1976, *Der Doppelcharakter der Gewerkschaften*, Frankfurt/Main.

中篇 相关研究

二元整合秩序：一个财产纠纷案的分析[1]

张 静

一、基本问题

公共和私人之间的产权纠纷近年来广泛出现。其中的一个重要现象，是当事人对财产权来源的认识差异加大，而这类认识差异在过去单一的经济体制下被掩盖了。在人们中间，有关财产权属怎样确定，根据什么原则确定，由此带来的收益怎样分配，根据什么原则分配——诸如此类的问题，不同理解之间的分歧竞争日益加剧。这些差异认识，逐渐发展为不同"公正"观之间的价值紧张，可以在大量财产纠纷案中发现。

社会整合的一个基本途径，来自社会成员对其权责的确定并认同。[2]这些权责的一个重要部分，是他们对于财产身份的看法，即社会成员认同什么确定财产权属的原则。在一般情况下——或者

---

[1] 本文曾经在中国人民大学清史研究所黄宗智教授主持的一个小型研讨会上发表，而后又在北京大学法学院吴志攀教授主持的一个小型研讨会上宣读。作者感谢上述两位教授，以及与会者彭玉生、折晓叶、周飞舟、应星、刘莉、苗跃龙、李清驰和法学院研究生的评论。我的论文修改获益于他们的知识。论文首先发表在《社会学研究》2005年3期，后编入我的文集《社会治理：组织、观念与方法》（商务印书馆，2019），此处又做出修改。

[2] 保守主义对于建立秩序的看法，核心在财产制度、权利关系和社会契约。他们相信，这些要素的存在并得到明确表达和社会认同，有助于将无法终止的争权夺利转化为服从和忠诚的秩序。参见罗杰·斯克拉顿：《保守主义的含义》，王皖强译，刘北成校，中央编译出版社，2005。

说常见的法律框架下，民事财产权属主要来源于几个途径：投资、积累、继承和赠予（梁慧星等，1997）。这些途径中后两者比较清楚，人们通过继承、赠予获得财产，得到法律承认（拥有该财产）的合法身份。但是在中国转型社会，对投资和积累产生的财产权属关系，则存在多样的认识。这是因为，投资和积累与财产权属的关系，不仅与一个社会的历史相关，同时还与一系列制度有关，比如贷款、投资、基础设施、审批、上市（资金筹集）、运输、储存、市场、组织、管理、信息、风险承担、安全保护等等。这些因素涉及的所有社会活动，哪些是合法产权的要件？或者说，在证明财产权属方面，人们承认上述哪些活动是证据？这一点，在中国基层的社会生活中并没有一致的认识，也没有明确而统一的法律条文可以依据。然而，关于财产纠纷的判决却是依赖"产权"所属进行判断。

这也许是制度的"路径依赖"问题。在以往的公有制度下，家庭财产之外的生产类财产，一般属于公共组织或集体组织所有。[①]社会成员个体或者由他们自愿合作组成的团队，一般只具有承包权、使用权或者租赁权，但不具有所有权，亦即他们不是产权所有者。特别应当注意的是，这种制度将上述影响财产积累的诸种活动，视为公共组织的职权所在，它们无法由私人和市场提供。在这种制度下，财产所属的界定原则，是将上述所有影响因素，视为对财产积累的"投入"，它们的性质类似于投资、管理、风险承担和运营，这些活动不仅是财产"投资"的一种形式，同时也是产权责任的一种证明，可以确立产权所有者身份。

那么，公共组织是否可以因为为经济活动提供服务而主张产权？在这篇文章里，我关心的问题是当事人对这一问题的看法：他们如何认识公共组织对于财产的权利和义务？这涉及社会关于财产权利的公正理念。我的另一项关注，有关社会整合的达成方式和基

---

① 此乃公有制度的一般特征。

本原则：在不一致的认识以及并非明确的法律条件下，关于财产权属的社会秩序怎样达成？更具体地说，一项发生在公共组织和个人组织之间的民事产权纠纷，法院做出怎样的处理方能为当事者各方所接受？这样的处理依据什么原则？怎样进行？

通过本文案例可以发现，在人们的财产观念中，出现了将公共投入和私人投入做出区分，并根据其对获益（或补偿）分配进行区分的取向。由于这种区分的原则尚未明确，也尚未得到各方的一致性认可，人们采取了双重承认的办法来解决纠纷：既承认个人投资作为财产身份的合法性来源，也承认公共投入、公共服务和公共管理作为财产身份的合法性来源。双重承认使得财产分配更为复杂：在财产身份界定中，个人投入和公共投入都具有相应的地位。对照从前，它显示出个人投入和财产权属的关联如今有所增强。

但这种变化是有范围的，它的影响主要显示在财产（利益）分配方面，还没有达到产权界定方面——比如在规则表述上区分"个人"和"公共"投入及二者性质的地步。这表现为，公共投入的性质还不明确：它究竟是一种类似企业组织的投资行为，因而具有产权身份，应当获得不动产份额的补偿，或利润损失的补偿，还是一种服务和管理类公共产品，因而不具有产权身份，不应获得基于财产意义的补偿？

有意味的是，这种不明确，使得上述的"双重承认"采取了特别的路径。在下面的案例中，法院将权利声称（判决）和利益分配（调解）分开处理，让它们各自承认一部分权利，但又不对究竟是何种权利进行重新阐述。这等于将产权界定和利益分配分开，在我们的案例中，事实上，这两项活动是根据不同乃至相悖的原则进行的。权利声称方面继续沿用原来的权利原则：承认公共管理投入的产权者身份，但是由于它和社会成员普遍认同的"投资确定产权"[①]

[①] 此乃市场经济社会的民法框架判定产权身份的一般原则，参见互联网2003—2004年关于"辽宁仰融案"的讨论。

相悖，难以得到当事人各方的认可，于是，在利益分配方面讨价还价继续展开。法院最终按照个人投资的原则，而不是根据权利声称的判决陈述进行（财产）利益分配。

在宏观的意义上，这种看似矛盾的处理方式，我称之为"二元整合秩序"，它由权利声称和利益分配两个方面组成。前者的作用是，合法化现有的社会身份结构及其原则，后者的作用是，达成社会成员的实际同意。颇有意味的是，两方面承认的"权利"可以不一致，而且都是由正式法庭主持并参与施行。这说明，这种处理方法是体制内工作的一部分。

对于社会整合而言，权利声称具有象征性和强制性，它合法化正式制度认可的身份和权利；利益分配则具有修复性，它尽可能缩小权利声称和社会公正观念之间的差异。在这两个面向中，利益分配更具有实质的社会整合意义，因为它从根本上服务于各方达成"同意"形成秩序。这种"同意"，虽然没有在书面上推翻权利声称的结论和原则，但它的存在很关键，不仅实际上承认了其他原则的公正性，而且反映了基层社会的治理机制：它实际上主要是依赖对利益分配的修复作用，来中和权利声称引发的社会不同意。

现在，让我根据湖北大岩村二组九位农民与村委会关于大岩煤矿的权属以及利益分配纠纷的案例[①]，来说明上述问题。

二、案例事实

1987年初，大岩村的几位村民，由覃仕美牵头创办了大岩煤矿，原名称为巴东县长岭乡大岩村煤厂。该煤厂位于大岩村二组，是由九位村民共同出资，共同劳动，共同管理的合伙企业，并在巴东县煤炭局及税务部门办理了相关手续。其后煤矿规模逐渐扩大，1993年，长岭乡下文定义其为乡办企业，并组织相关人员对固定资

[①] 案例卷宗由向良喜收集复印于某县法院的民事审判、调解档案。

产进行了核实，证实当时拥有固定资产为190.39万元，企业职工40余人。

大岩村委会以发展村办企业为由，在长岭乡政府的支持下，要求与九位村民合伙经营煤矿。后者开始不同意，但考虑到煤厂许多方面不得不依赖地方政府的支持，于是在并不情愿的情况下，与村委会口头达成了合股经营煤厂的协议，并于1996年3月18日，就煤厂利润的分配比例问题，与村委会签订了书面协议。但是村委会没能完成合伙时的承诺：给煤厂铺设水管，架设低压线路及变压器，修建办公用房及公路等。这些约定由村委会做的事情，由于多种原因未能投资建设到位。1997年，在长岭乡政府的干预下，煤厂正式移交给村委会经营，但双方没有就原创建者所有的固定投资、生产工具投资及劳务用工工资等方面达成协议，原因是对分配问题存在的分歧意见"无法弥合"。①

1999年，当地水布垭工程建设扩展，煤矿正位于工程占地范围，工程建造需要炸掉煤厂。为此，上级先后两次发放了补偿金45万元，除了煤厂"借"去6万元外，村委会没有将这笔钱支付给煤厂，遂引发了大岩煤厂创始人和村委会关于煤厂权属以及与之相关的受益资格纠纷。

三、根据什么确定产权？

九位村民认为：大岩村煤厂虽然名义上是村委会所属企业，但实质上，是九位村民与村委会合伙经营的企业。理由是：煤厂最初由九人共同出资创建。虽然双方在合股经营时，就利润的分配比例达成了协议，但对属于他们九人的原建固定设施、生产工具及劳动工资未作处理。而水布垭工程对煤厂的补偿实质，是对固定设施拆迁的补偿。为此，九位村民要求获得煤厂拆迁的补偿，他们申辩：

---

① 参见九人联名的《民事诉讼状》中的事实陈述。

根据合伙经营的有关法律规定,他们是煤厂的主要投资者,谁投资,谁受益,因此补偿款应归他们所有。[①]

九位煤厂创始人申辩,虽然煤厂在各种压力下,戴上了集体经济组织的帽子,并对未来的利润受益分成(煤厂30%,村委会70%[②])形成约定,但这不是对固定资产投资的合约。在他们的认识中,煤矿财产权属的关键,是看对于煤厂建设的投资,"谁投资,谁受益"。根据这一原则,财产身份的正当性基础,在于证明谁是煤厂的投资者,以及在村委会对煤厂进行行政接收(1997年)时,煤矿已经有了什么固定资产。

表2-1 大岩煤矿1997年合伙前资产评估表

品名	金额(元)	备注
上厂房	31000	钢筋混凝土一栋,两间二层50平方米
下厂房	15000	石木结构一栋,两间150平方米
公路	8000	长175米
煤矿(主巷道)	125000	长310米
煤矿(支巷道)	124000	9条
电灯低压线	2000	
煤坝	5000	
总计	310000	

资料来源:大岩煤矿固定资产移交清单,1997.3.20。

相比这些已有的投资,村委会也提供了投资证明:

证　明

原大岩煤厂经原长岭乡、水布垭镇经营站三次财务法理审计,煤厂从开办到原煤厂经营投资者移交村止,村给煤厂投资

---

① 参见《致巴东县人民法院的诉状》。
② 参见《利润收益分成合约》。

40.10元，国家扶持设备投资5400.00元，其他都是由煤厂自主经营投资。开办煤厂、开挖主巷道、通风井，只给掘进小工付工资，且是用煤支付。其他管理人员未付工资。

1997年煤厂财务移交村时，对煤厂整个资产进行了评估，当时评定的固定资产总值是313350.00元。

1997年四月长岭办事处、镇经管站联合清理小组，对煤厂财务进行清理移交时，办事处、村、原煤厂投资经营者就煤厂移交事项进行了协商处理，并签有协议。但就煤厂投资经营者在没见煤，未有收益前的投资（主要是劳务），由于村和原煤厂投资经营者意见分歧较大，没有在协议中形成条款。煤厂曾借财政周转金购买双排座车一辆。

邓中辉
2002年7月2日

根据这个出资证明，村委会作为公共组织投入煤矿大约为5440元，这些钱来自"国家扶持设备投资"，另外煤厂以"借"的方式，用（公共）"财政周转金"购买了一辆汽车。这些如果视为村委会的"投资"，尚与合伙时的评估资产总值313350元相去甚远。另一份由原村书记和村委会主任提供的情况，证明村委会投资额应加上厂房主体投资约10800元。

但九位村民认为，一些合伙承诺并没有实现，所以等于不存在。

（合伙承诺）落实情况：

① 水电是煤厂自己组织资金建成的。
② 厂房村委会只建成主体（实际投了10800.00元）。
③ 村委会建的公路不完善，煤厂又贷了几千元才通车。
④ 高低压线及变压器村委会没投一分钱。

由于我村委会没履行上述承诺，原办厂人员不得不自筹资金，劳力办厂，以厂养厂，方能维持煤厂生存。原办厂人员在经营十几年的煤厂中没有获得工资和利润。

以上情况属实。

覃孝（原村书记）

覃仕国（原村主任）

2002年7月8号

这是当时村委会主要负责成员出具的证明，他们的身份并不是煤厂创始或受益人，但仍给出有利于煤厂投资人的证明，应为可信事实。

四、公共组织投入的含义

案例中争议双方都承认投入者具有产权的原则，并且都按照这个原则提出证据。他们的差别在于：哪些行为可以证明产权的投入？村委会提供的一系列证据中，将行政管理看成是投资行为。由于村委会有公务会计，他们的票据保存和记载显然比煤厂规范：

表2-2 村委会提供的证据

证据来源	证据摘要	证明内容
1991年7月17日，大岩村记账凭证（经财政、经管站审定）	1987年6月5日—1991年7月17日大岩村煤矿的财务情况 （1）生产购炸药，办开采证，买变压器材料及修理 （2）架设高压线路，安装变压器及生产开支	大岩村对煤矿建设的投资情况
1994年5月8日，大岩村记账凭证（经财政、经管站审定）	（1）覃业文证明曾借款用于村修煤矿变压器领条 （2）大岩村付煤矿占农户林地补偿及人工工资3040.10元	大岩村对煤矿建设的投资情况

二元整合秩序：一个财产纠纷案的分析　　95

续表

证据来源	证据摘要	证明内容
1992年10月26日、10月27日，覃业文、覃仕美领条（经财政、经管站审定）	大岩村在办理煤矿采矿证明时向覃业文、覃仕美各借31.6元、100元	大岩村对煤矿的投资情况
1992年10月25日，大岩村记账凭证（经财政、经管站审定）	垫付煤矿农建款323元	大岩村对煤矿的投资情况
1996年12月9日，邓仕坤与大岩村煤矿承包合同及见证书	(1) 承包期限及承租费 (2) 交押金500元，财产及住房借给邓仕坤等人	(1) 煤矿属大岩村 (2) 煤矿财产：房屋及用具属大岩村
1997年1月7日，对邓仕坤承包期内的财产损失情况进行评估的记录	邓仕坤破坏煤柱一根	覃仕友认为煤矿属大岩村
1993年9月30日，煤矿二厂领条	煤矿二厂收大岩村煤矿风带5条	大岩村煤矿风带属大岩村委会
1997年12月19日，覃仕美等人对煤矿固定财产向村移交		(1) 煤矿属大岩村 (2) 煤矿设施由村投资而不是由覃仕美等人投资；否则不存在移交
1997年3月20日，覃仕美等人对煤矿财产向村移交	风带等设备	(1) 煤矿设施由村投资，而不是覃仕美等人投资；否则不存在移交 (2) 煤矿属大岩村
1997年4月18日，大岩村与覃仕美等人对煤矿遗留问题处理意见	(1) 大岩村将煤矿收回由村另行发包 (2) 大岩村就煤矿终止与覃仕美等人的承包关系 (3) 对覃仕美等人开采的主巷、副巷煤矿等可按比例补损	(1) 煤矿属大岩村 (2) 覃仕美等人与煤矿属承包关系，并且为承包人中的管理员 (3) 覃仕美等人与煤矿合同关系于1997年4月18日终止，覃仕美再无受益权
1997年3月20日，邓仕坤与大岩村煤矿经营承包合同	(1) 承包期限及承包费用 (2) 安全责任负担 (3) 承包前主巷长157米，副巷长70米，通风井70米 (4) 移民补偿分成	(1) 煤矿价值（1997年3月20日前） (2) 煤矿属大岩村

续表

证据来源	证据摘要	证明内容
1996年9月8日，巴东县法院、巴民初字（1996）第799号民事判决书	大岩村向张宏家借款1.5万元，用于村办煤矿厂房建设和给煤矿工人发放工资。并由村办煤矿会计立据一份。加盖了大岩村委会印盖	（1）煤矿属大岩村 （2）覃仕美、覃业海等人是承包工作 （3）大岩村对煤矿建设投资
1997年10月，大岩村与邓仕坤终止合同协议	（1）大岩村与邓仕坤承包合同终止 （2）邓仕坤新开巷道28米，开采巷道15米，可受益50%	（1）煤矿属大岩村 （2）煤矿增值
1997年10月6日，李昌国与大岩村签煤矿承包合同及水布垭法律服务所见证书	（1）村将煤矿承包给李昌国 （2）承包前主巷157米，副巷98米，通风井84米 （3）承包期内增值部分对半分成	（1）煤矿属大岩村 （2）李昌国承包期内，煤矿增值
2000年9月11日，法院执行款	大岩村欠张宏家1.53万用于厂房建设和付工人工资，借款已执行	同前
2001年9月20日，恩施州中院（2001）州行初字第04号行政判决书	（1）1993年8月23日后一段时间，由覃仕美承包经营 （2）1997年先后承包于邓仕坤、李昌国 （3）大岩村煤矿属大岩村的独立经济组织 （4）煤矿价值190.39万元不实	（1）大岩村煤矿属大岩村委会经济组织 （2）覃仕美等人对煤矿系承包关系，而不是合伙关系 （3）大岩村煤矿的性质为集体，而不是合伙
2002年1月24日，大岩村付李昌国补损款164275元	按1997年10月6日，大岩村与李昌国合同兑现	
2001年12月22日，水布垭镇政府对覃仕美等人意见回函	（1）覃仕美等人与煤矿属承包经营关系 （2）大岩村煤矿属村委会的一级联络组织	煤矿属大岩村所有
2001年12月10日，县移民局对煤厂覃仕美等人申请回函	（1）长江水利委员会对煤矿的调查结论 （2）煤矿产权定论为大岩村	煤矿属大岩村

续表

证据来源	证据摘要	证明内容
2002年1月20日，水布垭镇政府在长江水利委员会实物指标调查后，对煤矿的补偿合同	（1）房屋及不可搬设施数量认定 （2）补偿总金额45万元	（1）煤矿属大岩村 （2）煤矿现有价值
2000年9月11日，覃仕美等人在大岩村领条	领补偿款6万元	
2001年5月5日，邓仕坤在大岩村，关于煤矿的补损费用	按1997年3月20日协议，大岩村兑现邓仕坤补损费3775元	煤矿属大岩村
2002年7月27日，覃儒奎对覃业高、覃佐乔、覃德龙等调查笔录	为了有利于煤矿建设，村委会组织村民修建至煤矿公路	大岩村对煤矿的投放情况
1999年3月21日，大岩村记账凭据（通过财政、经管审计）	（1）覃佐峰、杨进云、覃左东整修煤矿工资 （2）长岭经管站收煤矿工登记费 （3）大岩村对煤矿电灯投入	大岩村投资修建煤矿公路，工人的工资通过抵付1992年土地租赁费。 煤矿为村办企业
1997年10月17日，覃业文收大岩村为煤矿建设塔费208元		大岩村对煤矿投资

材料来源：大岩村委会关于提交证据的分析意见。

仔细观察这些证据，可以发现它们有几类来源：（1）村委会的管理工作记录；（2）村委会与煤厂往来财务或物件的记录；（3）乡政府、县移民局、水利局等组织处理有关煤厂问题的行政批件，以及和村委会的往来行政函件；（4）1997年煤厂移交的手续记录；（5）法院确定煤厂"为村委会管理"的行政意见书。利用这些证据，村委会旨在证明，自己实际上涉入煤矿的管理工作，承担着接收、发包、公路水电建设、财务借贷等工作，并保存有财务往来票据。因此村委会是大岩煤厂的投资者和管理者。

但是，这些"投资"证据的主要内容，产生于公共组织特有的工作职能，包括管理性职能（发包及签订利益分成合同、煤矿工登记费、收承包费、发补偿费等），还有设立公共建设项目职能（修建交通、电力、变压设备）。乡政府的行政回函、移民局、水利局、法院的判决等，都在说明，村委会是其管辖范围内各种工、农、矿业的行政主管单位。

更重要的是，这些行政工作职能，是村委会特有的，它的管理地位所特有的专门权力，其他社会成员无权染指。比如，由于土地的集体所有性质，村庄采矿批准手续需要行政主管单位（村委会）签字；还比如，即使是由煤厂付账，大量手续也须在村委会办并加盖公章，票据底更收藏于村委会会计室。在一般的意义上，这些证据应该能够证明，作为基层公共组织，村委会参与了村内二组煤厂的管理、手续、批准、行政函件、账务往来和公共服务，因为行政主管单位对其下属企业具有管理责任。

但这些专属公共机构拥有的服务和管理，是否意味着产权？村委会的答案是肯定的。在他们看来，上述活动的性质，不应仅仅视作（基于税收的）公共服务，而应被视为对煤厂的人力物力投资，因而应当是有偿的，可以成为财产所有者的身份证据，并有资格享受移民局的财产损失补偿。基于这一认识，他们不仅视自己的行政、组织、管理、支持、审批、规划、服务等行为，为基本的人力物力"投资"证据，而且将由行政组织地位派生的财产定义权、公共财产处置权、回收财产权、重新发包权、制定承包合同书等等，通通看成是产权身份的证据，或者，将它们看成是可以和产权交换的同类投入。

更进一步，由于公共组织存在行政级别，通常上级对下级具有解释和仲裁地位，它有权说明下级的管理范围以及和其他企业性组织的隶属关系。这一行政惯例，在村委会的认识中，也是产权拥有证明。因此，他们提供的产权说明，多是来自上级行政部门的函件，而不是投资证明。根据这一行政级别的定义地位，村委会将上级函件中，对煤厂与村委会行政隶属关系的说明，也看成是村委会对煤厂产权拥有的证明。比如村委会用上级行政回函中，"煤厂是村级组织的联络组织"之行政隶属关系定性，证明大岩煤矿是村集体企业。同样的逻辑，村委会用镇政府和移民局的函件、长江水利委员会调查报告中的称谓，证明煤矿属于大岩村。

在村委会看来，行政管理投入的性质是产业投资，或是具有投资意义的行为，因此公共纳税的免除，可以等值于（交换）煤厂向个人付工薪。比如，村委会动员村民修建通往煤厂的道路，并用他们自己欠交村委会的三提五统费用，抵消修路人工报酬；村委会在证据要点说明中，把这看作是对煤厂的道路投资。还比如，将向上级借款用于发展村庄建设的行为视作对煤厂的投资；将对承包者兑现补损费视作对煤厂的投资，等等。这些行政工作，在村委会看来，都是投资和管理的证明，它们证明了村委会一直在参与煤厂管理和建设。甚至，1997年收回产权的移交物品过程，也能反过来证明这一点，村委会的代理律师写道："煤矿设施由村投资，而不是覃仕美（煤矿创始人代表）等人投资；否则不存在移交。"

除了证明自己曾经的"投资"和"管理"行为外，村委会还试图证明：（1）覃仕美等人与煤矿合同关系于1997年4月18日终止，他们只是集体煤矿的承包者，再无其他受益权；（2）煤矿的价值是在村委会接手，并重新发包后增值的（间接证明原创者的"拥有"的产权价值较低）。而这两点，都是行政权力证明，实际上，正是由于村委会行使了回收和再发包的行政举措，才使得对方失去对煤厂的控制。在村委会看来，投资和煤矿价值的证明，说明了村委会作为经济组织的投入，而承包合同、补偿款管理及公共设施的组织活动，则代表了村委会作为公共组织的投入。由于村委会集经济合作和公共管理组织于一身的地位，行政管理投入和投资投入的性质一样，都可以因此获得产权身份的合法性。

五、何为投资？

尽管对什么行为属于投资有不同见解，但显然，村委会试图全力证明自己在投资，逻辑上，这并没有否认"投资者拥有产权"的原则。双方的差异不过是，什么行为算是投资，原投资人是否能够永久享有产权，产业移交后的性质，之前投资期的产业价值有多少，等等。

村委会认为，最宽宏大量的计算，九位村民可被视作煤厂承包人，其任何投资都是作为承包者的投资，因而无资格作为产权人获得补偿。但是在九位投资者看来，村委会这么说，是在利用公共行政身份侵占"产权"。九位村民的律师对村委会证据的答辩指出：（1）许多村委会提供的煤矿设备购买收据，实际上都是煤厂付钱，但票据由村委会收存；（2）村委会向上级的借贷，只能证明他们以煤厂的名义借钱，这些借款收据和煤厂投资无关，因为不能证明这些钱的确投资到煤厂；（3）一些合同明显已经过期，并且内容和村委会自己举证的其他材料相矛盾；（4）1997年的收回协议，是在压力下的个人行为，不是全体投资人的意见，应视为无效；（5）移民局的回函已经作废，不能作为证据；（6）法院的判决书只能证明，村委会是大岩煤厂的行政主管单位，不能证明它同时也是产权所有人。而且，所谓"村委会对煤矿的投资，总共加起来也不过六七千块钱，与四五十万元的煤厂初始投资相差甚远，更不能因为采矿证上的'集体'二字就否认合伙关系"，① 因为"集体"名称在当时是合伙企业需要的制度"帽子"。

显然，投资获得产权的原则，是对立双方的共享地带，它事实上引导了法庭辩论和提供证据的思路，将双方论述的关键问题，引到证明谁是真正的投资方方面。即使是村委会一方，也是跟随这一逻辑进行答辩的。他们不能声称自己投资很少，但拥有产权是正当的，他们也无法否认九位创始人的投资证据，但只承认这是承包人的投资。下面是村委会律师对法庭举证调查的应答：

---

① 参见法庭记录《原告律师的法庭陈述》。

证据：临时税务登记证

答：只能证明覃仕美对煤矿是承包关系，而交由的税务登记。

证据：大岩村煤矿固定资产初交清单

答：属实。仅仅证明原告承包后将财产返还被告。

证据：投资表，总投资额为 95112.30 元

答：从字迹上看不是当时所列的清单，即使是所列的项目，也只能证明是在承包期内所投入的。

证据：原始记录表

答：只是承包期内的投入。

证据：付工资总额清单

答：是承包期内的，情况不清楚。

（材料来源：巴东县人民法院开庭笔录，2002年8月8日）

可以看出，在双方的观念中，对投资和产权相关的原则都是认同的。在村委会律师的辩护词中，其关键性的论据，也是证明村委会为投资方："煤矿征地、办证、修路、安装照明线路等资金，均由村委会负担，原告反驳这些票据的费用由其支出，显然缺乏说服力。"[1]这些工作没有被对方否认，但它的性质却被对方否认，九位投资村民不承认这是对煤厂的"投资"。在九位上诉人看来，村委会的工作属于公共管理，它除了行政办理程序走文件外，拿不出有意义的投资证明，所以不应因此而主张产权。在——煤厂究竟是谁投资兴建的？究竟谁是合法的产权人？——这两个关键问题上，无法否认的事实是，九位村民是煤厂的原始投资者。

原大岩村煤厂是覃仕美等九位农民共同出资，共同劳动，共同经营的合伙企业。经过几年的艰苦创业，煤矿规模逐渐扩大成

---

[1] 村委会律师的代理词，2002年8月8日。

为有三条主巷，七条支巷的一个拥有固定资产 190.39 万元，工人 40 余人的大型企业。煤厂在矿产部门办理了采矿证，并在税务部门办理了税务登记。这些事实均有原副镇长及书记的证言予以证实。另有税务登记证及采矿证予以佐证。1997 年村委会在行政干预下强行将该煤厂发包给他人经营时，并没有对煤厂近 50 万元的原始投资做出合理补偿，这是一种明显的侵权行为。①

九位村民的代理律师指出，从村委会提供的大量证据可以看出，他们在 1996 年以前并未对煤厂进行任何投资，也未对煤厂进行管理。其举证中大量的发票，只能证实企图以煤矿的名义，报销其不知是出于何名目的开支。村委会还试图用部分农民的农特税发票抵作投资。但其所谓的"投资票据"由村委会持有，不能证明它享有对煤矿的所有权。到目前为止，还没有哪一部法律、哪一个法条规定，谁持有发票，谁就拥有对发票记载内容的财产所有权。事实上，村委会到现在为止，对其是否进行过投资，投资数额多少以及投资方式还是一个模糊的概念，它对其投资行为根本不清楚。……虽然在 1996 年后，村委会采取种种手段将煤矿强行收回发包给他人，但因其未对煤厂的原始投资进行补偿，就不能享有该煤矿的财产收益权。（1997 年的移交）仅仅是所有权与经营权的分离，并不是所有权的转让或转移。②

这些论述清楚说明，九位初创人关于财产权属的公正观念是：投资确定产权。这同村委会的行政投入和管理确定产权的权力原则大相径庭。在法庭的辩论中，双方各自坚持自己的主张。

六、二元整合秩序

由于纠纷双方都不承认对方理由的合理性，也无法在是否侵

---

① 参见原告代理律师的申述说明，2002 年 8 月 8 日。
② 参见原告代理律师的申述说明，2002 年 8 月 8 日。

权、产权者还是承包者、投资份额等问题上达成共识，于是法院在"分析证据后"做出书面判决。法院确定，"原告创办的大岩村煤厂已归并为被告大岩村委会所有，原告覃仕美在承包经营期间虽有一定的投入，但在1997年被告大岩村委会将煤厂收回发包他人时，承包负责人覃仕美已将煤厂财产移交给被告大岩村委会，并就煤厂补偿的分配、工人安置、承包合同兑现达成协议，双方应按协议履行"。根据这一判决，九位煤厂创始人不具有产权人资格，因而基本失去了享有财产损失补偿款的权利。① 这一判决承认，行政回收和管理等同投入，对于产权归属具有意义。

然而纠纷并没有就此了结。九位创始人认为判决不公，不同意按照这个判决进行分配，决定再次上诉。法院经过分析认为，煤厂已经不存在，产权权属声称对未来的控制权已经意义甚微，但关键的问题是补偿款如何分配。这次，法院做起中间调解人，劝说双方商量，提出补偿款的实际分配方案。耐人寻味的是，这一方案最后仍然依据投资者获益的原则分配，而且与判决书上的产权声称相去甚远。在五个月后，一份由同一个法院作证的"民事调解"书出现，确认了双方共同达成的结果。至此，这一产权纠纷方告结束。以之前判决书的标准看，村委会虽然作为产权拥有者，但在补偿款的分配上做出了巨大让步，同意给九位村民的投资合理补偿：

> 本案在审理过程中，双方争议的焦点，是上诉人与被上诉人各自在大岩村煤厂中的投资情况。上诉人称自1980年至1990年在煤厂的投入情况为：劳动工具及现金投资95112.30元。被上诉人称在大岩村煤厂的投资共计有66651.25元，双方均不承认对方的投资。在本院调解时，上诉人对被上诉人的投资66651.25元予以认可，被上诉人对上诉人的投资95112.30元予以认可。经过充分协商，双方确认，在大岩村委会领取的

---

① 参见湖北省巴东县人民法院，《民事判决书》，〔2002〕巴民初字第908号。

补偿款450759.50元，减去付给李昌国的补偿款164275.00元、和付给邓仕坤补偿款3775.00元，以及，应归还覃仕美个人的一栋砖木结构房屋补偿款19328.00元后，（剩余）可分配的补偿款应为263381.50元。双方同意按各自享有50%的份额进行分割。①

前面的书面判决确定了村委会对于煤厂的产权人地位，因而原始投资方应获的补偿款大约只有5万元，而后面的调解补充处理，从分配的总量上看，九位农民得到的似乎比村委会还要多，这和判决书中的产权地位明显不符。这一矛盾状况，调解书回避做出解释，也没有对这一变化做出说明，似乎补偿的分配是另一件事，与上次的判决无关。法院对这一棘手问题做了"迂回式"处理，客观的结果上，使原始投资者虽然失去了产权声称的支持，但却得到了大部分投资补偿。调解协议对所有的承包人、产权主张人都给予了部分补偿款，而九位创始人获得总数最多。能在这一点上获得不同当事人认可，说明投资对于产权身份的重要性地位，确实获得了社会公正观念的支持。

但在产权声称和表述方面，"投资"还没有上升到主要的、独立的、支配性的地位。观察法院的审理就很清楚，法院确认行政隶属关系的管理职权地位，不愿做出与行政函件相矛盾的判决；与此同时，法院对投资、劳力、承包、行政管理和公共服务等所有要素等同处理，"平等"对待，将所有这些不加区分地一并算入对煤厂的投入，进入产权补偿资格的考虑中；另外，法院将产权名分和利益分配分开处理，通过产权判决确认行政管理和公共服务等投入的"产权主张"资格，这等于确认，煤厂在压力下的移交如同自愿赠送产权，村委会管理组织也因此正当地获得了产权。

---

① 参见湖北省恩施土家族苗族自治州中级人民法院，《民事调解书》，〔2002〕州民终字第819号。

我们看到，解决这一纠纷产生了两份法律文件：判决书和调解书。它们中间存在着明显的逻辑矛盾：不是产权人，为何还能得到多数补偿？这是否等于间接承认了原始投资者或称合伙产权人的地位？对于法律，这是重要的逻辑不统一问题，但法院以及当事人双方似乎并不过分注重这一逻辑问题。这是因为产权声称和利益分配可以各走各道。二者各自关注的重点不同，要解决的问题有别。判决书关心的是定性与现实制度的吻合，以便维护稳定，要解决的问题是不产生动摇；调解书关心的是与社会公正观吻合，以便息事宁人，要解决的问题是不同社会利益的现实平衡。书面逻辑关乎意识形态秩序，而利益平衡关乎社会秩序，在这个案例中，它们相悖，但却各自互不干扰地存在。

这种基于矛盾原则的处理方式，我称之为"二元整合秩序"，它由权利声称和利益分配两个方面组成。前者的作用是合法化现有社会的身份和制度结构，后者的作用是对社会成员的实际整合。权利声称具有象征性，它不一定和广泛接受的社会公正观一致，但可以由后者进行弥补，因而利益分配更具有实质性意义。这里呈现的基层社会治理逻辑是：它实际上是依赖其中的一个方面——利益分配的修复作用，来中和权利声称引发的社会不同意，以达成社会秩序，同时不去触动权利声称的正式表述。

研究社会治理的重要途径，不是看它如何口头声称，而是看它如何实际运转。基层社会秩序的整合，不是以权利声称和利益获得的一致方式，而是以不一致但具有补偿作用的方式达成。对于权利声称和利益分配的分开处理，不仅保证了支配性结构的延续，而且保证了利益分配的弹性空间，使其可能在实用主义原则下解决社会纠纷，化解社会不同意，而不必过分受到权利声称名分的干扰。当权利声称不被社会接受的时候，特别是当它不被社会多数的公正观念认同时，利益分配的相对独立、相对弹性空间可以起到平衡作用，它"中和"了权利声称的不对等，使得社会中多数认同的公正观念，获得某种程度利益满足上的实现，不同力量得以对利益分配的谈判发挥影响。这一点，对于理解中国基层社会的秩序形成颇为重要。

"二元整合秩序"有助于解释下面的问题：在财产处理上，法院何以定性和定量处理有别？为何两种针锋相对的原则，没有影响社会秩序的延续？从这个意义上说，二元整合秩序的社会学效用是，它以分开处理权利声称和利益分配的方式，暂时解决了一种社会利益诉求（投资者有受益权）的增长，和另一种社会利益诉求（行政服务和管理的受益权）之间的价值紧张。这种紧张无法借助权利声称解决，但却可以借助利益分配获得解决。这样，既不会威胁既定权力结构的象征性地位格局，也不会引起社会秩序的严重危机。这与梅耶（Meyer）从制度主义角度说明的现象相似：社会组织在避免冲突、维持自身合法性的时候，往往采取脱节（decoupling）策略：

> 言行不一的装饰行为具有明显的好处……为了避免纠纷，并且将冲突降低到最小限度，组织可能最大限度地动员支持性资源。利用言行不一，可以帮助组织维持往常标准、合法性和正式结构，同时对实践中的问题给予不同的行动回应……即在维持正式结构的同时，实际上的实践行为又显示出不同。（Meyer & Rowan，1977：357）

上述案例表明，在纠纷解决的实际操作方面，利益分配重于权利声称，书面产权表述，不一定是财富分配的唯一依据。正因为如此，"二元"之间不具有统一性，才是可以理解的。在这种机制下，社会纠纷中的竞争活动，往往主要集中在实际的利益分配，而对权利声称或产权身份的文字表述则给予较弱的关注。

这项研究受益于黄宗智教授的《民事审判与民间调解：清代的表达与实践》，特别是他关于——"权利在理论上被否定但在实践中得到保障"（黄宗智，1988：226）的说法，虽然我认为，这种保障的程度非常有限，而且并不稳定，但是我和他的研究在三个方面有所不同。第一，依赖的材料，一个是历史的，一个是现实的，由此我们可以观察有关问题的延续或者变迁；第二，我获得的纠纷案例，发生在不同身份——公共组织和私人组织——的当事人之间，反映财产的公共所有和私人所有两种观念和制度原则的交锋；第三，在说明表达和实践的分离时，黄教授发现，清代法律制度的特征是，"道德表达"（道德主义陈述）和"对现实的适应"（实用主义处理）两个矛盾方面的相互依赖。传统上，这种处理往往源于对弱者状况的关注，即依循斯科特（Scott）概括的弱者"生存伦理"原则（Scott，1976）。而上述案例显示的当今情况，判决书根据的是正式法律和政治制度认可的规则，利益分配虽然延续了息事宁人、妥协为上的秩序考虑，但实际上所承认的，已经不是弱者生存伦理原则，而是投入者获益的原则。对这一原则的社会承认，在案件辩论过程中显示得很明白，双方的主要分歧，不在于是否接受这一原则，而在于"公共投入是否可以等同投资行为"这一问题上。基于这一原则的财富分配，要点在于考虑谁（过去）投入了什么，而不是考虑谁（未来）怎样生活。而且，与该处理很不一致的判决（关于权利的表达）之作用，也不再仅仅是道德包装，它通过对"村委会拥有煤厂财产权"这种公共组织身份的肯定，使得它在后来的利益分配中，也获得了一定的份额资格。

这表明，此处表述和实践的分立，不是法律权利原则和生存原则的分立，而是允许利用不同于表述的利益调节实践，非文字性地"修正"对表述原则的不同意，从而达致社会治理的效果。显而易见，这两个方面都对社会整合发挥作用，不过，当公正观念分歧加大的时候，允许实践（利益分配）有灵活空间，让它能够对表述中权利配置的偏差给予某种程度的修正，以求得纠纷双方，而非一方的接受，就逐渐发展为重要的治理手段。

（本文原载《社会学研究》2005年第3期）

参考文献

黄宗智，1998，《民事审判与民间调解：清代的表达与实践》，北京：中国社会科学出版社。

梁慧星、龙翼飞、陈华彬，1997，《中国财产法》，香港：三联书店（香港）有限公司。

某县法院的民事审判、调解档案复印件，中国人民大学研究生向良喜2003年夏收集。

罗杰·斯克拉顿（Roger Scruton），2005/1984，《保守主义的含义》，王皖强译，刘北成校，北京：中央编译出版社。

张静，2003，《土地规则的不确定：一个法律社会学的解释框架》，《中国社会科学》第1期。

Meyer, John W. & Brian Rowan, 1977, "Institutionalized Organizations: Formal Structure as Myth and Ceremony." *American Journal of Sociology*, Vol. 83, No.2（Sep.）.

Scott, J. T., 1976, *The Moral Economy of the Peasant*, New Haven: Yale University Press.

Zhou Xueguang, 2000, "An Institutional Theory of Reputation." Presented Paper at Academy of Management Annual Meeting, USA.

集体产权在中国乡村生活中的实践逻辑：
社会学视角下的产权建构过程

申 静 王汉生

本文是运用社会学视角来分析经济现象的一个尝试。在此，笔者并无意回溯经济社会学的发展过程，只是试图围绕经济学的一个核心概念——产权，来探究运用社会学视角分析经济现象的可能性。

一、关于产权的概念

"财产权利"（property rights）这一概念的广泛运用当归功于科斯、阿尔钦、德姆塞茨等一批新制度主义经济学家的杰出贡献。科斯1960年发表的《社会成本问题》一文提出"权利的界定和权利的安排在经济交易中的重要性"（刘守英等，2002/1994：4），当交易存在费用时，当事双方需要尽量寻求使各自利益损失最小化的合约安排，即是说产权界定减少交易成本。继科斯之后，阿尔钦提出，产权是一个社会所强制实施的选择一种经济品的使用的权利（2002/1994：166）。他认为，个人使用资源的权利叫"产权"，而产权系统就是"分配权利的方法，该方法涉及如何向特定个体分配从特定物品种种合法用途中进行任意选择的权利"（Alchian，1965）。诺斯则指出，"产权是个人对他们拥有的劳动物品和服务占有的权利"，而"占有是法律规则、组织形式、实施行为及行为规范的函数"（诺斯，1994：45）。

对产权的讨论通常从三个方面进行：使用者权利、从资产中获取收入及与其他人订立契约的权利、让渡或出卖一种资产的权利（思拉恩·埃格特森，1996）。比如，德姆塞茨将财产看作一束权利（a bundle of rights），包括控制权、收入权和转让权；柯武刚（Wolfgang Kasper）和史漫飞（Manfred E. Streit）认为产权是禁止他人使用一项资产的权利，以及使用、出租或出售该资产的权利（柯武刚、史漫飞，2002：224）。

但新制度主义者在产权定义上的最大特点还在于，他们认为产权是人们之间在物品使用上的关系（Furubotn & Pejovich, 1972）。这种关系包括了谁具有何种权利，谁要履行何种义务才能享有这种权利，以及这些义务履行者所必须遵从的一系列机制（Weimer, 1997：3）。

可见，产权强调的不是人与物之间的关系，而是人们之间互相认可的行为关系，这种关系是出于对存在的物和适当使用它们的认可。产权安排划定了对某些行为规范的尊重，这些规范是每个人在与他人的互动过程中所必须遵守的，否则他们将为违反这种规范付出相应的成本。在一个共同体里盛行的产权系统，实则是一系列经济和社会的关系，这些关系定义着每个个体在对稀缺资源的使用中被认可的地位（Dahlman, 1980：70）。

我们可以发现，新制度主义学者们在经济学领域所做的思考，竟然与韦伯所倡导的理解社会学在方法论的基础上存在着高度的暗合。在韦伯看来，社会学的主要任务是洞察行动者赋予行动的主观意义，通过理解的方法，将"解释性地说明"和"说明性地解释"结合起来，以期达到对"行动的主观上意指的意义"及其背后人们信念和价值观的理解；即韦伯意义上的社会学是这样一门科学："它以解释的方式理解社会行动，并将据此而通过社会行动的过程和结果对这种活动做出因果解释"（韦伯，2002：11）。而新制度主义亦正是从此一角度出发，认为所谓产权的安排，实则是在关于经济品权利的划分过程中，当事行为者基于一个共同体内所必须遵守的行为规范来互动并最终达成共识的过程。

新制度主义对产权概念的解释使我们有充分的理由将社会学的视角引入对产权——这个一直为经济学所垄断的概念——的分析当中。本文将以一个发生在中国乡村社会中的所谓集体产权的界定为例，通过深入考察事件过程中行动者的行为动机和价值取向，理解其行为的意义，从社会学的视角来分析产权结构是如何通过当事行为者的互动——这一互动又无时不受到既存共同体内外规范的制约——建构起来的。

二、研究介绍

本文讨论的案例是发生在四川省J市PL村征地过程中的几个主要事件。J市位于四川省中部偏北，与省会成都市距离不到三百公里，素有"小成都"之称。PL村位于J市的"北大门"，地处城乡接合部，公路、铁路四通八达，是J市至关重要的交通枢纽。随着经济发展和J市城市建设的扩展，城市化也成为J市原农村地区不可避免的趋势。在此过程中，PL村的耕地面积由公社时期的2000亩缩减为2003年的497.5亩。

这期间规模最大的一次征地行为发生在1994年。地方政府借国家修建宝成铁路复线之机，一次性占用PL村耕地300余亩。除去复线建设的少量用地外，此次征用的土地一部分以极低的价格，相当于赠送的形式出让给成都铁路局下属的机务段、车务段等单位，吸引这些效益稳定的国家级单位迁至该市，以期搞活本市经济；而另一部分土地，又作为商业用地由当地政府出售给了开发商。[①]

[①] 引自《PL村访谈实录》磁带编号16，村支书语，2003年8月22日。原话如下："最早是7个合作社，2700来人，耕地呢，2300来亩，都是平地，没有山地。后来，由于国家占地，农转非转了一部分人口出去，到现在人口逐渐减少，现在只有5个合作社，总人口还有1780，面积还有497.5亩。一个国家公路建设，一个厂矿用地，最多的是宝成复线和J市新（火车）客站，（一共占了）1800多亩地。（占地）最多的（转下页）

2003年8—9月，笔者在PL村进行了为期一个月的田野调查，通过对1994年征地事件中当事各方的了解，试图指出行为者是如何认知和界定自己的权利，从而最终在共识的基础上建构起一种产权制度安排的。

本文下面的分析，主要从两个层面展开：一是发生于集体边缘的产权界定，主要考察作为共同体的"集体"，如何应对来自国家政府、其他集体组织或个人要求分享权利的挑战；二是在集体内部，经济权利是如何在成员之间进行分配的。

三、有限方位的排他：[1]发生于集体边缘的产权实践逻辑

在这一部分，笔者试图从集体与国家、集体与平级的组织和个人两个层面来阐述产权在集体边缘所呈现出来的实践逻辑。

（一）从产权到生存权：面对国家时的"变通"

1. "重点工程，特事特办"

1994年，对J市SH镇来说，是激动人心的一年。借国家修建宝成铁路复线之机，J市决定在该镇修建一座大型的，包括机务段、车务段等附属单位在内的新的铁路客运站，地点就选在宝成复线的必经之地——PL村。一场大规模征地行动在PL村展开，但却是以先征地，后办手续的原则进行的（见协议书）。

而事实上的征地甚至比这一纸"预征先用，后办手续"的协议

（接上页）就是1994年嘛，你们队（指该村的第六生产队）就是个明显的嘛，新客站，机务段，整个这个占地是最多的。J市，SH镇为了支持重点建设，在这个土地价格优惠上，也不叫无偿，但是最优惠价，纯粹支持了300亩。再这个其他的附属设施，国家配套工程，和这个农民搬迁用地，就是三四百亩，就是六七百亩。所以现在呢，PL辖区面积范围，连居住，还有大概1.5平方公里。"

[1] 这一说法源自刘世定，《占有制度的三个维度及占有认定机制》（刘世定，2003：1—32）。

书更先行一步：

>……接到通知是那个时候了，等于说接到通知都4月十几号了，（C：①说下来马上就通知你）噢，马上接到通知，马上就占。嗯，他这个占地不是像人家那些有些单位占地，他这个占地比较特殊，晓得不嘛，他这个是先占，后来办手续。人家这些单位占地就是先把手续办好了，最后才来占地。他就是占到那里，他最后才来补办手续。它是特殊用地，它是国家重点工程，特事特办，晓得不嘛？②

事实上，PL村的村民们对当地政府何以急于占地的意图是非常清楚的：只有赶在宝成复线铺到本地之前，当地政府才能以"估算面积"为由，占用比实际用地量多得多的耕地。"这个明晓得的，宝成复线就那么两根铁路，哪个占得了多少（地）嘛。"③

宝成复线工程J段预征土地协议书④

J支铁征（199）第　号

铁道部第五工程局第三工程处（以下简称甲方）

J市SH镇（乡）PL村（以下简称乙方）

为了搞好宝成复线建设在我市境内的征地工作，在成铁局宝成复线指挥部不能提供经铁二院设计、批准的征地平面布置图的情况下，根据省国土局中国土发〔1993〕196号文和J市人民政府J府发〔1993〕73号文件精神，经甲、乙双方商定，宝成复线工程地段线路腹地，同意按施工单位（处以上）提供

---

① C为在场村民李金义插话。
② 《PL村访谈实录》磁带编号10，现迎宾居委会妇女主任、原五组村民刘臻嵘，2003年8月9日。
③ 《PL村访谈实录》磁带编号05，六组村民田泰鑫，2003年8月7日。
④ 该文件是笔者在SH镇政府的档案室中查到并誊抄的。

的用地计划,施工图纸和征地拆迁范围,采取"预征先用,后办征地手续"的原则办理。

一、乙方同意预征给甲方的土地合计303.70亩,其中:

1. 耕地　　　　　　　　　　276.38亩
2. 林地　　　　　　　　　　　　　亩
3. 农村居民使用的宅基地　　　　　亩
4. 荒山,草地和其他地　　　　　　亩
5. 铁路回收地　　　　　　　27.32亩

二、甲方超过成铁局宝成复线指挥部、铁二院设计的正式用地线图范围多占的土地,拆迁的房屋及其他建(构)筑物的,概由甲方按　赔偿。

三、本协议一式八份,甲乙双方和有关单位各执一份。本协议经双方签字盖章后生效。

甲方:铁道部第五工程局第三工程处(盖章)

甲方代表:曾**(签字盖章)

94.8.15

乙方:J市SH乡(镇)PL村(盖章)

乙方代表:龙世镜　田兵　冯钢

附:宝成复线工程预征各村、组土地分类统计表(略)

一九九四年八月十五日

尽管如此,政府的行为却并未遭到村民的抵制,甚至可以说村民的配合是积极的:"……原来市上给我们表的态,马上拆,马上搬,搬了土地马上交出来,肯定要解决好,人家老百姓十天都没有要到,土地拆了,一个月都没有要到,那年机务段那片全都拆了,全部面(填平耕地的意思)起来了……"[1]

---

[1] 《PL村访谈实录》磁带编号12,原SH镇镇长刘映璨,2003年8月12日。

2. 产权出让，回报落空

村民们对政府征地行为的积极配合，可以从两个方面找到原因：

首先，村民们对土地权利的归属有着非常清楚的认识，"田又不是你的嘛，属于集体的，划给你，只是暂时你在使用……"①这使他们并不认为自己有阻拦国家征地的权利和责任，村民们知道国家可以出于"公共利益的需要"，征用属于集体所有的土地；况且，对处于最基层的农民来说，"国家"的不可触及，更增添了其至高无上的权威性，因此，一切被赋予了"国家"名义的事物，都有着神圣不可侵犯的威慑力："当时的时候哪个敢去阻拦（征地）？是不是嘛，因为它是国家重点工程，哪个敢去阻拦？"②

另一方面，也是村民们经济计算的结果。征地之前的五组和六组，人均实际耕地占有量为一亩左右（包括责任田、自留地和未入账的"黑地"），除少数人在本地有从事非农业的机会，其余大多都属纯粮户，平均家庭年总收入不超过1000元。而繁重的田间劳动又使他们失去了外出打工的机会："出去（打工）？那屋里田哪个做呢？剩老婆子（妻子）一个人在屋（里）头，做得动不嘛？"③因此，村民们对政府的征地行为可以说是极为欢迎的，"那个时候田也多，做得人愁眉瞪眼的（很辛苦的意思），简直不想做，太多了，占了就对了，少做点，觉得是个解脱一样"④。

需要指出的是，这种"解脱"心态，完全是建立在对政府将会做出高额征地补偿的良好预期上的。从周边地区的土地征用情况看，征地方对土地原属的村集体及集体内的村民个人均会做出补偿：村集体作为土地的原始所有者，享有出让土地的收益，不过这部分收益作为公积金，按规定必须由镇政府代管，而按以往的经

---

① 《PL村访谈实录》磁带编号05，六组村民田泰鑫，2003年8月7日。
② 《PL村访谈实录》磁带编号10，原五组社员代表刘臻嵘，2003年8月9日。
③ 《PL村访谈实录》磁带编号18，六组社员苟诗中，2003年8月22日。
④ 《PL村访谈实录》磁带编号05，六组村民田泰鑫，2003年8月7日。

验，镇政府将此资金投入镇办企业，结果总是赔多赚少，于是所谓的集体公积金也只是存在于账本中的数字而已；所以，村民真正感兴趣的只是征地方对其个人的补偿，包括对青苗等土地附着物的赔偿、对需要拆迁的房屋的赔偿和劳动力安置费（以下简称劳安费）。在这三部分补偿款中，青苗和房屋拆迁费可以通过市价核算，实际是相对确定的；而劳安费一项，却没有具体的衡量标准："我们这里，人家双江占了赔的一万八，石油小区（占地）赔的一万五，长钢占了，人家给安排进（该）厂……"①

此处有必要用产权交易理论对征地过程中的权利让渡关系做进一步的分析。该理论认为，"产权的主要功能就是帮助一个人形成他与其他人进行交易时的预期"（刘守英等，2002/1994：6），对于一项有着明确界定的产权，交易双方会以适当的合约形式来实现产权在不同实体间的转渡。当土地由农用转为非农用时，村集体作为土地的原始所有者，毫无疑问应该享有出让土地所得的收益；而村民个人作为土地的使用者，其在使用过程中创造的收益（青苗）或获得的固定资产（房屋），当然属使用者本人所有。那么，征地方为了同时获得对这些土地附着物的所有权——否则，它将无权处理这块土地上的任何东西——就必须以向农民个人支付青苗和房屋拆迁费的形式，使农民将这些附着物的原始所有权成功地转让到征地方手中。

问题在于，产权交易理论如何解释劳安费的存在呢？如果农民作为个体，其拥有的仅是对土地的使用权，而绝非所有权或者说产权，那么他作为使用者的权益已经在青苗补助和房屋拆迁费两项赔偿中得到体现；新的所有者——作为征地方的政府，并没有义务对不拥有产权的农民个人实行劳动力安置，因为在保证农民于使用土地过程中的投入和收益未受损失的条件下，农民似乎再无别的权利可以让渡出来，和政府相交换了。但事实刚好相反，在三项对个人

---

① 《PL村访谈实录》磁带编号09，原五组社员代表谢鼎君，2003年8月8日。

的补偿里，劳安费才是农民关注的焦点所在，因为正是这一项才是他们"权利"的体现，那么作为土地使用者的他们，到底还有些什么权利呢？

这就需要厘清农民对土地的使用权和一般意义上的使用权的不同之处。在当地政府以建设国家重点工程为由的征地过程中，农民个人并不能作为土地的所有者取得与政府谈判的地位；但其对于土地的使用权，需要从三个方面加以强调：首先，正如前面已经提到的，包干到户以后，农民已在很大程度上享有了对剩余收益的控制权，土地上的产出，除了上缴税费外[1]，其余均归农民自己支配；其次，从农民所拥有的使用权的时效性来看，自土地承包到户以后，PL村各村小组并未进行过打乱重分的大调整，仅在组内人口有增减的部分农户中进行过微调，这说明农民对其耕作的小块土地的使用权是长期而稳定的，经济学家认为，这种长期而稳定的使用权即可被视为变相的所有权[2]；最后，土地并非一般的经济品，它是农民最基本的生产资料，对纯粹以农业为生的当地农民来说，失去了土地，也就意味着他们必须从自己唯一所从事的职业退出，因此，农民对土地的这种使用权，带有一种"专属专用"的色彩。

如果我们将产权制度视作财产所有者在控制、收益、分配和转让财产上所享有的排他性权利，那么从农民对土地收益的剩余

---

[1] 在PL村，由于地理上的优势，土地肥沃，因此税费负担一直比周边地区轻得多。

[2] "由于所有权是由使用权、收益权和转让（资产）权这三项权利所组成，所有制是否为私有并不重要，关键是使用权和依附在此基础上的其他两种权利能否永久地赋予农户，使他们能够根据自身家庭的需要把这些重要权利自由转让。美国学者普罗斯特曼（R. Prosteman）等人的调查结论是，'大多数我们访问过的农户皆倾向于选择有异于现时的平均分地方法：那就是自由转让土地的永久使用权'。在这一看法和调查结果的背后存在一个假定，就是农民渴望拥有一种'准私有化'的永久土地使用权。"（见龚启圣、刘守英，1998）另外我们也知道，贵州湄潭土地制度改革试点所实施的"增人不增地，减人不减地"，承包地50年不变的土地政策，也正是基于这一理论假定——即长期稳定的使用权实际具有了所有权的性质——而加以实施的。

控制权、对自己承包的小块土地的长期稳定的排他性使用权,以及新的《土地承包法》对农民可以自由流转土地的规定等方面看,都足以形成这样的看法,即与一般意义上的使用权不同,农民对土地的使用权实则带有产权的性质,我们有理由认为农民是以一种"类所有者"的身份来行使他们对土地的使用权的。而新制度主义学者告诉我们,除国家正式法律之外,习俗、道德规范和社会的一致认可,都可以成为社会成员界定产权的依据(诺斯,1994;Alchian,1965);因此,尽管从国家法律来看,农民仅拥有对土地的使用权,但这种使用权利的"类所有权"性质却因为得到社会的广泛认可而具有合法性,因为没有人——农民、政府和存在于社会的第三方——对发放劳安费的合理性提出质疑。

正是这种"类所有权"的永久转让,使农民对劳安费的补偿标准抱有极大的期望:"人家石油小区都赔一万五,那我们至少也要赔到一万五嘛。"① 而随即政府公布的补偿安置政策却让村民们大失所望。政府公布了关于劳动力安置的"136"政策,即补偿总额为一万元,其中一千元是户籍转为非农业的手续费,三千元用来买养老保险,其余六千归农民自己支配。这一政策激起了农民的普遍不满。在得知补偿措施的第二天,愤怒的群众拥向了镇政府。

3. 权利变通,生存第一

尽管农民对土地"类所有者"的权利在社会认知层面上是得到支持的,但毕竟没有正式的法律依据,因此,对"类所有权"价值的衡量也就欠缺一个可以参照的标准。作为追求收益最大化的产权交易双方,农民希望在"类所有权"的让渡中实现最大的经济利益,而政府则总是试图以更小的成本来获取原属于农民的这部分土地产权。

面对农民的不满,政府希望用"做工作"的方式进行化解:

---

① 《PL村访谈实录》磁带编号09,原五组社员代表谢鼎君,2003年8月8日。

> 那儿是属于单位占地,单位占地也就是说,人家的利润比较高,人家单位有钱,他说这是,我们这边呢,主要吃亏是,吃亏在什么呀,宝成复线占地,他说这个复线占地,本来这就属于一种国家重要建设,属于一种支援,也就是说属于一种支援,要拿高姿态来对待。①

但这样的说法并不能让村民满意,因为他们深知当地政府的行径并不符合"国家政策"。

> 这个宝成复线,哪个都晓得,这是中央下文的。但是就中央下文的呢,但是他那个呢,主要是说,他就是借这个宝成复线,下属单位借宝成复线(占地),你说宝成复线根本就是相送,都无所谓的,像我们来作为来讲,支援宝成复线,我们相送都无所谓的,老百姓都有这么种概念,因为宝成复线,毕竟占不了好多田,它占得好少嘛。(但)他(指地方政府)主要其目的也就是说,把这里的田全部一下占完了……②

需要指出的是,以基层农民的视角来看,地方政府作为国家的代言人,原本同样具有不可侵犯的权威性和不可谈判性;但正是由于当地政府借国家修铁路之名多占土地的行为,使农民看到了地方政府与国家意志的分离。其追求自身经济利益的行为,成为农民将产权交易原则引入这场原本属于服从国家建设需要的行政性征地行为的前提条件。

当然,在《土地管理法》对土地集体所有性质的明确规定下,农民不可能宣称其个人对土地有着某种所有权;在强势的政府面前,亦不可能通过指责政府行为与国家政策相背离来提升其谈判地

---

① 《PL村访谈实录》磁带编号14,五组社员代表龙悌璨,2003年8月20日。
② 《PL村访谈实录》磁带编号14,五组社员代表龙悌璨,2003年8月20日。

位，正如社员代表龙悌璨所说：

>……社员选出来的代表，你也不敢去说和政府闹得太生分，你如果，你哪个闹得太生分，（任）你哪个一样都要糟（被整）。现在这个，哪个都晓得，所以说，在一般的代表，只要，说到一般的情况，就算了，作为这个当官的，你，首先第一个，老百姓他都有这么一个想法，如果你，莫得任何一个亲戚在哪个地方当啥子官，你莫得后台，你那些话说出来都起不了作用，老百姓实际上，老百姓心里都有数。①

一方面是对上不排他的土地集体所有的产权制度，另一方面是关系不对称的"官—民"垂直管理的行政体制，都使得农民不可能直接向政府提出产权要求。但这并不意味着产权交易就此消失，正如刘守英等（2002）认为的，从经济学角度来分析产权，它不是指一般的物质实体，而是指由人们对物的使用所引起的相互认可的行为关系。所以，一种共识没有达成，也就意味着交易的行为将继续下去，直到当事人相互认可，达成新的产权界定为止。

既然不能在"136"的劳安费政策上达成共识，农民在无法以"所有者"身份跟镇政府讨价还价的条件下，所采取的策略即是变通交易原则，将对土地产权的诉求转变为对基本生存权利的要求。②

在整个人类社会中，生存权是具有普适意义的基本人权，更何况社会主义国家声称在保障公民生存权的方面具有资本主义无可比拟的优越性。而更进一步的原因在前面已经提及，科层社会结构下

---

① 《PL村访谈实录》磁带编号14，五组社员代表龙悌璨，2003年8月20日。
② 之所以将农民这一集体性地向政府"要饭吃"的行为看作他们策略性的变通而并非真正意识到自己的生存权利受到威胁，是基于这样一个事实：根据笔者的访谈资料分析，如果在不知道别村补偿标准的条件下，PL村五、六组的村民是完全会接受"136"的补偿政策的，因为即使这样的补偿标准，在当时年收入普遍不足千元的村民看来，也已经是一笔巨额财产了。而农民坚持以"生命钱""吃饭钱"作为与政府讨价还价的理由，只因为他们深知，对土地的权利只有通过生存权的诉求才能得以实现。

的"控制—依附"双向传递关系,势必造成下级对上级绝对服从、个人对集体全面依赖的后果;尽管改革以来,随着中国日益走出"总体性社会"(孙立平、王汉生等,1994)的格局,这种"控制—依附"关系业已大大减弱,但基于此种关系而形成的意识形态却不能在短时间内消退。可以看到,家庭联产承包以后的农民即使已经拥有了事实上对经济品的剩余索取权,但经验研究(龚启圣、刘守英,1998;Kung,2000)却表明,农民并不试图将这种剩余索取权再往前推进一步,实现土地的完全私有化;相反,大多数农民对现行的土地集体所有制是持赞同态度的。龚、刘(1998)认为,这是由于农民深知希望实行土地的完全私有化是不现实的,才做出如此选择。与此假设相对,笔者认为农民受到公社时期意识形态的影响,从而对集体、组织、政府仍存有明显的人身依赖关系的观点似乎更为合理。基于此,生存权成为农民在面对地方政府时最为强硬的权利诉求:

  他说这主要是支持国家建设,支援宝成复线建设,我们说宝成复线也占,但是宝成复线占不到我们一百多亩,只占得到十几二十亩;他说生产队支援,一个生产队支援得起啊?那我们两个生产队的人吃啥子(什么)啊……社员,人家只要一个代表说一声,就像我们这么摆条摆着摆着(聊天),说一声,都去堵(镇政府)去了,那阵都是为了生存……(问:那你们去了哪么[怎么]说的呢?)唉,没饭吃呢,我们要吃饭呢,哪么说?!田没得了,今后喝西北风啊?[①]

  当时人家根本不理你(社员代表),那只有把社员都邀去,就说你们要吃饭生活的嘛,(都要出力)那社员哪个又不愿意多拿点钱呢?[②]

[①]《PL村访谈实录》磁带编号09,六组村民谢鼎君,2003年8月8日。
[②]《PL村访谈实录》磁带编号14,五组社员代表龙悌璨,2003年8月20日。

正是在农民以"一辈子的生命钱"[1]向镇政府施压的情况下，新的劳动力安置标准改为12000元，其中4000元用于买养老保险，8000元作为劳动力安置，户籍转为非农业也不再需要交任何手续费。

我们看到，在与政府（国家）的交涉中，基本生存权固然是最为强硬的理由，但它的"基本性"同时也意味着它极低的阈限。因此，尽管政府做出的让步并未达到村民提出的"一万五"的标准，在没有新的道义资源可循的情况下，面对强势的政府，村民们也只能"见好就收"了。

你老百姓始终……不管你代表也好，啥子也好，你心里……任何一个人，每一个人他都有这种想法。你胳膊拧不过大腿吧，人家这儿是，比如说像一个镇，他就是可以代表一个镇，他就属于一级政府，你老百姓毕竟是老百姓，你没的好大的代表性……他基本上给你涨了一点，你再去闹呢，也莫得好大个理由了。[2]

在本案例中有两点特别值得注意：第一，农民对土地的使用并非一般意义上的使用权，它在时限上的长期稳定性和等同于农民职业的"专属专用"性，使其带有"类所有权"的性质，而这正是农民作为个人与政府进行产权交易的前提；第二，基于集体所有的土地制度，农民不可能直接向政府提出产权要求，而是策略性地将其转变为对基本生存权利的诉求，它成为农民与政府讨价还价的最为强硬的道义武器，并最终以政府做出让步宣告了这一策略性变通的胜利。

（二）划地为界："我们的地盘"

折晓叶（1996）在研究超级村庄的基础上指出，村庄的边界是

---

[1] 《PL村访谈实录》磁带编号27，六组村民萧龙真，2003年8月26日。
[2] 《PL村访谈实录》磁带编号14，五组社员代表龙悌璨，2003年8月20日。

多元化的，其在经济边界上的开放性与在社会边界上的封闭性同时存在。对此，笔者的看法是，在产权观念下，这种看似矛盾的现象极易得到解释。经济的开放性是每一个存在于现代社会的组织（共同体）所必须面对的趋势，但这并不能得出"模糊产权"（折晓叶、陈婴婴，2000）的结论；相反，越是经济开放、与外界联系越密切，其共同体产权的边界才越清晰。在这一点上，笔者更赞同张佩国对村庄边界的定义，他在分析传统北方村落社会的基础上认为："村庄边界有两种意义，一为地理方位，一为产权观念。乡间所存在的村界意识则兼有这两种意义，即村民基于土地占有权归属而对本村落四至[①]地理空间界限的认同，和村落成员对上述地理空间内耕地、山林、水域的监护权"（张佩国，2000：181—182）。地理边界和产权边界的统一，使村社成员对村界以内的土地资源有着强烈的占有和支配意识。而值得注意的是，大政治环境的不断变换并未影响到乡村自传统社会以来所形成的划分各村社的界限，因此，即使对于当下已经高度发展的超级村庄，我们也只能认为发生改变的仅在于归属于村庄的财产权利增加了土地之外的新的内容，而这与如何界定产权的归属并无太大的关系。村社内部关于产权的纠纷只是源于财产由村社成员"共同占有"的结果，但这并不能说明乡村社会的产权是"模糊"的；事实上，如果没有来自国家的压力，村社对于其财产权利的认定及对"外"的排他性从来都是清晰的。

案例分析 "铁坝子是我们的！"
（1）划地为界：集体间的财产边界

PL村被征用的耕地几乎在瞬间就被填平。用来填田的废料取自附近一个钢铁厂炼钢倒掉的废渣，其中含有大量可以回收的废铁。有意思的是，这一"财路"最早竟是被六组一个为人不齿的地痞"神仙娃"发现的，村民们对此的看法是："他一天（成天）在

[①] 指村落周边的地理边界。

社会上混，跟些乌七八糟的人裹在一起，听的消息多嘛，你这些老百姓哪晓得嘛。"①因此，六组村民最初是抱着看好戏的态度旁观"神仙娃"召集几个"志同道合"的青年共同收铁的，直到意识到了其中的巨额利润才趋之若鹜，从而使收铁事件演变成一场激烈的全组范围内的权利争夺战，对此案例本文将在下一章加以详细论述，这里想要说明的是关于"铁坝子"权利边界的认定。

与北方农村不同的是，四川农村地区的独立核算单位是村民小组，即村民口中的"生产队"，而非更大范围的"村"，这决定了界定财产所有的基本单位亦是以村民小组为界。因此，尽管五、六两组的土地原本毗邻，填平以后更是连成一片，但这并不影响他们界定清楚属于本组可以"收铁"的范围。

你生产队原来的田在哪里，你就在哪里收，不能收过界。
问：那问题是我们这儿面（填平）的路和五队面的路应该是面到一堆的嘛，你那个界限怎么划的呢？
那个是有数的嘛，你原来的田起哪儿嘛，你那儿有田的嘛。
问：但是他路是面到一堆的嘛。
他开始要先倒到坝坝里头多大一堆，再面，面到最后就是人家的了嘛，你要有地界，或者是田埂，水沟啊，那个看的到嘛，哦，起那儿的那一截就是人家的了，哦，你是有地界的嘛。
问：那为啥子不能你到他们那边收，他们到这边收呢？
唉，那哪么得行（可以），就跟倒说（就像是说），你总不可能跑到人家屋里去抢钱嘛，那占的是人家的田，哪么可能你跑去收？②

尽管从法律上说，被征用的土地已经不属于原村社所有，而用

---

① 《PL村访谈实录》磁带编号06，六组村民田泰鑫，2003年8月7日。
② 《PL村访谈实录》磁带编号07，六组村民田泰鑫，2003年8月7日。

地单位又尚未到位，那么该土地似乎应暂时处于"无主"状态；但产权理论告诉我们，除非拥有某项财产权利的成本大于收益，否则没有任何经济资源会被弃置在公共领域而无人涉足（巴泽尔，2002/1997；周其仁，2000）。事实上，村社集体原来对土地的所有权顺延到了"铁坝子"上，使村民们取得了对其事实上的占有权，也正是因为这种权利是由原来集体对土地的所有权顺延而来，因此不可避免地，对其边界的认定沿用了原来村社土地的边界。"划地为界"是整个乡村社会具有普适性的基本原则，在村民看来，以此来界定集体财产的边界是天经地义的。足以说明这一点的是，尽管PL村五组的征地面积总体上多于六组，但六组正处在新客运站的建址上，因此其被征用的160亩土地即占即用，全部用废渣填平，而旁边的五组则仅有20—30亩土地在当时被用作了"宝成复线建设"，其余耕地事后才由政府逐年作为商业用地出售，所以如果以"地界"来划分两个组的收铁范围，无疑五组能够获得的收益远不能与六组相比，但五组成员却并没有觉得"不公平"，因为那是"人家的地，人家的铁，你不可能说喊人家分给你嘛"。[①]

（2）"外人只能来打工！"

五、六两组的耕地改造过程是：填充废渣、铺平、压实、再次填充废渣，如此反复多次直至将地基垫高至6到7米，因此可以想见在六组的160亩土地上，可以获得的废铁数量是相当惊人的。巨大的劳动量和人手的缺乏使六组成员并不能垄断全部的利润。

> 我们原来最早啥子德阳、广汉都跑遍了，准备买磁铁自己钩（铁）的，晓得不嘛，这下子，我一看，狗日太艰苦了，这下我就给他们说，给他们放话（说这儿有铁），一放话，不是人家卖秋儿（打临工）的人，骑个自行车，拿个笼笼，就拿磁

[①] 引自笔者的《PL村访谈笔记》，与五组成员李金义的谈话整理，2003年8月16日。

铁来钩……①

也就是说，本组成员作为收铁权利的拥有者，只是从最后的规模销售中获益，而将最初繁重的拣铁环节的权利让渡出来，变成一项人人均有权享有的公共权利，但即使这样的让渡也并非是无偿的。

他们要跟着来挣我们的钱嘛，当然你要来挣我们的钱呢，你就是，你要把大的抱起走，就不得行，晓得不嘛，通通按5分（一斤）！②
你就是要（让拣铁的人）鼓捣（硬要）弄到你这儿来卖嘛，还要压价嘛，你那个铁piè（差）了，还要扣称斤嘛，铁好了就不扣……③

可见这种出让实际只是变相的雇佣关系，因为前来拣铁的人只能以远低于市价的价格将铁卖给六组成员，并无权选择其他的买主。而这种权利的行使，同样是以被占的土地为边界的：

问：那就是说，你在田埂这头钩铁就要卖到我们这儿，你在田埂那头钩铁，我们就不管你？
哦，就不管你，可以弄起走，你要弄到我们这边来卖也可以，也不勉强你，你要拿起过来，巴不得呢。但是我们这边有人守，人家（指五组）那边没得人守的嘛，人家私人在收，一般就没啥管，我们这边就守到，你拿起走不得行，拿过来就行，鼓捣（硬是）要（拣铁的人）拿过来卖。④

---

① 《PL村访谈实录》磁带编号22，六组社员神仙娃，2003年8月25日。
② 在当时的市场上，回收废铁的价格一般在0.1～0.2元1斤。引话出自《PL村访谈实录》磁带编号22，六组社员"神仙娃"，2003年8月25日。
③ 《PL村访谈实录》磁带编号06，六组社员田泰鑫，2003年8月11日。
④ 《PL村访谈实录》磁带编号06，六组社员田泰鑫，2003年8月11日。

而当被问及何以不允许前来拣铁的人将铁卖到本组范围以外时，组民田泰鑫不假思索地说："这个坝坝是我们的呢！他们只是说，跟到（好像）是给我们打工一样……"

甚至连前来拣铁的外村人也对"铁坝子"的权利归属有着同样的认识。尽管没有任何法律程序的认定，但在人们的认知里，"铁坝子"由原土地所有者PL六组所有是天经地义的。因此，六组成员作为"铁坝子"的所有者，可以享受最终高价出售废铁所获得的收益，而外来人员却只能充当拣铁的劳动力，他们只能凭借自己的劳动得到相应的报酬，却无权分享由所有权带来的收益。在这里，清晰地呈现出收铁权作为一项由原属六组集体所有的土地所延伸出来的经济权利，对集体外个人明确的排他性。

四、多种原则下的权利分配：产权在集体内的实践逻辑

这部分将分析视角转向集体内部。前面已经指出，对组织产权的研究应从组织内成员权利的实现进行分析，这样做是基于笔者以下的认识：以"共同占有"为特征的集体产权在集体成员间绝非是"模糊"的，实际上他们基于对某种原则的共识而形成的权利分配格局总是异常清晰的——只是这一格局总是随着行为者的共识被新的认知打破而消失，而新的均衡格局又会在行动者的下一轮互动过程中建立起来。

（一）收铁始末[①]

首先，简单介绍一下收铁事件的经过。

1994年夏天，PL村六组因为国家修建的宝成铁路复线将要路经此地，而市政府同时也决定在这里兴建新的包括机务段、车务段等附属单位在内的大型铁路客运站，其原有的210亩耕地中有160亩

[①] 根据《PL村访谈实录》里众多访谈对象的录音整理资料联结而成，并无虚构。

需要被占用。施工方首先做的，是将附近钢铁厂扔弃的废渣运来进行耕地改造。但事实上，这些被扔弃的废渣里含有大量可以回收的废铁。

讽刺的是，最先看到此一"生财之道"的，并非生产队里具有远见卓识的精英分子，而是村里一个叫神仙娃的地痞。此人虽然游手好闲，但多年来在外闯荡的经历也在客观上增加了他的阅历和见识，这使他远比一般村民更为清楚眼前这些废铁的价值。所以，当神仙娃组织生产队里愿意追随他的"兄弟"组成一个5人小组开始收铁时，大部分村民只是抱着看好戏的态度冷眼旁观。

5人小组并不亲自去捡铁，而是利用他们广泛的社会联系，将PL村五队有废铁可以捡来卖钱的消息迅速散播到周边地区，吸引别处的人前来捡铁，而这5人只做"收铁"工作，即5人各出200元"入股"，作为收铁的启动资金，以5分钱一斤的价格从捡铁者手里收购，再以更高的价格卖给更大的买主，比如当地的钢铁厂。

5人小组以2角钱一斤的价格卖出了囤积的第一批铁，立即引起了生产队其他社员的注意。几个平日与这5人交好的社员也加入进来，开始是以500元入股，而到5人小组扩展到9人时，入股条件已变成1000元。

初次销售的成功和成员的扩大，在刺激队上其他社员的同时，也让发起者们更加意识到了这片"铁坝子"的价值，拿神仙娃的话来说："我们几个整到（铁坝子），一家不赚个几十万，你（踢）我！"因此，当发展到9人以后，收铁集团的成员并不希望有更多的人再参与进来。正如5人小组成员之一的王宏鸣所说："都是一个队的，虽然说是哥们弟兄的呢，但毕竟这个钱，哪个都想多，你来了，必然我们就要少点了呢。"①

必须看到的是，后来不得其门而入的都是平日里老实本分的普通社员，他们既无后台可靠，也不敢以强力与神仙娃等人硬拼，遭

---

① 《PL村访谈实录》磁带编号28，六组社员王宏鸣，2003年8月26日。

到拒绝的社员唯一能做的就是找村镇干部"反映情况":"占田又不是占他们几家子的田,凭什么就让他们几个收(铁)了?"①

由于村干部的施压,也由于考虑到短期经济利益与本生产队守望互助的长期利益之间的轻重关系,"你也晓得我们这一沱(这个地方),大家都是一个家族,方方面面都还是要顾及到……"②更是基于扩大规模存在的人手和资金短缺的现实问题,此时的9人集团开始考虑吸收其他社员加入,但入股条件却陡然变成了5000元。

在1994年单纯以种粮为业的四川农村地区,5000元是一个普通纯粮户5年的总收入,因此这样的条件激起了其他社员极大的不满。不过当社员们还在继续与9人斡旋,试图能将入股标准降低一点的时候,擅于审时度势的李戴传已经认清了眼前的形势:

> 这种可能性不大,因为他们这个是稳赚钱的,他们可以借钱,借了然后给人家认利息……他们不怕借,就是借到了,1万块钱一天认个100元的利息,他们都还是赚钱,因为他们那个是赚对半的利润……再说老四(指田四),他老汉儿(父亲)是在当干部嘛,村上,他要是借个啥子几千、万把块钱,开个腔(说个话)就得行。我想这些办法,他们都应该想得起,说我不交这个5000块钱,你那个堂子就扯不转,那不可能,把他们卡不到。③

因此,李戴传硬是借了5000元加入了进去。这对还在与9人斡旋的社员们来说,无疑是个重大打击,眼见铁坝子上每日收得如火如荼,而想让神仙娃等降低门槛已是无望,于是他们一边咒骂着李戴传的"叛徒"行为,一边也只有凑够钱数加入进去。至此,收铁

---

① 《PL村访谈实录》磁带编号21,六组社员李方群,2003年8月24日。
② 《PL村访谈实录》磁带编号24,六组社员神仙娃,2003年8月25日。
③ 《PL村访谈实录》磁带编号27,六组社员李戴传,2003年8月26日。

集团由原来的 8 股①发展为 18 股，包括了六队的 20 多户家庭。谈到这一阶段，李戴传说：

> 发展到 18 户（股）的时候，用他们的话来说，生产队里稍微说得起话的人，有头有脸的人呢，基本上都参加进来了，至于剩余的呢，都是些不砸秤（没有分量）的人，也就没放在眼里了。就是说看展他们哪么起（怎么样），心想他们也不敢搞二个（另外一个）摊子，看他哪个要来哟，我们不想让他们参加，看他要打砣子（打架）也好，我们也不虚（怕）他。②

后面以 5000 元加入的"股东"们，想法与李一样，以为有神仙娃等"打架精英"撑腰，可以将队里其他社员排除在外，狠狠捞回一笔，却完全没料到，竟在此时遭到了前面 9 人集团的背叛。这是因为，前面 9 人入股的资金从 200 到 1000 元不等，但不管怎样，通过卖铁和瓜分后来者的股份，其所得的利润甚至是其成本的数十倍。以在此时退出的神仙娃为例，不计在此之前已经分得的钱，神仙娃在退股当时，又获得了一万多元的"红利"，比起当初的 200 元本金，神仙娃所得利润超过其成本的 50 倍之多。其他几个"发起者"同样如此。因此，在全生产队都要求加入的强大压力下，对作为发起者的 9 人集团来说，牟取暴利的最佳时机已经过去了。因此，面对全生产队都要求加入的强大压力，神仙娃说：

> ……等于是对方给我们施了一定的压力，这个压力，产生于啥子呢，产生于邻居或者是一个姓田的里头……给我心里产生了这种压力，我对某一个人，我针对某一个人，那么，可以翻脸，可以打架，可以，但是你要这么多人都来，我不愿意为

---

① 由于"小山东"和田智永是亲兄弟，因此被大家视为一股。
② 《PL 村访谈实录》磁带编号 27，六组社员李戴传，2003 年 8 月 26 日。

这么点点事情（跟这么多人翻脸），你挣了不过就是几万块钱，10万块钱，了不得了，就给你批（说）多点。你这辈子，总要在这一转转（这一带地方）活人，对不对，你不可能等于说去，给别个都去得罪了嘛。①

基于"不想把人得罪完"的考虑，最初的9个人此时态度开始软化，而失去了"混混"们强有力的支持，后加入的股东们显然不能在与大多数社员的对抗中占到优势，僵持了半个多月后，疲惫不堪的双方终于达成了协议：将现有的铁卖掉，收入归18家平分；而终于获得了收铁权的社员们此时却发现，失去了前面18家的领导，他们并无独立组织收铁和销售的能力，因此，他们努力"斗争"的结果，最后竟成了将这片铁坝子通过竞标的方式承包出去，承包费由所有社员平分。

关于竞标，李戴传说道：

想包的，他不得说出来嘛。说这个话的人嘛，很显然是没有参加收铁的人，一个股不参加，二个股也不参加。也就是说既拿不出来那么几千块钱，也不愿意，自己也没的那个劳力、人力，比如说老弱病残那些家庭，他吼起地说，你们哪个有钱哪个去包，包了给我们社员发点钱就是了。我们这些老老少少，比如说给我们个50、100、500，也好嘛。他这么一吼，你晓得农村上，各人干各人的，也不好说的，作为我们，肯定不愿意哪个包到一个人去挣钱嘛！②

可见当时的生产队分为三股力量：一是有财力自己承包的少数几户，二是完全不愿或没有能力参与收铁的贫弱家庭，但占据

---

① 《PL村访谈实录》磁带编号22B，六组社员神仙娃，2003年8月25日。
② 《PL村访谈实录》磁带编号27，六组社员李戴传，2003年8月26日。

比例最大的却是那些居于二者之间的不能承包但又想参与其中的普通家庭。

竞标大会在众人不同的期待下开始。社员们纷纷喊价，最后由冯家的冯幺妹喊到3万元的价格，这对当时全年总收入仅1000元的社员们来说，无疑是个天文数字，因此，没有人再往上加价，整个铁坝子3万元的价格就此确定。但正当冯幺妹以为大局已定，准备中午回家吃过饭再去给生产队长交钱时，队长却找上门来，说田成和田四两人已经将3万500元的现金拿到他家里去了。对于竞标的这一戏剧性转折，神仙娃的解释是："（竞标）并不是说哪个喊的价就是哪个的，当时会上只是定个价嘛，定到3万，那么哪个先把钱拿出来就是哪个的嘛。"①

对这一"规定"，冯幺妹也表示认可，但她认为田成、田四的做法并不合"竞标"的程序："当时上午在那个会场上，我喊到3万，没得哪个说话，就散会了，你就算要往上涨嘛，也要等下午再开会的时候，大家都在，你再说嘛，结果你悄眯眯地就把钱交了，那还开啥子会呢，没得开头了。"

冯幺妹痛斥队长不该接受田成和田四的钱，迫使队长将钱退还给了他们。但此时，更为戏剧性的转折发生了。正当冯家与田成、田四为了承包权争吵不休的时候，铁坝子上已经恢复了收铁，而负责收铁的正是生产队长的大儿子田泰文。询问队长，得到的答复是，田泰文已经交了3万元，并与村上签订了正式的协议，甚至将该协议出示给冯、田两方看。而将承包费分给社员的承诺，也迅速得到了执行。每个社员，只要户口在本队，不论年龄大小，都分得了100元，这就意味着全队接受了田泰文承包铁坝子的事实。

田泰文具有某种黑社会背景②，因此，得知田泰文承包了铁坝子

---

① 《PL村访谈实录》磁带编号22B，六组社员神仙娃，2003年8月25日。

② 冯幺妹是这样描述全队社员对他的忌惮的："他们娃（指田泰文）关在广元，他是判了7年呢，那年提前一年多出来的。他们那个兄弟和他们老汉儿（指生产队长田兵），（在他放出来前后）在一个生产队处事都不一样。这只是个例子噢，（转下页）

后，六队社员竟无一人敢像原先打算好的一样，通过参股的方式加入进去："他不把钱给你，说赔了，你敢把他哪么（怎样）?（把钱）拿给他不是跟往水里头扔一样？"①

众人没有想到，"竞标"的结果竟是由田泰文独占了整个"铁坝子"，眼睁睁地看着田泰文将自己在生产队外的"弟兄们"招来收铁，按当时的价格，每天的收入应在千元以上，社员们除了在心里咒骂，却也只能望铁兴叹了。

对于竞标的结果，受到打击最大的自然是原先参与竞标的冯、田两方。在冯幺妹看来，这件事情已经不只是挣不挣钱的问题了②："人家就觉得有没有这个钱都无所谓，但我们关系到面子问题，就觉得没面子，所以当时下了那么大的决心，无论如何想办法都要把他弄下来！"③

事实上，只要有人带头，不满的群众是很容易被动员起来的，何况牵涉到每个人的切身利益。在冯幺妹和田成的带领下，六队社员再次找到村镇领导"说理"。尽管竞标、分承包费是全队开会通过的决议，但看到田泰文独占了整个铁坝子，每日买进卖出的纯利不少于千元时，"每个人都清醒过来了"④。而生产队长的儿子独自承包的事实，更使社员们感到推翻田泰文一人独占的局面，是反对干部腐败的正义行为。因此，在去找村镇领导反映情况的过程中，社员们一再强调田泰文父亲的生产队长身份，并提出了改选队长的强

（接上页）你从这件事情就可以推测一下大家的心态：那个刘三娃在我们生产队，都算是有点歪（厉害）的人了，为了点点事情，跟他们兄弟（指田泰文的弟弟田泰武）闹架，就把人家打了一顿。你从这个事情可以想象得出来大家是肯定害怕心虚的。"《PL村访谈实录》磁带编号11，六组社员冯幺妹，2003年8月11日。

① 《PL村访谈实录》磁带编号05，六组社员田泰鑫，2003年8月7日。

② 这里必须提到冯家的背景，冯家老二早年也曾混过黑道，后来一直承包建筑工地，现在是J市有名的成功商人之一，这使得冯家成为整个生产队唯一有力量与田泰文相抗衡的家庭（族）。

③ 《PL村访谈实录》磁带编号11，六组社员冯幺妹，2003年8月11日。

④ 《PL村访谈实录》磁带编号24，六组社员神仙娃，2003年8月25日。

烈要求。

可以看出，田泰文取得承包权虽然有不合程序之处，但社员们推翻原来由他们自己一致达成的竞标协议的根本原因，仍在于分得的100元承包费与收铁巨额利润之间的悬殊差距。因此，他们将分过100元承包费、认可田泰文承包权的事抛到脑后，而唯一能看到的是生产队长竟将铁坝子承包给自己的儿子，这根本就是徇私舞弊。为此，社员们甚至自发聚集在生产队长家门口，迫使其召开社员大会，还大家一个"公道"。而面对在生产队里空前的孤立和来自村镇领导的压力，田泰文独自承包铁坝子大约一周多时间以后，终于同意放弃承包权①，条件是退还他3万元的承包费，同时已经收到的铁归他自己所有。这段时间并不算长，但田仍从中赚取了巨额的利润，"他就收了7天②，这7天就是40多万元，连成本在内，赚多少这个没算，但至少也在20万到30万元了"。③

不管怎样，社员们终于赢得了收铁的权利。全队所有农户均有权参加，仍是以5000元为一股，以户为单位，每户只允许入一股。这是一次规模空前的集体性行动，全队75户中，经济宽裕的以5000元入一整股，不宽裕的以2500元入半股，由于每户一股的限制，实在拿不出钱入股的贫弱户则可以自己的名义替有钱人入股，参与收铁的劳动，从中挣取工资（当然这种合作一般是不被公开的）。总之，几乎整个生产队都卷入其中④，全队共入52股、26万

---

① 冯幺妹认为田泰文放弃承包权是为了保住其父生产队长的位置："他总不至于闹得连自己老汉儿（父亲）的生产队长都当不成了嘛，因为我们这儿面（填田）的时候才刚刚开始开发呢，你想那个才开始，你开发以后若干年，你想嘛要捞好多嘛，这个咋可能一开始就把（队长）弄脱了呢？"《PL村访谈实录》磁带编号11，六组社员冯幺妹，2003年8月11日。

② 各个讲述者所说时间不一，但综合多种说法来看，田泰文独自承包的时间应该超过了一周。

③《PL村访谈实录》磁带编号22B，六组社员神仙娃，2003年8月25日。

④ 社员张杏珍家当时刚借款修了房，无钱入股；王信陶在某建筑工地任职，有稳定收入，看到整个生产队因为收铁闹得乌烟瘴气，愤慨之下不许其家人参与，因此也没有参加。

元，退给田泰文3万元以后，一场集体性质的收铁运动由此展开。

由于冯幺妹和田成在反对田泰文的斗争中表现出色，被推选为新的领导人，分别担任会计和财产保管[1]的工作。而前任村长的儿子田四则毛遂自荐当上了收铁的总负责人。在这个新领导集团的指挥下，52股的持有者被分成两组，24小时轮换一次，每组又选派组长，负责安排当日的过秤、监磅、记录、发钱和场边巡逻人员的工作。而三位领导则主要负责每晚报账、管理好资金，以及最重要的，找到销路，将铁卖出去。这样制度化的运作大概持续了半年，直到耕地改造的工作结束，机务段将要破土动工，六队的收铁运动才落下帷幕。[2]

（二）集体产权在多种原则中的呈现

1. 成员权：界定集体产权的基本准则

（1）成员权与"公平"逻辑

正如许多学者所一致认可的，基于土地集体所有而形成的集体产权结构安排，其根本的界定原则即在于"成员权"[3]——对集体外个体的明确排他性，和在集体成员间的非排他性共同占有。从形式上看，这与盛行于古代欧洲的"公地制度"[4]极为相似。但制度变迁理论（林毅夫，2002/1994）告诉我们，每一种制度安排形成的背后都有着特定的路径依赖。因此，中国乡村社会从传统的地主和自耕农土地私有制，到土改时期"耕者有其田"的小土地所有者制，再经过合作化和人民公社运动发展而来的以土地集体所有为基础的产权结构安排，在处于其间的行动者的实践过程中，被赋予了中国

---

[1] 让田成管钱的更重要原因还在于，社员认为其本身就有钱，私吞大家股金的可能性不大。

[2] 收铁结束的时候，除退还社员5000元的股金以外，每股又分得4000元，这包括红利和社员在收铁期间的劳动报酬。

[3] 关于成员权的讨论，可参见张静，2002；张佩国，2002；周其仁，2002。

[4] 关于公地制度的讨论，可参见Dahlman，1980；Demsetz，1988。

乡村社会所特有的色彩。

而这样浓厚的历史积淀与当代市场经济价值观念究竟是如何共同作用，从而对身处其间的行动者发生影响，可能是另一个更为庞杂的主题，在本文有限的篇幅里，只好绕过不提。这里要强调的只是，历史和现实的影响，使得集体内"人人有份，机会均等"的成员权原则成为中国乡村社会界定集体产权的最基本准则。

在本案例中，可以看到村社成员对这一原则的充分运用。不管是在9人集团之后的"10家"要求加入，还是生产队其他社员对"18家"的反对，抑或最后全生产队联合推翻田泰文独占局面的过程，成员权始终都是争取收铁权利最为强硬的理由，"占的是大家的田，大家都该来收点""露天坝的饭，大家都该吃"①。而对试图垄断收铁权利的一方来说，即使接受这一准则将意味着自己的利益受损，却也无法否认这一原则的基本性。

（2）成员权的实现方式

本案例体现了成员权的两种实现方式：按人头划分和按户划分。

在竞标阶段，从田泰文给生产队缴纳的3万元承包费里，每个社员——不论年龄、性别——均分得了100元。这是实现成员权的第一种方式，即按人头划分，每个个体均享有同等的成员权利，"哪怕是昨天刚生出来的小娃娃呢，今天分钱，那他也有一份。〔问：那为啥子呢？〕唉，你是生产队的人呢，该享受呢！"②

而到全生产队都可以入股参加时，所谓"机会均等"就不再是指每个个体都有权入股，此时参与的条件变成了以户为单位，每户一股。因此，所谓成员权还有第二种实现方式，即以户为单位，集体内每户家庭有相等权利。包干到户以后，家庭再次成为"生产和消费的基本社会单位"、一切"群体所有权的基础"（费孝通，1986）。因此，在以家庭为基本核算单位的乡村社会，将成员权界

---

① 《PL村访谈实录》磁带编号15，六组社员邓嘉苏之妻唐明真，2003年8月20日。
② 《PL村访谈实录》磁带编号09，六组社员谢鼎君，2003年8月8日。

定到户亦是可行的。需要厘清的是，行动者在何种情况下，基于何种考虑，从而采取何种方式来实现他们的成员权利。

对此，笔者的看法是，村社成员对采用何种方式来实现成员权的考虑，仍是基于乡村社会的"公平"逻辑。比如，迫使田放弃承包、全队均有权入股后，虽退还了其承包费，但分给社员的100元却并没有收回，这是因为："那还有些孤儿寡母，人家没得钱入股的，总要给人家认点点……那人家也是生产队的人呢。"①

通过按人头分配承包费的方式，每个个体均享受到了集体产权的分配，尤其对没有能力参与收铁的贫弱者来说，这更是他们作为集体成员的权利体现。谈及在全队入股阶段，每户一股的限制，李戴传说："那肯定是一户一股嘛，那不限制到，你想入几股入几股，到时候你好多分点，那哪么得行？也有入两股的，你没钱入，我给你拿钱，喊你（以自己的名义）去帮我入到，你去收（铁），我给你认点工钱。有这种情况，但是这个是人家自己（私下）商量好了的嘛，不是公开的。"②

可见，在当时普通家庭拿出5000元入股已然非常困难的情况下，每户一股的规定实则是为了限制少数富裕家庭多占股份，从而享受更多的红利分配。如果说按人头分配承包费是为了照顾集体内没有能力的弱势人群，那么按户入股的方式则明显制约了集体内的精英分子更有效地实现自己的利益。"同是一个生产队走出来的人，也不能说哪一个好富了，也不能说哪一个好穷了。"③而这正是村社成员"公平"逻辑的体现。

2. 市场逻辑与集体产权实践

（1）风险原则：发起者的优势

前面已经提到，"成员权"是界定集体产权的基本准则，所以

---

① 《PL村访谈实录》磁带编号07，六组社员田泰鑫，2003年8月7日。
② 《PL村访谈实录》磁带编号27，六组社员李戴传，2003年8月26日。
③ 《PL村访谈实录》磁带编号27，六组社员李戴传，2003年8月26日。

当本队其他社员提出"占的是大家的田，大家都可以来收"时，作为发起者的神仙娃等人并无法否认其他社员的收铁权利。但站在发起者的角度，在收铁的启动阶段，多一人参与，就多一人分担风险，因此是受到欢迎的；而到了利润回报阶段，更多人的加入只能意味着每个参与者所能分得的利润相对变少。因为必须看到的是，这并不是一项投入劳动力越多，越能创造价值的生产性事业，在所能获得的利润一定的条件下，多一个人分享，必然使参与其中的人所得的份额变小。在无法否认其他成员收铁权利的条件下，发起者们创造了新的原则以尽量减小自己利益的损失，即风险的原则。

> 你是要来赚钱，那必须你要出。你越到后头越要担更大的风险，就必须要把我们前头的一切风险要担完！因为我们前头担风险的时候，喊你们来，磕头下话（请求），你们都不来，到时候我们对头了（搞好），你又来，那你必定要担风险。不管再zhua子（不管怎样），这个钱都必须要给我们拿起出来。因为你到了后头，一个（是）创业者，一个（是）来享福的，哪么（怎么）可能说你不担风险呢。这个叫他们的风险金，也叫入股。[①]

虽名为"入股"，但以李戴传为首的后10家的"股份"投资却完全背离了一般意义上的股份制度：首先，做出巨额投资的"股东"们，并未能在收铁集体内占据决策性的地位，尽管从数量上看，他们所占的股份份额远大于仅仅投资了500元的前9人；其次，这笔巨额的股金几乎没有投资在收铁事业上，而是被当作"分红"，在已经加入了收铁集团的成员间平分。显然，这一阶段的所谓入股，并不符合"股份"制的原则，它只是对发起者被迫接受其他成员加入进来而引起的利益损失的补偿。

---

① 《PL村访谈实录》磁带编号07，六组社员神仙娃，2003年8月25日。

应该看到，收铁是一项当地从未有人尝试过的事业，这使得几个发起者最早的收铁行动具有了开创性的意义，而这也正是他们承担"风险"的地方。他们必须担负两方面的成本：打破常规的代价[1]和对该项无法预期的事业的不断投入。[2]因此，在承担了巨大风险的发起者看来，没有经过"创业"阶段的村社成员自然没有资格享受收铁带来的利润。

> 这边（指发起者）说，你先干啥子（什么）去了啊，人家去那个（收铁）的时候，你在看到，人家赚不到钱你就不来，人家赚到钱了你赶忙要来了，你也脸红脖子粗了。那个有各人有各人的一种说法，我们是担了风险的，我们当时把这个铁一收到卖不脱，别人笑我们是瓜（傻）的，那我们现在哪么（怎么）运气好，赚得到钱了，他就说大家都该来赚这个钱，他们感到这个时候，就晓得，都有一张嘴，都要吃饭了。[3]

尽管神仙娃等人无法否认其他成员作为本生产队的一分子同样享有收铁的权利，但他们也不可能放弃自己作为发起者的优势，因此，当提出"要来可以，必须拿5000入股"的条件时，实则是发起者与后来者的权利交易行为：后来者的成员权利得以实现，而发起者的风险亦得到补偿。

（2）承包原则：集体成员的权利让渡

在本案例中，当生产队成员推翻了"18家"的垄断局面而又无力独自组织收铁时，一种新的分配权利的方式——竞标便出现了。集体成员一致同意将收铁的权利转让给出价最高者，并平均分配该

---

[1] "开始他们都不来，说这个捡破烂哪个来，笑我们是瓜（傻）的"，《PL村访谈实录》磁带编号22B，六组社员神仙娃，2003年8月25日。

[2] 不仅是资金方面的投入，更重要的是，发起者将收铁事业导入正轨，进入正常运转阶段的投入。

[3] 《PL村访谈实录》磁带编号27，六组社员李戴传，2003年8月26日。

项转让的收益。可以看到，竞标与其说是拍卖"铁坝子"，毋宁说是村社成员转让自己收铁权利的一次交易行为。"人家吃肉，我们也沾点油珠珠嘛，过后看他哪么整，我们看都不去看一眼了！"① 在村民们无法将自己收铁权兑现的情况下，次优的选择即是通过转让的方式来实现这份权利的经济价值。

需要指出的是，基于成员资格而产生的收铁权利，其转让也只是在集体内的成员间进行的。这就是说，村民们是在承认成员权这一基本准则的基础上引入权利交易的市场原则，从而实现了基于成员权的经济权利在集体内的让渡的。

（3）股份原则：集体内的排他方式

德姆塞茨在《关于产权的理论》中指出，当一种公共资源的价值上升时，公众总是倾向于将这种资源的产权界定得更加清楚；此种观点遭到了约拉姆·巴泽尔（Yoram Barzel）的反对，他认为决定产权界定的不是资源的总价值（租），而是资源对特定个人（潜在寻租者）的价值减去攫取资源所需的成本（寻租成本），即资源的净价值（净租）（转引自汪丁丁，2002/1997），而这似乎是对收铁权利从个人的单独承包又转变为全体成员共同参与的最好解释。

另一个问题是，收铁是一项成本极低的事业，在全队成员都参与的情况下，为何仍需要每户入股5000元之多呢？六组成员李方群一语中的："那还是希望有人可以不来嘛。"② 对于追求收益最大化的理性行动者来说，界定集体产权的原则可谓灵活多样。诚然，根据成员权原则，不能排除每户家庭参与的权利，但新的原则——股份的引入，又使每户家庭所获得的利润不尽相同：无钱入股的，就不能以股东的身份享受分红；只有能力入半股的，其所得分红显然只能为整股股东的一半。在平等的参与权基础上，以投入的资本作为

---

① 《PL村访谈实录》磁带编号21，六组社员李方群，2003年8月24日。当然，前面已经指出村民们对这次竞标实际各有想法，但并不妨碍我们将其看作一次权利交易行为。

② 《PL村访谈实录》磁带编号21，六组社员李方群，2003年8月24日。

衡量获利多少的标准，是对市场经济时代下的集体产权的新解读。

3. 集体产权实践中的乡土原则

（1）人情：来自熟人社会的压力

对于产生于传统文化的"人情""面子"等概念，已有学者做出了卓越的研究（King，1994；Hwang，1992），它是中国社会人际交往中特有的方式。而在将传统文化保存最为完整的乡村社会，"人情"与"面子"更是个体基本的行动准则，即使在对经济权利的分配中，亦不难发现人情法则的作用。

当收铁集团的规模扩大到"18家"时，形成了生产队其他社员与这18家对峙的局面。显然，已经取得了收铁权利的人，无论是前面的9人集团，还是后来以5000元入股的"10家"都不愿看到有人无偿取得收铁权。但后10家作为"本分人"，并没有能力制止这一情况的发生，唯有寄希望于拥有暴力优势的前9人。而站在这9人的立场，尽管采用暴力能够继续维系他们的收铁权，但将要付出的"人情"成本却使他们宁愿放弃这一部分经济利益。这是因为在流动性极低的乡村社会，再强势的个人也无法承担完全被孤立的社会成本。"这一辈子总还要这个地方活人，总不能把人都去得罪了。"①

对于整日与土地打交道的普通农民来说，现实生活的艰难与自身力量的微弱，更使他们倚赖于熟人社会的守望互助，因此"多给面子，少得罪人"即是他们的基本行为策略。在对收铁利润的分配过程中，这一点体现得尤为明显。在收铁中担任"领导"的田四等人提出应拿出1万元利润由他们平分，因为作为领导的他们在其中担负了更大的责任和风险。这一说法并不能得到村民的认同，他们觉得同是投入了5000元的股东，大家应该是平等，"即便你在这中间出了脑力，那我们也付出了体力啊，两相抵消嘛，凭啥子你们要

---

① 《PL村访谈实录》磁带编号22B，六组社员神仙娃，2003年8月25日。

多分？"[1]

  领导者"能者多劳、多劳多得"的逻辑与普通村民"参股平等、按股分红"的原则可谓势均力敌，但对后者来说，坚持自己的分配原则无疑会比身为领导的精英分子[2]付出更大的人情成本。在村社这样一个守望互助的熟人社会中，得罪人无疑是为自己将来的生活设置障碍，更何况"领导"们均是本组有财有势的精英分子。在今后生活中存在着可能求助于精英分子的强烈预期，使得普通村民宁愿放弃自己当下的一部分收益，对精英分子"送人情、给面子"，以换取后者在未来适当时机的"回报"。而更能说明这一点的是，除了三位"领导"外，在田四的提议下，"队长"田兵也被赋予了享受这一部分额外奖金的资格，这也并未遭到其他成员的反对。但也存在反面的例证：王宏鸣作为生产队里的精英分子之一，并不怕因得罪人而"堵住自己今后的门路"，竟要回了1万元里属于自己的份额，即平分成52份后的180元。对于同样强势的王宏鸣来说，按股分红的市场原则就比"送人情"的乡土原则更加有效了。

  （2）强权：潜在的声音

  必须看到，在温和的人情原则之外，乡土社会同样存在强权的威慑。本案例中，这种威慑一方面来自神仙娃等人潜在的暴力威胁，另一方面也源于生产队精英分子在财力和权力上的压力。前面已经提到，"平均即公平"是村社成员一贯的逻辑，因此，当人们采用成员权原则作为集体内权利分配的基本准则时，也即意图使这种权利分配尽量平均。但本案例给我们的启示是，不能如结构主义者所做的那样，把"场域"——比如村社中的行动者——看作等质的原子，事实上这些行动者本身有着强势和弱势的区别，而他们之间又存在着难以为外来观察者所察觉的种种错综复杂的关系，这才使得集体产权在成员内部的界定并非像人们所想象的只是由成员权

---

[1] 《PL村访谈实录》磁带编号28，六组社员王宏鸣，2003年8月26日。
[2] 关于这几个人的背景，本文前面已有介绍。

来加以决定那么简单。比如本案例中，尽管后来想要加入的社员在要求分享收铁权的过程中，一再试图将成员权作为高于一切的原则，但出于对"打架精英"①的忌惮，仍然认同了拥有暴力优势的神仙娃等人所提出的风险原则，从而以5000元的巨资入股；而在田泰文独包铁坝子以后，也不敢与其正面冲突，而是用威胁要求撤销其父生产队长职位的策略作为谈判的筹码，最终虽迫使田放弃了承包权，但在这段极短的时间里，田仍然赚取了巨额的利润；而在最后的分红过程中，亦不是完全的平均分配，普通社员宁愿自己当时的利益受损，也不愿得罪在生产队里有着财力和权力优势的成员，因为在此时"送人情"给强势的邻居，将大大提高他们在今后生活中获得帮助的可能性。

在本案例中，暴力、财力和权力是构成村落社会强权的三个主要因素，它们在村社成员间的不均匀分布，造成了每个个体之间的力量差异和复杂的关系格局，正是在此基础上，才使得体现着乡村社会"公平逻辑"的成员权分配原则并不能成为集体产权界定的唯一准则，因为不管是强势还是弱势的成员，总是试图援用一切可能的道义资源最大化地实现自己的利益，从而使集体产权的界定在多种原则中得以呈现，而这亦使强权本身成为影响集体内权利分配的一种力量。不过此处仅意在指出这一点，至于村落社会内存在的强权以及由此造成的成员间不对等的权力关系则又是另一个主题，这里不再赘述了。

（三）集体产权的实践：一个动态的过程

如前所述，笔者赞同将产权视为行为者基于界定某物的占有、使用、支配而形成的相互认可的行为关系，并采用了产权学派的分析视角——以个人作为产权分析的单位。基于此，笔者认为，集体

---

① 神仙娃对他们一伙人的称呼，《PL村访谈实录》磁带编号24，六组社员神仙娃，2003年8月25日。

产权亦只能通过在具体的经济事件中，将权利界定到特定个人来得到实现。而通过对PL村六组收铁事件的分析，笔者试图表明，基于土地的集体所有而产生的集体产权在当代农村社会的实践中有着丰富的界定准则，虽然基于传统社会和公社时期的集体概念而形成的成员权原则是集体内权利分配的最基本准则，但同时我们也可看到传统文化所积淀下来的人情原则，以及风险、竞标、入股等市场原则的作用。这多种原则的不断碰撞，使得集体产权的界定总是处于动态的均衡状态中。

而另一个将产权界定视为动态过程的原因也在于，基于这种相互认可的行为关系，一旦行为者的认知发生改变，原先达成的产权安排就会被打破，并通过行动者的再次界定达成新的共识。本案例中，成员们集体反对田泰文承包铁坝子即是一例。尽管竞标本是集体成员一致通过的决议，且通过分享承包费，也默认田获得了承包权。这时可以说，权利转让已经实现，而对铁坝子产权的界定也就形成了。但看到田从铁坝子中得到每日上千元的利润，原来愿意出让收铁权的村民们忽然意识到，从承包费中分得100元，还远不能实现自己的经济权利。于是，已经形成的均衡局面被产权界定的一方——村民所打破，只有最终当全队成员共同承包、按资入股、按股分红时，每个成员才认为自己在集体的利益分配中得到了合理的份额，而关于收铁的集体产权在大家的共识下再次达到了均衡。

五、结 论

（1）对集体产权的理解可以分为三个层面。

第一，从集体与国家的关系来看，自20世纪上半叶以来，中国农村地区所经历的制度变迁多是在暴力革命或国家行政性力量主导下的"强制性变迁"（林毅夫，2002/1994），它与以市场力量为主导的"诱致性"制度变迁的最大不同即在于，在此基础上形成的产权制度安排无法将国家的力量排除在外，这就可以把中国农村的集体产权与西方"公地制度"区分开来，因为前者对国家或国家的代理人——政府从不具有排他性的特点。

第二，排除了国家力量的压力，可以看到集体产权所表现出来的清晰的排他性特点。这种排他性以村社所有的土地为边界，但它又不仅仅局限于对村社土地权利的划定。从本文的案例研究来看，一切附着于土地上的或由土地所延伸出来的经济权利，都在村社集体产权的范围之内，甚至在村社土地已经消失的情况下，原来的土地边界也仍是为社会所认可的集体产权的界定标准。

第三个层面即着眼于集体成员间的权利分配。本案例研究表明，将集体产权视为"集体组织"所有的产权结构只是一种想当然的理解，事实上，即使是集体产权，也最终表现为集体内成员间的权利分享。而作为总是追求利益最大化的理性行动者来说，其力图为自己争取更大的"蛋糕"份额的理性行为，使集体产权在成员间的分配呈现出相当的复杂性。

（2）尽管集体产权是一项自上而下的制度安排，但行动者对它的主观建构却赋予其更为深刻的内涵，这即是集体产权的实践逻辑之所在。需要再次强调的是，本文并非是对集体产权的纯粹经济学意义上的分析，而是引入了社会学的视角，将产权作为体现着乡村生活中的社会结构及其运行机制的一项最基本的制度安排来加以论述。

在这样的视角下，集体产权在乡村经济生活中的实践逻辑可以从前述的三个层面来加以认知。首先，在集体与国家的关系中，由于归属于集体所有的产权并不能将国家排除在外，因此也就无法通过所有权转让的方式取得与国家谈判的地位，但这并不意味着集体成员在面对国家时，放弃了自己权利的实现。从本文所述的征地案例可以看到，地方政府最初做出的"136"补偿政策并非不能满足村民们的基本生存需要，只是使他们感到自己的权利并未得到充分的实现。本文提出了"类所有权"的概念，试图以此来描述农民自己对土地权利的认知——尽管他们清楚地知道自己对土地仅拥有使用权,但这种使用权的长期性和等同于他们职业的专属性,又使得这种权利区别于一般意义上的使用权而具有了类似于所有权的特征。正是在此基础上,才能看到"136"的补偿政策使农民不满的真正原因,并不在于它让农民"吃不起饭",而是农民在这场与国家的权利交易中感到了严重的不平衡、不对等,从而才有了集体产权在本案例中实践逻辑的体现:处于乡村社会中的行动者充分利用了社会主义产权制度安排所必然造成的个体对国家、组织的依附性关系,构建了农民"没饭吃"、向政府"要饭吃"的情境,从而将关于土地权利转让的谈判策略性地变通为对生存权的诉求,迫使政府做出了让步。

而集体产权在面对周边村社组织、个人时所具有的清晰的排他性,亦在实践中有着生动的体现。以属于村社所有的土地为边界,本是各个村落划清地界的标准;但在农村日益城市化的背景下,它也成为村落社会界定产权归属的基本坐标,任何附着于土地或从土地延伸而来的经济权利,都被乡村社会认可为理当由原来拥有该土地的村社所有。最为典型的例子莫过于,PL村土地被征用以后,建筑商来此承包修建新的单位,却没有选择由谁来拉运建材的自由。因为"占的是六组的地","夺的是六组人的饭碗子",那么给建筑工地拉货也就理应是六组运输队所专属的权利,尽管如此做法只会大大提高建筑商的成本。由此可见,"地界"作为各村社界定产权的标准,在村民的生活实践中,被赋予了极为广泛的外延。

最为复杂的实践逻辑仍是集体产权在成员内部的分配,行动者策略性的主观建构也体现得最为明显。首先要看到的是,在传统社会家族共财观念和公社时期的绝对平均主义基础上形成的"财产均分、人人有份"的成员权原则,是集体产权在其成员内部进行分配的基本准则。因为不管是基于对共有产权的理解,还是出于对传统社会地方利益共同体的认同,由成员资格而来的对集体共有财产先赋的享有权都是为社会所普遍认可的标准,因此也是最难以被否定的。所以，成员权始终是集体内行动者在争取自己权利时所能援用的最为有力的资源。

但集体产权在成员内得以实现的复杂性就在于，行动者对这一基本准则并不是被动地遵从，相反，他们会从自身的理性计算出发，在认同成员权原则的基础上，巧妙地引入其他原则，从而在集体内的权利分配中取得最大限度的利益。在本文描述的收铁事件中，可以看到基于市场交换理念而产生的风险原则、投标原则、入股原则，和存在于乡土社会中的人情计算、强力威慑都在不同程度地影响着经济利益在集体成员间的分配。而处于其间的行为者们站在不同立场，总是从自身利益最大化出发，灵活地运用多种原则来建构符合自身利益的"集体产权"分配结构，甚至我们可以看到，随着行为者立场的转换，其所用的原则也随之改变（比如，以李戴传为首的5000元入股的"后10家"，在要求加入时，极力以成员权原则来强调他们参与的权利，但加入收铁以后，作为参与的一方，在面对更多集体成员要以同样的理由加入的要求时，风险承担和成本计算的市场原则就比成员权原则显得更为重要了）。

（3）产权作为行动者基于对经济品权利的相互认可而形成的行为关系，必然是一个动态的均衡的过程。从前面的分析也可看到，这种均衡是在参与产权界定的行动者达成共识的基础上形成的。这种共识一旦形成，产权也就在不同行动者之间得到了界定；但由于行为者的认知总是在不断变化，这样的均衡局面也就总是被打破，同时又不断在新的共识基础上达成另一次新的均衡。而通过对这种动态均衡的产权关系的分析，我们也就能理解行动者行为的意义及存在于他们之间的复杂的权力、利益关系，进一步地，我们亦能洞察乡村社会的结构及其运行机制，这不失为用社会学视角来分析经济现象的一次有益的尝试。

（本文原载《社会学研究》2005年第1期）

参考文献

阿尔钦，2002/1994，《产权：一个经典注释》，载于科斯、阿尔钦、诺斯等：《财产权利与制度变迁——产权学派与新制度学派译文集》，上海：上海三联书店。

约拉姆·巴泽尔，2002/1997，《产权的经济分析》，费方域、段毅才译，上海：上海三联书店。

成汉昌，1994，《中国土地制度与土地改革——20世纪前半期》，北京：中国档案出版社。

陈翰笙，1984，《解放前的地主与农民——华南农村危机研究》，北京：中国社会科学出版社。

党国英，1998，《论农村集体产权》，《中国农村观察》第4期。

诺斯，1992，《经济史上的结构和变迁》，厉以平译，北京：商务印书馆。

——，1994，《制度、制度变迁与经济绩效》，刘守英译，上海：上海三联书店。

杜赞奇，1992，《文化、权力与国家——1900—1942年的华北农村》，王福明译，南京：江苏人民出版社。

费孝通，1986，《江村经济——中国农民的生活》，戴可景译，南京：江苏人民出版社。

龚启圣、刘守英，1998，《农民对土地产权的意愿及其对新政策的反应》，《中国农村观察》第2期。

韩丁，1980，《翻身——中国一个村庄的革命纪实》，韩倞等译，北京：北京出版社。

黄宗智，1986，《华北的小农经济与社会变迁》，北京：中华书局。

孔维东，2000，《我国农地产权制度研究》，北京大学城市与环境学系硕士研究生毕业论文。

柯武钢、史漫飞，2002，《制度经济学：社会秩序与公共政策》，韩朝华译，北京：商务印书馆。

刘世定，2003，《占有、认知与人际关系——对中国乡村制度变迁的经济社会学分析》，北京：华夏出版社。

刘守英等，2002/1994，《译者的话》，载于科斯、阿尔钦、诺斯等：《财产权利与制度变迁——产权学派与新制度学派译文集》，上海：上海三联书店。

林毅夫，2002/1994，《关于制度变迁的经济学理论：诱致性变迁与强制性变迁》，载于科斯、阿尔钦、诺斯等：《财产权利与制度变迁——产权学派与新制度学派译文集》。

马克斯·韦伯，2002，《社会科学方法论》，韩水法、莫茜译，北京：中央编译出版社。

思拉恩·埃格特森，1996，《新制度经济学》，吴经邦等译，北京：商务印书馆。

孙立平、王汉生等，1994，《改革依赖中国社会结构的变迁》，《中国社会科学》第2期。

汪丁丁，2002/1997，"中译本序"，载于巴泽尔：《产权的经济分析》，费方域、段毅才译，上海：上海三联书店。

吴畏，2002，《另一种"科学"——论社会科学的科学本质》，《自然辩证法研究》第18卷第8期。

姚洋，2000，《中国农地制度——一个分析框架》，《中国社会科学》第2期。

张静，2000，《基层政权——乡村制度诸问题》，杭州：浙江人民出版社。

——，2002，《村社土地的集体支配问题》，《浙江学刊》第2期。

张佩国，2000，《地权分配·农家经济·村落社区——1900—1945年的山东农村》，济南：齐鲁书社。

——，2002，《近代江南乡村地权的历史人类学研究》，上海：上海人民出版社。

周其仁，2000，《公有制企业的性质》，《经济研究》第11期。

——，2002，《产权与制度变迁——中国改革的经验研究》，北京：社会科学文献出版社。

折晓叶，1996，《村庄边界的多元化——经济边界开放与社会边界封闭的冲突与共生》，《中国社会科学》，第3期。

折晓叶、陈婴婴，2000，《产权制度选择中的"结构—主体"关系》，《社会学研究》第5期。

《中华人民共和国土地管理法·中华人民共和国土地管理法实施条例》，2003，北京：法律出版社。

Alchian, A., 1965, "Some Economics of Property Rights." *Il Politico*, 30 (No.4)

——, 1987, "Property Rights." in J. Eatwell, M. Milgate & P. Newman (eds.), *The New Palgrave: A Dictionary of Economics*. London: Macmillan, and New York: Stockton Press.

Alchian, A. & Demsetz, H., 1973, "The Property Rights Paradigm." *Journal of Economic History*, vol.33.

Bromley, Daniel, 1991, *Environment and the Economy Property Rights and Public Policy*. Cambridge, MA: Basil Blackwell.

Blecher, Marc & Shue, Vivienne, 1996, *Tethered Deer: Government and Economy in a Chinese County*. Stanford: Stanford University Press.

Chan, Anita, Madsen, Richard & Unger, Jonathan, 1992, *Chen Village under Mao and Deng*. Berkeley: University of California Press.

Dahlman, Carl J., 1980, *The Open Field System and Beyond: A Property Rights Analysis of An Economic Institution*. Cambridge: Cambridge University Press.

Demsetz H., 1988, *Ownership, Control, and the Firm*. Oxford: Basil Blackwell Inc.

Furubotn, Eirik & Pejovich, Svetozar, 1972, "Property Rights and Economic Theory: A Survey of Recent Literature." *Journal of Economic Literature* 10: 4.

Hwang, Kang-kuo, 1992, "Face and Favor: The Chinese Power Game." *American Journal of Sociology* (4).

King, Ambrose Yeo-chi, 1994, "Kuan-his and Network Buliding: A Sociological Interpretation." *Daedalus* 120(2), Republished in Tu Wei-ming (ed.) *The living Tree: The Changing Meaning of Being Chinese Today*. Stanford: Stanford University Press.

Kornai, Timur, 1990, "The Affinity Between Ownership Forms and Coordination Mechanisms: The Common Experience of Reform in Socialist Counties." *Journal* of *Economic Perspectives* 4: 3. kung, James Kai-sing, 2000, "Choice of Land Tenure in China: The Case of a County with Quasi-Private Property Rights." The working paper of Social Science Division of HKUST (not being published).

Li, David D., 1996, "A Theory of Ambiguous Property Rights: The Case of the Chinese Non-State Sector." *Journal of Comparative Economics*, v.23, n.1 (Aug.).

Lenski, Gerhard, 1966, *Power and Privilege: A Theory of Social Stratification*. New York: McGraw Hil.

Litwack, John M., 1991, "Legality and Market Reform in Soviet-Type Economies." *Journal of Economic Perspectives* 5: 4.

Moore, John H., 1967, "Toward a Theory of Property Rights." *The American Economic Review*; Vol. 62 (May), Issue 5.

——, 1981, "Agency Costs, Technological Change, and Soviet Central Planning." *Journal of Law and Economics* 14: 3.

Nee, Victor, 1983, *State and Society in Contemporary China*. (eds.) by Victor Nee & David Mozingo, Ithaca, N. Y.: Cornell University Press.

Oi, Jean C., 1989, *State and Peasant in Contemporary China: The Political Economy of Village Government*. Berkeley: University of California Press.

——, 1999, *Property Rights and Economic Reform in China*. (eds.) by Jean C. Oi & Andrew G. Walder, Stanford, Calif.: Stanford University Press.

Parish, William. L., 1985, *Chinese Rural Development: The Great Transformation*, (ed.) by William L. Parish. Armonk, N. Y.: M. E. Sharpe.

Parish, William L. & Whyte, Martin King, 1978, *Village and Family in Contemporary China*. Chicago: University of Chicago Press.

Riker, William H. & David L. Weimer, 1993, "The Economic and Political Liberalization of Socialism: The Fundamental Problem of Property Rights." *Social Philosophy & Policy* 10. 2.

——, 1995, "The Political Economy of Transformation: Liberalization and Property Rights." in Jeffrey S. Banks & Eric A. Hanushek (eds.) *Modem Political Economy: Old Topics, New Directors*. Cambridge: Cambridge

University Press.

Siu, Helen F., 1989, *Agents and Victims in South China: Accomplices in Rural Revolution.* Yale University Press.

Walder, Andrew G., 1995, *The Waning of the Communist State: Economic Origins of Political Decline in China and Hungary*, (ed.) by Andrew G. Walde. Berkeley: University of Califonia Press.

——, 1992, "Property Rights and Stratification in Socialist Redistributive Economies." *American Sociological Review*, Vol. 57, No. 4 (Aug).

Weimer, David L., 1997, "The Political Economy of Property Rights." in *The Political Economy of Property Rights* (ed.) by David L. Weimer. Cambridge University Press.

Whyte, Martin King, 1974, *Small Groups and Political Rituals in China.* Berkeley: University of California Press.

产权怎样界定
——一份集体产权私化的社会文本

折晓叶　陈婴婴

产权是一种社会基本权利关系的制度表达，它与法权的不同之处在于，实践中的产权不是一种条文、律例或规定，而是一种留有解构和建构空间的制度安排。关于这一问题的讨论大多是在新古典经济学继而新制度经济学的产权理论框架中进行的。引入产权分析也是中国学者在理解和提供改革方案时的一项重要工作，特别是乡镇企业由早期成功走向后期改制的经历以及国有企业面临的改革困境，都促使人们重视对产权经济学范式的追求。而这一范式的基本逻辑，是以私有制作为产权清晰的最终参照，由此推论出并明确了"只有界定清楚的产权才能有效率"的结论。

然而，这一解释逻辑在中国却遇到了挑战。首先是"产权模糊"的乡镇集体企业作为一个"例外"，在改革初中期曾提供过异常成功的经验。其次是"产权明晰"并没有能够解决乡镇集体企业后期改制中存在的诸多实践难题。例如，为什么在同一地区相同的市场条件下会出现不同的产权选择？有些乡镇企业并不主动改制甚至抵制改制？（张军、冯曲，2000）而且，为什么相当数量的企业在改制后仍然不能避免失败的命运？实际的情况是，乡镇企业原本就存在多种产权模式，在产权选择上甚至出现"一村一制"的多样性（折晓叶、陈婴婴，2000b），而每一种模式又都有成功和失败的例子。由此看来，产权理论至少在解释乡镇企业多样化的产权选择上，即在实证解释方面，尚缺乏内在逻辑性，还不能既解释私有制的成功，又解释"集体制"的不败。

这些来自当代中国乡村实践的难题，其实是在引进产权经济学的基本概念框架下分析问题的结果。关于"实践知识"相对于"认识论知识"而产生的"悖论"和"抵触"，已有一些经典的研究成果（黄宗智，1993，2005；斯科特，2004/1998：7；孙立平，2002）。相对于企业改制来说，无论是"国企"还是"集体"，目前似乎也都面临着类似的悖论问题：没有产权就没有真正的市场（张维迎，1995，1999）；而没有真正的市场，产权是难以界定的（林毅夫、蔡昉、李周，1997；转引自平萍，2004）。这就给我们提出一个值得认真思考的问题：在当前市场制度不健全的环境下，产权在大规模改制运动中是否可以被合理界定？实践中的产权又是怎样被界定的？

目前，经济学对上述问题的争论尚难以走出困境。新近一些从组织社会学制度学派和"关系网络"学派以及人类学解释逻辑出发的研究，为解释上述悖论问题提供了一些新的思路。倪志伟等在研究"非正式或自发私有化"时指出，在政府反对大规模私有化的情况下，经济活动者转而追求非正式的私有化策略。这里的非正式私有化，是指在社会的意义上将公有财产的产权交给私人，这种移交是宪法所不承认的，因而也就不受法律的保护。非正式私有化是以对资源使用权的社会认知为基础的，它有赖于已经形成并正在发挥作用的社会关系（Nee & Sijin Su，1995；转引自孙立平，2002）。彭玉生进一步指出，非正式产权与非正式规则的运作有关，这些规则涉及谁应该控制并从稀有资源中获取收益。家庭团结和信任将有助于产权中那些非正式规则的实施（彭玉生，2002）。林南等则强调了家庭网对集体产权渗透的意义，认为集体制企业私有化的有效途径，是通过家庭网对股份制进行有效利用（Lin & Chen，1999：145—170）。这些研究提出，在市场制度不完善的条件下，产权存在被社会关系网络非正式地界定的可能性。另一些研究指出，产权不仅存在被非经济因素界定的可能，而且并不总是被效率原则所驱使,它还受到政治过程、文化观念等社会性因素的影响;并且,这些因素的不确定性还使产权处于被反复界定的状态。张静在研究农村土地纠纷处理问题时强调了权力和利益关系的重要性,指出土地使用权的界定并不是建立在稳定的法律制度之上,而是常常随着政治权力和利益集团的参与而不断变化,产权归属表现出极大的弹性(张静,2003)。张小军则使用"象征地权"概念,来解释"地权可能通过政治权力的强迫或者社会观念的改变而改变"的现象(张小军,2004)。申静和王汉生的研究从一项集体土地产权遭遇反复界定的实践中,发现产权实际上是"对行动者之间关系的界定",从而得出"成员权是界定集体产权的基本准则"的结论(申静、王汉生,2005)。而更进一步的研究则切入产权概念主题,试图与经济学概念分析框架进行对话。刘世定对"产权"这一概念及其分析框架在中国问题上的概括力和解释力提出质疑,他根据乡镇企业的经验,寻找到较之产权更为基础的概念"占有"——作为工具(刘世定,1996),继而提出"关系合同"概念,认为合同只部分依靠法律体系,部分嵌入人格化的关系体系之中。后者发生在正式合同缔结之后,由那些经营代理人在相对独立地从事经营活动的过程中和他的经营伙伴缔结而成,并使合同嵌入他们之间的关系(刘世定,1999b)。周雪光则着眼于组织与其环境即其他组织、制度环境或者内部不同群体之间稳定的交往关联,进一步提出与经济学理论中"产权是一束权利"不同的"关系产权"概念,以此强调"产权是一束关系"这一中心命题,从而提供了一种与经济学产权理论不同的全新思路(周雪光,2005)。

本文对产权界定的研究与上述思路较为贴近,不过,我们更强调集体产权的社会合约规定性,着重于揭示"缔约—解约—再缔约"的动态界定的社会过程。我们的研究还只限于对村社区类集体产权的分析,而且尚未涉及其中"以市场方式聘用企业家"的类型,因此,并不试图对共有产权的一般形态和问题做出解释。本文特别关注到,在20世纪90年代中期以来的乡镇企业改制中,"集体资产退出"是一条基本路径,然而,最令人困惑的却正是这一集体资产的边界和归属为什么会变得如此的难以界定。我们需要追问的是:一项按法定规则界定的名义产权为什么会遭遇到反复界定?界定的依据又是怎样发生变化的?"集体"为什么在正式的制度安排中表现出"弱势"性格,既不具有"回收"资产和投入的能量,又不具有讨价还价的资本和能力?而其间隐含更深一层的问题还有:在集体制的制度框架和意识形态下,何以最终会产生出排斥集体的力量?

一、社区集体产权:一种社会合约性产权

合同、企业治理结构和企业所有权,是同一事物由具体到抽象的三级层面(参见张维迎,1999),合同双方是否为独立法人与合同是否能够执行有关,因此,合同关系与产权关系有重要关联,可以通过前者来透视后者。本文将在同一种意义上使用合约、合同和契约概念并从广义上加以理解,即任何两个经济实体的双边关系,甚至多边关系,都可以称为合约关系。合约可以是正式的,具有法律效力的;也可能是非正式的,建筑在社会期待之上的(周雪光,2003:221)。所谓社会性合约所指的就是这后一种合约。

我们在讨论乡镇企业的性质时曾经指出,经济学有关企业是"一种或一组市场合约"的中心命题,并不能够对"不规范的市场"中的"非常规"的乡镇企业,特别是村办企业的本质特征做出令人信服的解释。原因在于,乡镇企业产生于社区母体之中,并不是一种纯粹的"市场里的企业",它同时也是一种"社区里的企业",不仅企业的经济活动深深"嵌入"社区的社会关系结构之中,而且非正式合约在解决产权问题上具有特别重要的作用。在我们看来,非正式合约不仅是建立在经济原则基础之上的交易合约,而且是建立在社会合法性基础之上的以互惠交换为核心内容的社会性合约。这种情形下的企业,就不仅是"人力资本和物质资本的特别合约"

（周其仁，1996a），还是一组包含人力资本和社会资本（含制度资本）的特别合约（折晓叶、陈婴婴，2004）。

这样一来，如何理解村落社区企业的"合约"性质，就成为一个理论难题，一个需要对以往的市场合约理论做出某些修正和补充的难题。在村域里通行的社会性合约，其本质也是规定权利关系，特别是对人们预期中的收入和资产在占有和使用中的互惠权利关系进行认定。在这类合约中，约定者关注的不仅是其未来的收益，而且在意其声望、声誉、信任以及互惠承诺；投入的也不仅是土地、人力或资金，而且还有他们的互惠期望、社会期待、信任和忠诚，以及机会成本和风险。这是一种隐含的非正式的社会性合约，它在确定企业事实上的产权安排中具有重要的作用。

对合约的这种理解，较接近于涂尔干对契约的解释："在契约里，并不是所有一切都是契约的。"（涂尔干，2000：185）所不同的是，涂氏所强调的契约中内含的道德和法律等要素是非契约性的，契约等同于交易；而我们这里所说的社会性合约，其核心要素是互惠和交换，是一种对交易合约残缺或不足予以补充的合约。这样理解的社区集体企业的合约关系，就不是一种处于一切社会规范之外的纯粹经济交易，而是包含有社区互惠规范作用的社会交换关系。这种社会交换关系之所以不同于经济交易，是因为它难以确定或者并不期待等量的交易价值，但却追求互惠和回报，并以达成就业、福利、保障、发展等社会性目标为直接目的。

这种社会性合约，是在集体"带头人"的人力资本与社区成员的合力所聚成的社会资本之间达成的。对于村组织和创办企业的带头人来说，这一合约具有动员村民广泛参与并以合作方式支持非农化的作用。工业化初期，许多村庄并没有任何集体积累资金可以投入，所谓的"集体"并不是一个有现值的经济实体，只不过是一个有盈利预期的、有待重建的社区共同体。对于创办者来说，如果有一个可以提供信任、可以运用非市场原则处理经济合作和冲突问题、可以承担转嫁的企业风险，又可以容忍他从多次失败和损失中增长才干的社会场域,就显得十分重要。达成社会性合约,就可以使他从一开始就进入一个社区合作环境,找到一个可以使其人力资本积累和增殖的社会支持系统。在这个系统之中,他为增长才干所付出的经济成本,就会因为社区提供的土地和劳力低廉而降低;他所付出的社会成本,也会因为熟人社会的信任和忠诚以及稳定的社会关系而变得很少;甚至他所经营的企业的风险也转由社区来承担了(折晓叶、陈婴婴,2004)。

对于社区成员来说,工业化导致他们的"土地权"向"就业权"转换。原来可以分割清楚的地权,经过非农使用后,不再能够分割,而是转换成了非农就业权和集体福利享有权。以往对集体产权的研究,或者只针对土地产权,或者又只针对企业产权,并不关注二者转换过程中权利合约的变化。而土地权向就业权和福利享有权转化时,提出的正是社会性合约问题,因为企业的市场合约所遵从的经济理性不再能够保证村民就业权和福利权的实现,而社会性合约所补充约定的恰恰是这一类建立在共同体合作关系基础之上的基本权利。

按照我国法律对集体企业产权的界定,集体企业的财产是一种高度抽象的"劳动群众集体"(一定社区或企业的劳动者集体)所有形态。虽然我们从产权理论出发,可以发现这一规定把集体所有权界定成了一种看不见、摸不着的悬空状态的所有——这种所有,使集体所有的权利主体高度模糊化,既难以体现为集体成员的个人所有权,又不能体现为集体组织的法人所有权(孔祥俊,1996),但是,我们还是可以发现其中隐含着成员权是集体产权的基础这一命题,实践中的集体产权也正是按照这一命题来运作的。

成员权是一种建立在共同体成员身份和关系基础上的共享权利,表明的是产权嵌入社会关系网络的状态。研究产权问题的学者,容易将"由于稀缺资源的存在和使用"所引起的人们之间的行为关系作为产权制度的内核,从而忽略产权发生的既定社会关系背景的作用。按照本研究的理解,产权嵌入社会关系网络之中,这不仅是指由于物的使用确定了人们之间的社会关系,也是指社会关系网络的性质可以影响到物的使用方式,包括产权"排他"的边界、权利的明晰程度以及它所产生的效率和激励效果等。特别是对于产生于村社区母体的共有产权来说,这种"结构性嵌入"就更加明显,甚至于社区母体的社会关系的性质决定着资产聚集和分割的渠道。从这个意义上说,不是交易引起了关系,而是关系引起了交易。

在谈到工业集体成员权问题时,还有两点需要明确:

第一,在村社会,即便是工业化后的村社区,所谓"集体(共有)产权",也总是要站在村落共同体的立场上才能表达,它不只是包含共同财产权或等同于财产权,而且包含与社会关系相联系的成员资格和权利,甚至包含嵌入于共同体社会关系网络中的"人权"。例如,以生存理性支配下的使用共同财产的就业权利、为规避经济不确定性带来潜在危害的合作权利、摄取由社会网络承载的稀缺资源并由此获益的成员资格权利,等等。特别是经过二十余年的集体工业化过程,工业共同体的运作还使"共有"成为一种被制度化了的文化,使村集体不只表现为一种经济形式,也表现为一种"社区共同体"的社会形态和社区合作文化。因此,我们可以看到,村民所获得的集体产权是一种有限排他的不完全的产权形态,它嵌入社区共同体的关系网络之中,是由共同体的成员关系来界定的。

第二,需要对不同制度环境下村民是如何获得又如何丧失"集体产权人"的成员身份加以区别。在农业集体制时期,村民的集体成员资格是一种"天赋人权",是从户籍身份中自然获得的。而且,这种成员资格的获得与土地产权的获得有某些关联之处,也是伴随社会政治运动直接重新分配土地产权的结果。而通过政治运动制造了所有权的国家,同样可以通过政治运动改变所有权(周其仁,2002:9—10)。因而,集体成员的身份在某种意义上说也是国家赋予的,它的获得和丧失都不完全取决于个人或共同体。村庄工业共同体的形成则与此不同,它是由"土地使用权人"和"共同创业人"两种资格来确定成员身份的。原来的天赋人权由家庭联产承包责任制时的"分田人头"重新加以确定，成为新的工业共同体成员资格的基础条件，但这绝不是必然条件，有没有参与工业创业，是获得成员资格的另一维坐标。在本文所涉及的案例村和周边村庄可以看到，只有这两种身份重合者才是当然的成员，有"分田人头"资格但没有参加工业创业者，如常年外出做生意而不屑于村籍的人，则不能获得成员资格；相反，那些对工业创业有贡献的外来人则有可能获得成员资格。这时候的共同体成员资格是由个人和共同体来自主选择的，是不易获得也不易失去的。

这样看来，社会合约性产权的解释逻辑与市场交易合约性产权的解释逻辑不同，它将成员权及其连带的社会关系网络看作社会性合约形成的基础。这种合约是以土地集体所有权为基础，其中渗透了"成员共有权"、"平均权"和"人权"等社会关系成分，因而它必然包含有互惠信任和抑制机会主义行为的社会期待。从这个角度说，村社区共有土地资源的投入是一种社会性投入，索取的也是社会性的回报。其次，这种社会性合约还基于熟人社会的人际关系，具有连带责任和信任感，其背后是习俗和惯例一类的非正式制度。它所约束的双方行为，包括经济性的但不一定是市场性的"交易"行为，或者更确切地说是社会性的"交换"行为，由于发生在村社区这样的熟人社会中，依靠长时段形成的信任来维持，因此它的达成甚至不是在事件发生时才进行，而是事前就以隐性的方式存在。因而，这种合约同样可以形成对获益的稳定的预期。

作为隐性合约，社会性合约基于社会合法性机制。首先，它不同于法定合约，不是正式的书面规定甚至连口头协议也称不上，因此没有法律效力。但它又无疑是一种"事实上的契约关系"（郯剑星，2004），集体组织及其带头人与社区成员之间以互惠达成相互间有条件的允诺与义务（迈克尔·莱斯诺夫，2004：导论11—12），只要一方遵守而另一方默认，就算已经达成相互存有期待的合约。这些期待虽然没有见诸文字，但双方都是默认执行的，一旦双方在此基础上产生了很强的互赖性，如果违约，就会导致纠纷（周雪光，2003：220）。合约双方在实践中所要解决的核心问题，是如何约定一种可以为成员事实上所接受的权力和利益分配机制，在促进总收益增加的同时，如何合理分配来自集体产权安排的权利和收益。这种约定在内部有助于达成社区的整体目标，也有助于共同体的整体生存，还有利于在集体产权内部边界模糊的情况下避免因争议而带来的不便。当然，由于这种合约是相互依赖基础上的产物，相互的义务也可能是不对等的。一旦依赖的倾向发生变化，相互的义务也会随之变化。比如，随着企业的发展壮大，企业对于社区及其成员的依赖性减小，而后者对前者的依赖反而会增强，这时就会发生权利和义务不对等，引起讨价还价以致发生再缔约的情况。

最后还应看到，这种合约包含有观念和道德的力量，它是社区成员互惠行动关系的产物，而不是有意识设计的结果；但它又不同于文化和信念，因为它还借助于特定的法律合法性，如集体制度和集体企业政策等的支持。因此，我们也可以将它看成一种介于正式与非正式之间的制度"合成物"。不过，社会性合约内含的观念和道德的力量，虽然具有习惯法的作用，但并不能绝对地约束权威人物和村民的行为，特别是，一旦外力推行的正式制度或政策的力度强硬到可以挑战习惯、可以被名正言顺地用来作为变迁依据时，它的约束就会被降低；又由于这种"社区眼"的作用以双方"在场"即信息可以共享为前提，一旦社区的经济和社会生活扩展到村里人并不能直接了解和控制时，它的作用就有限了，它所能界定的权利边界也就变得模糊、有弹性和易受损害。这正是大多数乡镇企业集体产权难以界定的原因所在。因而，事前对名义产权的界定不管多么模糊，"集体企业"的法定名义仍然给社区所有权划定了保障底线。正如有人所言，"名义产权在某种程度上说也是一种事实力量"（刘世定，1996），它可以对社会性合约提供一个保障的框架，它的保障作用在产权的事中和事后界定中都可以比较清楚地看到。

这样理解问题，就使我们有可能将"乡镇集体企业"中的"镇办"与"村办"从社会性质上加以区别。这一区别对于理解社区集体产权十分重要。已有研究者根据非正式私有化理论和地方法团主义理论对村属企业和镇属企业在生产力要素、代理等方面的差异进行了研究（彭玉生，2002），而按照我们的理解，"村办"企业与"镇办"企业的产权之所以存在实质性差别，就是因为它们所嵌入的社会关系的性质不同。乡镇政府所办的企业，并不带有社区母体的社会关系的典型特征，其收益与区域内的农民没有直接关联，农民难以对它形成稳定的社会期待。因而，改制前后的主要问题都是收益如何在政府官员和企业经营者之间分配的问题（温铁军，1997）。但是，村办企业则与此不同，其原始积累阶段所利用的土地和劳力乃至某些启动资金，都直接取自社区，并且是以共同体内的信任结构和互惠规则作为"摄取"和"出让"的社会性担保的，其收益主要是在企业与村集体组织及其成员之间分配，因而在改制中引发出的诸多问题，也就集中反映为如何对社区进行回报的问题。

现在，让我们根据苏南一个集体制村办企业改制的实例，来对上述问题进行观察。

二、一个动态界定事件

塘村位于长江三角洲沿江平原，曾是苏南众多工业化程度很高，又采用集体制方式办企业的村庄之一。制鞋是村里的主导产业，产品多年来销往日本等国际市场。到上世纪末集体制解体之前，塘村已经是当地有名的富裕村和纳税大户。

20世纪90年代中期以后，苏南本土开始对单一集体制模式进行反思，塘村的改制三部曲也就此正式拉开帷幕。村办集体企业的产权问题一般发生在三个关系层面：一是发生在村集体组织的外部边界处，即村集体与乡镇政府之间；二是发生在村办企业的外部边界处，即村政权与村办企业之间；三是发生在村企"内部人"之间，即经营者与村民及普通职工之间。问题每每都出在如何从上述关系上界定产权。塘村的改制三部曲正是围绕这些问题在这三个层面上不断展开的。

（一）一部曲："转"——"股份合作制"改造

20世纪90年代中期，当地乡镇企业已经渡过了经济起飞时的高增长阶段，普遍面临经济效益滑坡、产品销路不畅、坏账呆账增多、负债严重的困境。面对困境，人们提出"调整改造产业结构"等举措，开始注意"集体制的弊端"问题。塘村的情境却与此不同。塘村鞋业以外向型经济为主，靠接单生产，销路稳定，效益明显好于当地其他一些乡镇企业，正处于"做好做大"的鼎盛时期，到90年代中期，已经兼并了数十家当地镇办企业，1995年被批准成为省级集团公司。在企业效益和职工收益俱佳的时候，对集体制"动手术"的直接目的显然不是为了追求市场效益。

虽然塘村所在地的乡镇企业从1993年即已开始各种转换经营机制的改革，多个镇办村办企业实行了拍卖、租赁和风险抵押承包，一些企业已经试行股份合作制。但是，这一时期所在地的省级政府仍然把注意力锁定在企业"姓社还是姓资"问题上，政策举棋不定，塘村也就并不急于做这件事。进入1997年，党的"十五大"召开前后，关于产权制度改革的政策方案陆续出台，地方开始了大规模推行以股份合作制为主要形式的转制。当年中旬，政府有关部门干部进村，在塘村搞试点，按政策和村情设计出一套股份合作制方案，随后召开转制大会，成为当地"骨干乡镇企业改革比较成功的典型"。

塘村掌权者在"接受地方政策指导"中一向很有"办法"，"善于变被动为主动"，很快就给这种自上而下推动的"股份合作制"改造加入了社区意图。塘村领导人在此时已经看到了对集体产权动手术的两种潜在前景。他一直认为集体产权是个"拎不清"的东西，其一是与地方政府包括村级行政组织的关系不清不楚，其二是与职工的关系不清不白，股份化则有可能"把集体那一块从中拎出来"。

于是，集体"存量"在这种背景下做出了如下"置换"：① 净资产（1997年）中集体资本金占93%，其中包括村集体46.8%，职工个人股20.1%、职工共享股② 20.1%，经营者个人股13%；净资产中另有社会法人资本金7%。

集体产权由此发生了一些实质性变化，其中一部分由私人资本联合而成。另有一部分则以配股的方式量化到个人，而剩余的"集体大股"（法人产权）这时无论从名义上还是实质上都已经与职工个人（出资者）发生了分离。职工的注意力集中在个人股和配给的共享股上，集体股对他们的意义更加模糊，此时的集体股实际上已经彻底转入集体代理人手中。

另一个显著的分离作用发生在集体产权的外部边界处，村里人对此心知肚明。塘村接受转制，与当地其他一些多年坚持集体制的村庄相似，出于一种非常现实的考虑，这就是，他们再三权衡过村庄的实际利益，预期到如此转制可以改变与地方政府的经济关系。正如一位村干部所说："股份制前，上面伸手，你不好不给，开支很大。现在股东拿税拿费，我们干部不好说了算的，上面也要考虑。"虽然村里人清楚这并不足以形成对政府行为的约束，但至少可以找到一个合理的说法和托词。如此考虑之下的转制，有可能促使地方权威更快地甚至彻底地退出对村办企业原本就已微弱的控制。

---

① 所谓"集体产权置换"，是指在集体经济组织控股的前提下，划出一定比例的集体股折为现金股，吸纳公司内部职工投资认股。被认购的部分明确为"职工个人股"，数量按工龄、职务、贡献等确定。

② 一般从集体资本金中拿出一部分设立"职工共享股"，按个人现金股一比一的比例划配，量化到人，其股权仍属村集体所有，个人只享有分红权，实行"人在股在，人去股消"。

那么，集体企业与村行政组织的产权关系又如何处理呢？塘村在对企业进行股份合作制改造的时候，以职工为入股对象，不强调村民身份，一是因为该村90%以上的村民在村办企业里工作，从事力所能及的制鞋业；二是自从鞋业集团成为村里的主导产业后，虽然一直实行"公司办村"的管理方式，但企业集团与村委会因为执掌者不同，在职能和财政上又都是相对分开的。以职工为对象的股份合作制，没有让所有的村干部都成为企业股份的当然拥有者，不在企业任职的村主任和其他村干部没有股权证，公司人士说"他们的利益用其他办法来解决"，也就是由公司支付村干部高于其他周边村数倍的工资，办事经费每年可向公司报批和报销。在这种股份和股权选择及设计中，显然是加入了对社区权利格局的考虑和设计者个人的产权意识，强调了经济精英的权利，为下一步在内部实现"村企分开"埋下伏笔。

（二）二部曲："拟"——"公司制"处置

塘村转制的第二个直接目的是抑制村庄内部行政系统对产权及其收益的索求。靠办企业起家的村书记对企业成败有更深一层的考虑，认为企业一定要与村政分开。为此，他一直想寻找出一个两全其美的办法来。眼下的股份合作制让他觉得是个办法，但在如何划分资产上，依据仍然不清楚。

事隔两年，进入1999年后，村书记应邀参加了当地一次省级有关大中型乡镇企业改制的会议，他领会到的要义是："改要改彻底，首先资产要界定清楚。"他在会议文件上标出的重点，基本上包括了界定产权的最新原则，如"公司制"原则、确定企业经营性净资产权属的原则、集体股可退出原则、职工持股会所有权原则、经营者和经营层股权奖励原则等。

于是，塘村在这些地方政策的鼓励和依托下，开始了对集体产权"分家析产"的过程。图4-1是一份由村集团总公司制定的原始示意图，较为直观地揭示出划分的结果：

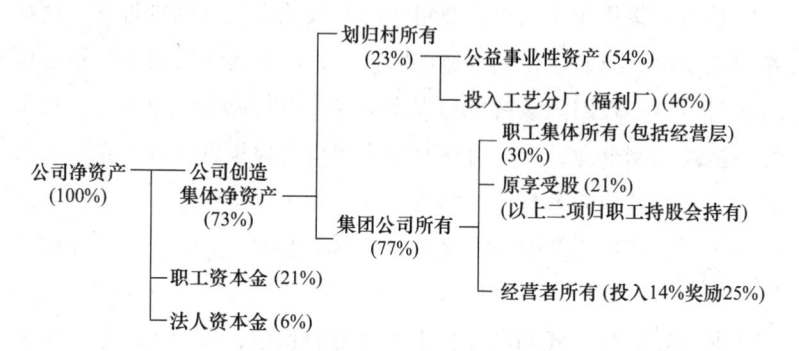

```
                          ┌─ 划归村所有 ──┬─ 公益事业性资产(54%)
                          │    (23%)      │
                          │               └─ 投入工艺分厂(福利厂)(46%)
              ┌─ 公司创造 ─┤               ┌─ 职工集体所有(包括经营层)
              │  集体净资产│               │   (30%)
  公司净资产 ──┤   (73%)   │               │
   (100%)    │            └─ 集团公司所有 ─┼─ 原享受股(21%)
              │                (77%)      │  (以上二项归职工持股会持有)
              │                            │
              ├─ 职工资本金(21%)            └─ 经营者所有(投入14%奖励25%)
              │
              └─ 法人资本金(6%)
```

图 4-1 净资产产权界定剥离示意图

注：此图依据塘村总公司 2001 年 4 月提供的图表绘制。

这份精心制作的原始图表，表明塘村集体产权经过了如下几个分家过程：

1. 村企分家

在这份原始图表中有一处值得细究的提法和做法，即"公司创造集体净资产"，这个说法第一次将"公司"与"村"加以严格区分，将"村集体"排除在"公司集体"之外。

村行政组织所占资产的比例怎样确定，是一个耐人寻味的过程。实际划分中没有人追问或有所依据地辨析什么是"投入"或"初始投入"，"鞋厂是老板（指村书记兼董事长）办的，村里没有投过一分钱"，这是公司拥有界定权的一个权威解释，村委会和村民对此给予默认。但企业是集体厂也是最具政策合法性的不争事实，因而，首先琢磨和商定出一个分配比例才是大家最关心的事情。村占比例如何确定，地方政策中并无依据可循。细问由来才得知，确定这近四分之一比例很具有戏剧性，完全是村书记兼董事长在与当地另一个同类村庄的交流中偶然获得的一个尺度。也就是说，这个比例曾在当地村庄之间进行过参照和协商，具有一定的地区合法性。事后村书记回忆说："这个比例也不是随便说说的，估计到村子里靠这些收益差不多也够用，再说资产是公司做出做大的，他们村里也不会有意见。"显然公司要依据"谁投入、谁创造、谁收益"的原则与村行政组织做一个了断。公司人士甚至认为，公益性资产是公司送给村里的，只有福利企业才是政策性归还。果然不出所料，村委会没有对公司提出的分割比例提出异议，只是在划分产业等细节上做了些讨价还价，并坚持要求镇政府出面做见证人，后来镇政府便以正式文件的形式对此加以确认。村主任并不认为自己有理由向公司提出更多要求，只认为"把这个事体定下来"很重要，因为这些年村里办事都是找公司要钱，村里有没有、有多少财产从来都没个说法。

从图4-1中可以看出，村与公司的"所有物"有严格划分。依据地方政策，社区性的公共物品和按政策享有优惠的福利企业产权应归村集体组织所有，这在村里人看来也是情理中的事，按村里人的说法，公益事业是"为老百姓办的大事实事"，将这部分没有收益但具有公共物品性质的固定资产归村所有，是理所当然。村主任也以同样的逻辑作过一番思量，他最看中的是村里的公共事业设施都归村委会所有，而这些"大事"都已经由公司办好，今后不用再投入。只是在事隔一年之后，他才意识到公益设施的非经营性质，使村里出现了有"资产"而无"进账"的局面。

对公共物品的计价是严格按照投资和折旧计算的，对此村主任手里有一笔细账："十多年来村里办了18项工程，总投入800万元呢，考虑到固定资产折旧10%，一次性折价买进又优惠10%这些政策，算给我们这么多。"巧妙之处在于如何对归公的福利厂进行计价。按照地方政策，福利企业只能以集体名义举办，集体资产应占到总资产的50%以上。改制中这部分应归在村集体名下。按析产原则，这家福利厂的资产规模"算下来"正合适，刚好补上村应得比例中的差额。看起来，人们对这一部分的实际价值并不真正关心，只按总价1/4的析产原则大致匡算。可见，村企分家的真正意图，只在于对"公司创造集体净资产"即新增值资产的权利归公司所有这一原则确定下来，并就此把村政和村集体经济组织彻底"排除"在公司集体之外。

2. 经营者与公司集体分家

与此同时，公司内部将经营者的产权与职工持股会的产权也作了明确划分。经营者此时已经占有公司股权中49%比例的股份，其中14%为前次转制中确定的现金股比例，25%为本次依照地方政策得到的"奖励股"。

职工持股会是一个掌管职工集体产权的代理机构，它所掌管的这部分股权实际包括两部分，一部分是前次转制中已经配给职工的共享股，另一部分是从公司资产中新划出的（即减去经营者个人股后的剩余集体资产）归职工集体所有的股份；这两部分都已相对独立于企业经营者，虽然其拥有者无权自由支配它，但却可以通过监管防止受到侵害。这样一来，所谓"集体产权"已经不同于以往集体制下的产权，而是具有了相对清晰的产权边界，归某具体群体——"职工集体"——所有。

塘村的这次转制，虽然保留了职工内部出股和社区合作的性质，但在治理结构的设计上却模拟了"公司制"。经过这样处置，基本上完成了公司治理结构向"股份有限公司"的转变。公司内部成立了股东代表大会，选举产生了董事会和监事会。在这个框架下，村集体只占有公司一个福利小厂50%的股份，基本上已经退出公司股权结构。所谓传统的"集体产权"已基本被动摇摧毁，开始向多元产权演变，经营者和职工持股会各占半壁江山，公司成为"共同持股的有限责任公司"。特别是以分配股权的方式，重新形塑出了全新的"产权主体"，各自都有了可以指认、可以计价、可以交易的资产。因此，地方政府和公司经营者都以"公司法"为依据，断定改制后的塘村集团会成为"符合现代企业制度要求的政企分开、产权明晰、自主经营、自负盈亏的法人实体"。

(三) 三部曲:"改"——私有化

显然,公司制处置是塘村产权变革中最重要的一步,借此基本上处理了"村集体资产退出"和"经营者持大股"等难点问题,特别是重新界定了新的产权主体。至此,塘村公司的产权变革可能面临两种前景,维持现状或进一步私有化。而后者的基础已经奠定,只要有政策鼓励,将经营者的持股比例增加到足够大时,即可水到渠成,浮出水面。而这两种选择对于经营者来说,都只是要不要或如何在公司"内部人"之间交易产权的问题。

进入2000年之际,有两个因素促进了塘村私有化的进程。此时,地方政府改革派之间首先出现了分歧。原来帮助塘村转制的部门认为,股份合作制更适合于塘村这样大而好的企业,搞拍卖转让或减少集体股甚至让其全部退出,不利于企业的发展,也不利于"共同富裕"。而力主私有化的一些干部则代表当地新改革派的意见,决意大刀阔斧推行改制,他们直接进村抓点,参照地方国营企业改制的办法,工作重点是动员村集体彻底退出,由董事长买断企业,并且协调市总工会、银行、镇政府等有关部门支持塘村"改制转私"。第二个因素,是塘村策划了数年的"上市",在这一年又被合作方提起,现有的内部股份合作制显然不符合上市规范。于是,改制转私被正式推向了前台。

"集体资产退出",是苏南集体企业改制最重要的政策之一。经过前两次转制后的塘村,涉及两个利益实体,一是以村委会为代表的村社区集体,另一个是以职工持股会为代表的职工集体,怎样让他们顺利退出,成为各方运作的焦点。最终,塘村采用了如下几个策略。

1. 变现策略

村集体资产退出企业,在此时的苏南,既有官方舆论和政策的支持，又有基层干部的迎合。于前者，政府直接经营企业，已经被认为是"下策"；于后者，获得独立的财政能力，已成为地方政权新的追求。因此，当改制一开始有人劝村委会干脆将福利厂另一半的股权从公司买下时，被村主任一口回绝。此时镇里的企业已经"全部私营了"，镇干部劝说"干脆搞定算了，把福利厂全卖掉"。村主任接受了这个建议，同意将村占资产卖给公司。作价出卖时，村主任、村书记兼公司董事长、镇政府代表三方到场。协商是平和的，几乎没有讨价还价的过程，村书记兼董事长答应这笔钱算作村委会借给集团总公司，按超出银行数倍的6%的年利率计息。

2. 上市策略

塘村集体资产的另一部分由职工持股会持有。蹲点策划改制的上级领导提议，撤销职工持股会，其所持股权全部转让给村书记兼董事长。但是，撤销职工持股会，涉及全员职工与全体村民，是一个比"村退"政策性更强的事件，其依据何来？《公司法》又再次成为制度依据。理由是职工持股会的存在依据的是《工会法》，与《公司法》有矛盾；它的历史使命已经完成，它的存在使集团公司不符合上市条件。上市的盈利预期对职工已经具有很大的激励，相对于股份而言，它似乎更具有吸引力。集体资产有偿转让，在当地早已不是什么新鲜事，职工持股会代表们对此没有提出异议。村书记兼董事长表示，持股会所持股份可以转让给他也可以转让给别人，代表们一致反对转让给别人，结果全票同意转给村书记兼董事长本人。至于如何"吃下"职工持股会持有的股份，村书记兼董事长答曰："股份最后由我出面买下，但我也没有（那么些）钱。我考虑了一天，到市银行去商量，能不能借给我个人。农行行长请示了（上级），（同意）借给我私人，我的厂子信誉很好。"

让代表们最关心的另有两件事，一件是这笔转让费如何处置，另一件是公司对职工的政策会不会发生变化。对此，村书记兼董事长做出两项承诺：第一，转让所得从公司总资产中析出，作为公司职工奖励基金，单独立账，专户管理，专款专用，将根据贡献大小对职工实行年度奖励（此一承诺依据地方有关政策做出），满三年工龄的职工每年可拿一千元，与过去分红差不多。第二，对职工的政策保持不变。这些承诺不管公开不公开，实际上都是职工转让股权的潜在期待。

3. 赎买策略

对于转让职工持股会股份，经营层较之普通职工更为敏感。他们原来拥有的享受股份比普通工人高出数十倍以上，如何使他们的利益得到保障，是转让得以顺利完成的关键。处世精明又不失诚恳的村书记兼董事长对此作了如下处理：将经营层年享受股份的"明"分红改为"暗"红包，数额差不多，每年还略有增加。

以上策略的实行使塘村的改制进展顺利，村民和职工以平静的心态接受了改制。转让决议达成后，经市总工会和体改委批复执行，按《公司法》的有关规定，办理相关的变更手续。变更后的产权界定示意如下：净资产（1999年）中的77%归集团总公司所有，其中经营者本人拥有55%，经营者儿子拥有45%；"村集体"的总资产份额由转制初期的93%，经过三次动态界定，至此变为23%，冠以"村所有资本金"的名义，主要包括无收益的公益性资产和收益不多的土地收益金及一次性的福利厂转让费等。

至此，塘村鞋业公司完成了私营化的公司制改造，变成为有限责任公司。

从塘村产权界定的全过程可知，实行股份合作制，是塘村工业集体制实行后第一次也是最重要的一次界定产权事件，我们以此作为正式合约安排即"事中"界定，并以此为基准，将其他过程划分为"事前"界定和"事后"界定。

三、事前界定：社会性合约的形成和运作

（一）有没有以及什么是"初始合同"

与大多数乡镇企业一样，塘村改制遵循的也是《公司法》中"谁投资，谁创造，谁受益"的原则，已有研究讨论过这一依据的不当之处（温铁军，1997），这里我们将从另一个角度来看问题。依据《公司法》的上述原则，"初始"投入和界定是改制最为重要的依据。但是，追寻起来，我们往往被告知，大多数企业都陷于"无初始合同"的尴尬之中，塘村集体组织亦不例外。于是，村集体对企业有无所有权、应占有多少资产，就成为包括集体组织在内的各方不断追问的问题。由于没有初始合同作依据，这往往成为企业经营者向村讨价还价或压低归村比例的理由。这里所谓"初始合同"，是指企业创办之际的正式市场合约，遵循的是科斯意义上的"企业"即一种或一组市场合约的规则。但是，乡镇集体企业的创办遵循的不完全甚至可以说主要不是市场的企业合约逻辑。在这一点上它类似于公有制企业，同样也不是建立在市场合约基础之上的（参见周其仁，2002：101注4、140、150）。有研究指出，无初始合约基本对应于乡镇企业创办时期的市场环境和制度背景，企业创建之初，不可能建立一个正式的初始合约，企业所需要的土地很大一部分由当地政府半送半卖取得，是不付费或少付费的，并没有一个哪怕是最简单的契约；其机械设备部分来自于原集体的财产，价格很低或者不付费，作为地方政府的支持无偿给予企业，因此也没有任何契约；其资金大部分来自银行贷款，也得益于地方政府官员的支持。地方官员在当时的条件下，利用手中权力，采用集体担保甚至集体贷款给企业使用的方式来为企业取得所需资金，这其中也没有任何正式契约。无初始契约的弊端在企业建立之初并没有显露出来，但当企业发展壮大之后，各参与方提出价值分割要求时，就逐步暴露出来了（焦斌龙，2000）。

塘村办厂与大多数乡镇企业一样，在村政权组织主持下，依靠为城市加工项目来注册"集体厂"，在此名目下再依靠能人找项目"借鸡下蛋"，"集体"就作为企业的一个不可分割的产权所有者整体性地存在。企业创办之初，实行"收入转队记工"的办法，进厂村民的所得并不直接归自己，而是分配到生产小队，再由小队以记工分的形式分配给本人，以便拉平与不能进厂的事农者之间的收入差距。显然，"集体人"主体之间无所谓也无市场性合约可言，而是以一种内部规矩来维持经营秩序，减少体制摩擦实现公平分配。

没有初始合同，这使集体企业在事后量化和界定资产时遭遇到极大的困难。因而，一些经营好的大中型集体企业为减少对企业经营的冲击，并不主动改制甚至抵制改制，或者如塘村一样干脆将"投入"只确定为"投资"甚至"现金投入"，而对土地、劳力以及无形资产等投入掩去不计。在谈到这一话题时，村主任回忆说："当时什么也没有，只给了他们几间破旧房子（村办公室）。"办厂的现任村书记兼董事长也对此记忆犹新，他说："村里一分钱也没有出。（拿到第一批外贸订单时）我个人拿出350元，另外从上海那边一个老队长那里借了100元。"参与改制设计的董事长助理这样介绍："其实所有职工都知道，这个企业是老板（指村书记兼董事长）一手办起来的，别人没有投资的。老板说，要说该给谁股份，那个老队长应该给一点。（好在）老板没有换过，如果换过就比较麻烦，其他人不用考虑。"

但是，既然集体初始投入为零，所谓企业发展过程中的累积增殖也就与集体无关；照此逻辑推论下去，则塘村企业可能类似"戴红帽子企业"，按地方政策"摘帽"即可。然而，改制又何以在塘村这样的村庄中既被"公司人"倡导，又被村集体接受并被村民所默认呢？塘村改制过程中的许多关键问题仍然难以解释。看来，这里面另有某些隐性的非经济的力量在发挥作用。

村社区的集体产权在事先安排时，虽然难以确立一个正式的经济性合同，但却有一个建立在社区情理之上的隐性的或者说非正式的社会性合约，村办企业大多就是在这种隐含社会合约的情形下创办的（刘世定，1999a；陈剑波，2000）。只不过，达成社会性合约，并不只是出于经济性的（如节约交易成本）需要，其更深层的动力在于维护社区共同体集体生存的需要，是社区互利互惠逻辑的延伸。

从塘村办厂的经历中可以看到，创办企业是一个风险选择，选择是对风险的对抗，也是对未预料结果的承担。选择的正确与否，往往是人们事后对结果的评价，而选择行动本身却是在前途未卜、对错难分时进行的，权威人物之所以能够掌握选择的主导权，正是基于村民对他们行事能力的判断和人格的信任（折晓叶、陈婴婴，2000a）。因此，村民在选择集体办企业时，也更愿意依靠事前对这些权威人物的判断，以便选出一个可信可靠的人，带领大家共同致富。他们也必须与创办人达成某种隐含的合约：集体地永久性地放弃土地经营，参与非农产业，投入创业初始回报极其廉价低效的劳力和部分土地，投入机会成本和承受因企业不景气而转嫁的风险。这些，对于农民来说，几乎就是其经济权利的全部转让，因此，他们要求以"集体经济"的法定名义保护他们的投入；除此而外，他们所能投入的也主要是信任、忠诚、合作，以及身家托付和对互惠回报及"共同富裕"的期待；而村民索求的主要是以集体地流动到非农职业、保障就业和提高社区福利水平为主要内容的回报。这种不言而喻的约定，在村子里人人皆知，成为一种符合社区情理的、具有社会合法性的、对合约双方都有很强约束的力量，我们在此称之为"社区力"或"集体力"。相应地，企业家所获得的回报也是丰厚的，他所经营的企业可以向社区转嫁风险，他个人不仅有低成本、高收益的经济性回报，而且有抉择人和创新者的权威地位，有能人甚至救星、恩人的声望，以及可信可靠的声誉等社会性回报，而他也必须按社区内通行的互惠规则给社区以回报。这种合约，对村民和权威人物都有相当的约束力，以至于权威人物在做出抉择时，不能不考虑自己对村里人的责任和忠诚于社区的重要性。这也是村书记兼董事长在改制前后都须将"村里老老小小"和村内公益事业放在重要位置，不敢肆意怠慢的原因所在。

不容置疑，地方的集体经济政策在制度上支持了社会性合约的存在，为它作为"初始合同"提供了法律合法性依据。更重要的是，这种事前隐含的社会性合约，具有非正式地界定集体产权的作用，或者严格地说可以成为不能剥夺集体所有权的合法性依据。因此，我们才可以视之为隐性的非正式的"初始合同"。塘村第一次也是最重要的一次界定产权事件——实行股份合作制改造，正是以此作为依据，将93%净资产确定为"集体资本金"的。同时，从集体产权在事中和事后多次遭遇"再界定"的过程中我们也看到，由政策正式界定的"集体产权"，作为正式制度，只是一种"制度底线"，底线以上具有大量可以建构的制度空间，而底线的维持则是要以非正式的社会性合约来保证的。

（二）界定依据和方式——合法性机制

产权合约安排是通过预期来影响人们的经济行为的，因此它从一开始就有合法化的要求（周其仁，2002）。但是，合法化是一个复杂的多层面的社会政治参与过程，绝不能简单地将其只归结为法律合法化问题，特别是不能忽略"社会承认""社区情理"一类因素的作用，因为某些实践中的合法性难题是借此来解决的。

塘村在界定产权时，不仅寻求上级行政支持、政策和法律认可，而且看重当地的意识形态取向，甚至社区的观念和道德以及社会期待所产生的影响，并试图在其中求得某种平衡。我们可称这种种方式为"合法性机制"，即那些诱使和迫使行动者（组织或个人）采纳受到社会承认具有公义性的组织制度结构和行为的制度以及观念力量（周雪光，2003：75）。

我们将合法性机制看成一组既具有独立意义又相互作用的机制丛，主要有这样几种成分（参见刘世定，1996）：法律合法性、行政合法性、官方意识形态合法性、社会情理合法性。不同机制的界定结果既可能是兼容的，也可能是不兼容的、矛盾的，但却是可以并存的；而且，它们之间的不一致性还可以成为达成某种平衡的前提；甚至没有哪一种合法性机制所隐含的逻辑可以作为单一的逻辑来整合界定的过程，即使正式的界定过程也无法一味地排斥非正式的过程，而且还可能就依存于后者。

初始的社会合约性产权的界定所依据的主要就是其中的"社会情理合法性"机制，其基本思想是：一个社会的社会观念、社会期待和期望规则一旦被广为接受，就成为人们习以为常的社会事实，具有道德力量，从而规范着人们的行为。如果有悖于这些"社会事实"，就会出现"合法性"危机。因而，可以更确切地把社会情理合法性机制看作一套社会承认的逻辑或合乎情理的逻辑（周雪光，2003：74）。"社会情理合法性"机制的实践性很强，在权利界定中具有极其重要的作用，它所造成的既定社会事实往往会成为法律、行政乃至官方意识形态界定时的参照，甚至成为促使这些法规、惯例、观念变通或变革的力量。相对而言，前三种机制在实践中则具有统一性、强制性、稳定性和滞后性，并因各自变化的速度、程度和范围不同，所界定的初始结果往往不相一致，这应是事情的常态；而界定过程正是这几种机制相互摩擦、磨合、交织和最终兼容的过程。"社会情理合法性"机制又具有很强的潜隐性，它的界定结果即便与另外三种不兼容，也有可能在事实上起作用，与其他界定结果并行而存，并使后者在事实上无效用。因而，我们视之为最具实践意义的界定机制，它不仅在确定初始社会合约时有作用，而且在界定后文将要分析的非正式"事实产权""无争议产权"中，也具有重要作用。

在塘村的一系列产权安排中，我们便看到了许多这样看似矛盾却长期并存的现象。

村办企业之归属和收益的确定，实际上不是完全按照名义所有权索求的逻辑，而是按照村域内通行的互惠互利规则和逻辑来进行的。在"无工不富"的工业化初期，塘村集体组织虽有办厂的念头和动力，却没有资金也找不到好项目。于是，"老村干"们请曾经当过会计的村中能人，即现任村书记兼董事长来主持办厂。如果说按政策话语"集体所有权"所表述的产权是"模糊"的话，那么村企之间对工厂的实际权利归属却一开始就十分清楚，"厂是某某办的""某某的厂"，这在村里是一个通行的说法，不仅指规模较大的鞋厂，对其他小厂也是这样认定的。这些说法的实际意义是，办厂人对厂具有村里人界定的非正式的控制权，"谁办的厂谁说了算"，其他人不可以插手，即便是作为名义所有权代表的村政组织也不可随便干预。正因为有这个规则，才会有人在一无所有、前途不清的情况下出面为集体办厂。但是，在村档案中可以看到，办鞋厂的成绩却是作为政绩记在老书记的先进事迹中，作为对集体产权法律合法性的对应。而实际上，村政领导对鞋厂不得要求任何实际的权力，村里人也将办厂的功劳和因此致富的感激只记在创办人头上，以至于后来在与日商合资时鞋厂可以用经营者与日商两人的姓名来联合命名；村里的小企业转制时，在村里人看来，将企业首先卖给办厂的人似乎是天经地义的事情。这种情况在我们所观察的其他类型的集体合作经济形式中也同样存在。我们在某村曾经看到一张安排不甚合理也不符合效率原则的股份公司机构图，当问及为什么某些分公司和企业会从总公司变动到村委会名下时，得到的回答却出人意料，原来仅仅是因为创办这些企业的老村长从总公司退位到村委会，因而理所当然地带走了"他的公司和企业"。更为出人意料的是，在村子里，这些法定集体企业所发生的这种变动，被看成一件非常正常而合理的事情，以至于村组织据此而改变了村公司的管理和财政流程（折晓叶、陈婴婴，2000b）。

其实，这正是村里人处理产权矛盾的一种平衡策略，矛盾的一方被强调时，另一方则被虚拟化或者象征化了，但会保留事后追究的权力。村里人按照他们习惯的方式，一方面将控制企业的权力认定给了开办和经营厂的人，另一方面又将名义产权留给了村集体，而且这两种界定都具有意义。村里人在非正式地界定产权时，绕开了对名义所有权的追究，将它悬置起来，但并不出让。他们对实际产权归经营者的强调合乎小社区情理的安排，对名义产权归村集体的保护，则合乎大社会政策和意识形态的要求，也表明村民对"共同拥有"的在乎，这些都具有平衡权利的作用。即使是村政组织，在"以经济发展为中心"的目标下，也采取了灵活的策略，懂得"要让企业做下去，就不能老搬出政策压人"的方略。这样做出的认定一旦成为惯例，就具有了社会合法性，在正常情况下都会被自觉执行，成为双方都采用的最佳反应策略。我们可以将这种界定下的产权看作一种"习俗性产权"，它基本上不是依赖于界定和实施所有权的法则和逻辑，而是依赖于共同体内部自发组织的互惠互利规则和逻辑（青木昌彦，2001：35—36）。

例如，村组织在将企业的控制权交给经营者时，隐含的互惠逻辑是，如果公司保证支付"为村民办大事"的费用，他们就不反对公司自主经营并占有和支配盈余；村民默认"谁办的厂谁说了算"，或者在改制时不同意把企业转给别人，这里互惠的逻辑则是，把厂交给会办厂又顾大家的人，厂才办得好，厂好了大家才有饭碗，有钱赚；而将名义产权留给村组织，则是希冀通过集体组织保护村民能分享企业收益，维持福利水平。塘村企业在发展过程中，曾出资八百余万元，为村民办成"十八项公益大事"，就是这种互惠的结果。进一步说，它们最终合乎这样一种情理和逻辑：社区的整体利益得以增进，个人的收益才有保障；社区尊重经营者的权利，经营者也同样会尊重社区的权利。其相互之间对此有着稳定的预期。这种稳定性来自村里人长期的实践经验，他们认识到，遵循这种情理和逻辑，实际上有助于达成社区的整体目标，也有助于共同体的整体生存，还有利于在集体产权内部边界模糊的情况下，避免因争议而带来的不便。

这里需要注意的是，村民对集体企业所有权归属的认知仍然遵循着土地产权的逻辑。他们既投入土地办厂，又把借助土地谋生的权利转换成在企业就业的权利，当他们的就业权利遭受剥夺或没有获得合理补偿时，才会向集体索要，甚至以让企业"管吃管住"的传统方式加以抗争。但是，他们并不就此认为企业是自己的，而往往认为企业是老板的，土地才是自己的。可见，所有权的分割不只受法律的影响，还受社区传统社会结构和习惯力量的影响。村民对产权的这种认知，与国家构造的产权安排和结构有很大的不一致，当问题涉及他们安身立命的根本——土地——之所属时，农民的认知遵循的也主要是习俗产权的逻辑，他们的这种"合法性"意识根深蒂固（参见党国英，1998）。

应当看到，社区情理合法性机制具有"软约束"的性质，当外部行政干预强大到实行"一刀切"的统一行动，或者机会主义强大到足以破坏道德力量时，它的约束力就会被消解。还应看到，社区的情理合法性机制表现的其实是社区共同体关系网络的特征。村域内非正式界定的产权所嵌入其中的社会网络越稳定，对财产的使用就越可能是习惯性的，这种使用越受到社会规范的支持，对于这种产权的争议就越少，这种产权也就越有保障，并且在制度环境变化时，会成为获得正式产权的基础（Nee & Su, 1995），这正是塘村改制遵循的一条基本逻辑线索。在这种逻辑下，企业控制权落入经营者手中，就不仅仅是由于"经营者的可替代性降低"而产生"套牢"的问题，也是社区谋求通过经济发展而求得"共同富裕"的一种互惠互利的制度安排。

这种由"小社区"情理和通行规则界定的习俗性产权，在大多数情况下与其他几种"大社会"合法性机制的界定结果并不一致，有时甚至冲突，却总以潜隐的非正式的方式存在着。可见，获得社区情理合法性的意义，在于实践的便利。当然这并不是说其他几种合法性机制在界定村社区产权中无效。村社区生存在大小社会文化和正式与非正式制度环境的交合之处，界定过程必定是这几种机制相互摩擦、磨合、交织和最终兼容的过程。从塘村改制的过程中可以看到，苏南官方意识形态中对集体制的评判，一直影响着村企分家析产的进程，特别是影响着制度企业家的行为。他们非常看中地方公共观念的力量，更愿意按照当时当地大众社会的价值和道德准则以及人们对他们对企业的社会期待来安排产权结构，调整自己的行为，并且还会在做出重大决策和变动之前，寻求地方行政"给说法""给见证""给政策"，甚至通过运作或与某些官员"共谋"，让事实上已经在村域内通行的产权安排得到官方认可。可见，获得官方意识形态合法性和行政合法性的意义，不仅在于获取政策收益，而且在于获取地方社会的认可和赞许。在产权界定中还可以看到，无论是社区成员还是制度企业家都要求对其名义或法定所有权进行预设或追认，要求在法律上实现其实际占有权的合法化。因此法律合法性仍然是对产权的一种终极保障，具有"保底线""保安全"的作用，是产权合法性的终极目标。

四、事中界定：社会性合约的达成和弱化

依靠社会性合约界定的"集体企业"，是一种"主体非人格化"的模糊的名义产权安排，这就给产权在实际执行中留下大量可供解构和建构的空间。事中界定，就是发生在这样一种情形下的经过重新界定的事实上的产权安排。

（一）社会性合约的实现与"剩余"产权的占有

社会性合约在企业创办初期和在非正式地界定企业控制权中所起到的作用，是显而易见的，那么，它在什么条件下难以约束非正式产权的膨胀以至于不能阻断集体产权的私化过程呢？这是本节想要说明的问题。

与社会性合约相关联的是如何理解村社区集体产权的"剩余"问题。村社区的实际问题是，集体产权往往没有正式初始合同，在发展过程中大多如塘村一样并未实行过真正的承包制，就是说并未向经营者"清产核资"即核清所经营的资产价值，因而也就无从以此为基础来计算或预期"剩余"，那么，它的产权问题何在，其中

的关键要素又是什么呢？在新制度经济学派的解释中，"剩余"的占有和享用是产权问题的核心。所谓剩余，是相对于合同以外的权益。不完全合同理论对这种实际占有权力的产生进行了创造性的解释。这一理论虽然是在将企业定义为一系列市场合约的框架中提出的，但不同的是，科斯定理告诉我们，只要谈判（交易）是有成本的，产权分配就是重要的；而不完全合同理论则认为，由于信息的不完整和不确定，换言之，即明晰所有的特殊权力的交易成本过高，合同是不可能完全的。当合同不完全时，资产归谁所有，谁拥有对资产的支配权或控制权，才变成了关键性问题（哈特，1998：译本序7、35）。这一理论从根本上说明了法定产权（合同）以外的"事实产权"产生的可能条件，即由于合同不完备从而出现"漏洞"。如果合同有可能是完备的，就不存在所谓产权问题，任何所有制形式的效果就都是相同的。这一理论出现后，"产权"概念强调的重心发生了变化，如果说过去的理论强调的是对财产权利和剩余收益的占有，那么现在强调的则是对剩余资产的使用权或控制权。

上述理论强调了合同完备的不可能性，也就是说，不完备是一种被动状态。企业家理论和人力资本理论对此给予了别开生面的解释。除去信息不可能完备，交易成本过高外，这两种理论还认为，市场的企业合约之所以特别，就是因为在企业合约中包含了人力资本。人力资本的产权特性使得在直接利用这些经济资源时无法采用"事前全部讲清楚"的合约模式。企业合约作为一个特别的市场合约，其特别之处，即合约里多少保留了一些事前说不清楚的内容而由激励机制来调度，可以由人力资本的产权特征得到说明（周其仁，2002）。也就是说，合同的不完备是一种制度设计，是加入了设计者意愿的主动行为。这两种理论还进一步地用企业家的人力资本来界定企业产权，提出"企业家和制度企业家才能界定企业控制权"（周其仁，2002：104）。

但是，上述两种解释，强调的都还是正式制度设计，还不能够对村社区复杂的制度变迁过程给予完满的解释。这里，我们换一个角度,从正式合约里包含非正式合约要素,正式制度寄生于非正式制度过程(斯科特,2004/1998:7)的角度理解问题。正式合同不完备或者不可能,是因为一部分权利需要非正式合约来调整和控制,或者说,没有这些非正式过程,正式过程就不可能存在和完成。这一思路不仅反映了我们关于社会性合约的考虑,也反映了契约法和企业间合同关系治理形式的演变实践。例如,"古典合同法"只关心合同条文的执行以及如何解释法律条文等问题,发展到"新古典合同法"后,开始强调合同双方有着依赖关系,再发展到"关系合同法"后,就只搭建一个如何解决合同问题的治理框架,而合同关系则可依据情况随时调整(周雪光,2003:222—223,2005)。

那么,在社会性合约作为初始合同的情形下,何谓"剩余",其意义又何在呢?从塘村的社区目标中可以发现,社区社会性合约所要求的"互惠"条件集中在满足就业、实现福利以及公益方面,对这些方面的期待在当地又有特定的社区发展水平作为参照,因此实现这些目标所需要的投资,相对于劳动密集、效益尚好的鞋业收益来说,并不难做到。塘村以此作为底线,采用"公司办村"的方式经营社区福利,这之后所产生的便是所谓"剩余"问题。可以看到,首先,"剩余"被最大化了,而且从未采用承包制等其他治理方式来重新确定企业总资产,这就使"剩余"无限膨胀了;其次,公司人对控制"剩余"的要求,随其膨胀而逐渐从非正式转向正式,最后成为再次缔约的潜在动力。

(二)"二次合同"与非争议产权

倪志伟和苏思进在研究中国经济改革时,从市场转型的角度,提出中国经济增长的功绩应归于产权的非正式私有化。非正式产权是嵌于更为广泛的规范和习俗的框架之内的。一般地说,非正式产权所嵌入其中的社会网络越稳定,对于产权的争夺就越少,这种产权也就越有保障。但是,随着时间的推移,当对财产的使用已经是习惯性的,并且是受到社会规范支持的时候,用非正式的方式建立的产权就会不断地硬化。在将来，这种非正式的产权会成为获得正式产权的基础（Nee & Su, 1995）。

这一研究给予的启发是，非正式产权嵌入社会网络之中，网络所提供的稳定性有可能使这种产权在习惯的作用下变成非争议性的，从而合理地转换为正式产权。但是倪、苏的研究没有对这种转换是通过什么机制而实现的做出交代。而对这个过程的揭示，正是本文的兴趣所在。前面我们已经对在社会合法性机制作用下经营者获得非正式控制权的情形进行了探讨，需要进一步说明的是，这种控制权需要通过再缔约过程才能变成非争议性的进而变成正式的产权。

对"二次关系合同"的透视，是有助于理解问题的一个角度。

我们首先将"二次合同"定义为与"初始合同"相对应的实际执行的事实合同。研究者对"二次合同"有正式与非正式之分，实践中，非正式"二次合同"的产生是大量的、活跃的和具有解构意义的，往往由于它的实际存在而使正式文本合同形同虚设，最终导致正式合同的再缔结。

这一类"二次合同"，问题一般多出现在文本合同关系松散（失灵、疏离）的地方，是非正式关系作用的结果。从"嵌入性"视角出发所做的解释，认为合同部分依靠法律体系，部分则嵌入人格化的关系体系之中。后一种被称作"二次嵌入"的机制，发生在正式合同缔结之后，由那些经营代理人在相对独立地从事经营活动的过程中与他们的经营伙伴缔结而成，并使合同嵌入他们之间的关系。这一过程将引发非正式的再缔约过程，于是形成"二次关系合同"（刘世定，1999b）。

塘村鞋业公司的对外贸易所采用的"接单"生产方式，正是这种"二次关系合同"得以缔结的契机。接单生产，大多依靠企业经营者掌握和建立的人际关系网络，并且由经营者私人掌握。在我们访问的这一类企业中，厂长本人都直接掌握两大权力，首先是接单权，其次是财务权，实际上，只要这两权在手，企业的生死存亡在相当程度上就掌握在经营者个人手中了。有关研究指出，这时"经营者的可替代性便大大降低。因为这时更换经营者，要冒垮掉那个企业的风险。企业资产便因而具有了经营者专控资产的特性。这意味着经营者占有资产的排他性的强化。甚至法律上的所有者也在一定程度上被排除在外。一般来说，经营者对其占有权边界的认知也会随此而发生变化。和刚刚获任时相比，他会更多地将企业资产特别是在他的控制下增殖起来的资产，看作其排他性占有的领域"（刘世定，1999a）。塘村转制时亮出"公司创造集体净资产"的底牌，就是这种认知的结果。

在这种认知下，企业经营者对经营权收益乃至所有权的索求，就成为集体企业转制的另一大动力。甚至在转制政策尚未明确的情况下，经营者个人实际上已经排他性地占有、支配和处置着企业资产，企业资产是否流失或转移，完全依赖于经营者个人对集体的忠诚、对其私有意识和欲望的限制等道德因素来约束，这时候，法定所有权已经无法限制企业资产的转移。"二次合同"的一个明显结果，就是通过对界定规则和习惯的多次非正式确认，强化在社区中已经存在的事实上的"非争议产权"，最终使其全方位地取得正式合法性的支持。

当然，对于资产转移的这种暗箱操作，经营者往往会产生焦虑甚至犯罪感，因而就要求对个人私有权的补偿公开化和合法化。这种非正式合同的公开化和合法化要求，又将导致另一类"二次合同"的缔结，而这往往采用正式缔约的方式，使名义所有者与实际占有者之间的权利博弈由"暗处"走向"明处"。

这另一类"二次合同"问题，原本出现在市场竞争机制失灵的场域，是非市场力量作用的结果。经济学家假设，在充分竞争的市场条件下，公司可以通过市场机制选择最佳的合作伙伴，签订长期合同。但是，合同双方一旦进入合同执行期，这种合同就不再受市场竞争规律的制约。这是因为合同双方有了信息的不对称性和"谈判"地位的不平等性。假设一个小公司签订长期合同向一个大公司提供某种产品配件,在合同执行期,合同双方就产生了相互的依赖关系。但是这种依赖关系是不平等的,大公司可能有着更为有利的竞争地位,因此要求"重新谈判"合同条件,而小公司由于对大公司的依赖地位而不得不接受"重新谈判"的不平等条件(周雪光,1999)。这种合同的再缔结,往往因权力不平等,引起对产权的重新界定。

塘村转制三部曲中的股份制改造、公司制处置和改私,都带有建立"二次合同"的意义。转为股份合作制时,"公司人"提出70%净资产归公司占有的要求,欲与"村集体"重新确定资产关系;村集体资产由最初占有总资产的93%,经过股份制改造、公司制处置和改私三次分割,最后确定为只占23%,都可以被看作一次次"二次合同"的缔结。可以看到,企业经营者对企业产权事实上的控制和占有,使他们与名义所有者之间的权利天平倒向经营者一方,出现与上述权力地位不平等相似的情况,这正是导致"二次合同"文本化的主要原因。这也是在委托代理人之间出现"套牢"问题时,或者经营者实际上已经非正式占有,而委托人又因为没有足够的信息或适当的动力去监督企业时,人们不得已采用缔结"二次合同"的方式。可以看到,乡镇企业发展过程中出现的一系列转制或改制举措,如经理收入与企业剩余挂钩、风险抵押承包、经理租赁承包制、认债购股、股份合作制中经营者持大股、企业改制转私等等,大都起于不得已的"放权让利",集体"放权"让经营者尽其所能来找项目,拉关系应对市场风险和面临的各种问题,包括独自承担风险。经营者借此在自己的企业建立起不可逆转的管理权威后,"让利"就成为"激励"的必要手段。这时候,缔结"二次合同"也成为名义所有权者被动地维护自己权利的最后手段。

(三)"公司办村"与村政"出局"

再缔约的过程强化了公司的强势性格,权力的摆针偏向公司一侧,于是,集体制下"村企合一"的机制也由办厂初期的"村办企业"顺利地过渡到"公司（或企业）办村"。在这里，村办企业不仅是指企业产权的归属关系，也指以村庄的方式办企业；反之，"公司办村"不仅是指以公司的方式办村，也指企业所有权向公司的转移。

"公司办村"在当地如塘村一样的村庄中十分流行。在一些村庄里，企业集团公司集"党政企"权力为一体，村委会往往作为集团公司的一个分支机构，主管农业和村政事务，村财政也是公司财政的二级核算单位，村政事务的所有费用均由企业支出，并且采取"实报实销"的方式。有的村庄，农业部分干脆就是企业的一个"车间"或农场，生产、经营和管理也是以企业的方式进行的。从这个意义上来说，村庄就是一个企业，是以企业或公司的方式存在的。

这种现象，其实是"村书记兼董事长"的权力现象在村庄管理体制中的反映。在公司经济成为村庄经济命脉的情况下，村书记兼董事长的设置不仅实现了村企权力一元化，同时也宣布了村政被公司"兼并"的结局，村集体也由此丧失了集体资产看管人的地位和权力，表现出弱势性格。

不难发现，公司"埋单"对村政产生了两个实质性的影响。首先，村作为下属机构，与分厂有相似的从属地位，接受公司的统一领导，从而失去了对公司的控制权，进而也就失去了与公司讨价还价的能力。其次，公司办村是种福利性经营策略，主要职能是在企业经济增长和增进社区福利之间确定预算决算，并负责向村提供社会福利，而福利资金的提取也没有合同规定，不是依据产权大小对剩余按比例分享。在这个过程中，公司对村庄事务的权力伴随福利供给的增长而增长，村委会则逐渐演变为公司集体福利的执行机构，公司经济增长越快，村委会可支配的福利资源也就越多。在这种格局下，村委会与公司之间产生了新的权益博弈策略，只要公司不反对支付"为村民办大事"的费用，他们就不反对公司兼并村政，反而还可以通过福利策略让公司效益尽可能多地在村庄内部分配和共享，也就是说，可用"村政缺席"这个最小成本来换取"增进福利"这个最大收益。

(四) 界定者:"公司人"、制度企业家及产权的等级秩序

塘村模拟"公司制"转制时,曾亮出这样一张底牌——"公司创造集体净资产",这可以被看作实现"公司人"控制的宣言。明确集体资产是公司创造的,这在产权界定中具有重要意义,可以此作为公司占有绝大部分资产的依据,也可依此由公司获得在分家析产中"定盘子"的权力(指有权制订方案等)。

这里的"公司人",类似于经济学所称谓的"内部人",是指事实上或依法掌握了控制权的经理人员,他们的利益在公司战略决策中得到了充分体现。经理人员常常通过与工人共谋来达到这一目的(青木昌彦、钱颖一主编,1995)。但是,塘村的全部劳动人口几乎都在村办公司工作,公司董事长又是村政最高领导人,为什么还要分出内外?

在塘村,村企分家并在企业中形成内部人"共谋"并且得以长久维持,是建立在这样一个共同利益和社区基础之上的:现任村书记兼董事长创办企业在先,入主村政在后,没有"老村干"的身份,也不是工业化初期"村集体经济"的带头人,因而也就不会虔诚地秉承集体制的制度和意识形态遗产。相反,他始终认为自己最适合"做企业",因而与村政"拎清楚"一直是他要达到的愿望和谋略。加之,公司内部出现的"我们赚钱,他们花钱"的不满和不平衡心态,使公司内部成员更愿意与经营者结盟,以便请村政"出局";而且村书记兼董事长又不是来自"经理人市场"上的外聘经营者,他来自社区内部,作为村书记,他被官方和民间都赋予了集体资产"看管人"的角色,与村民和职工之间不存在明显的利益冲突。并且,企业绝大部分经营管理层人员都是从企业内部提拔上来、"愿意跟着他干的",而职工90%来自本村,多是他亲手安排的乡里乡亲,因而他们之间的联盟更容易并可更好地维持下来。

实现"公司人"控制,是集体产权转变和界定中的关键步骤。

其一，在正式改制之前，内部职工股东已经与名义集体所有者——村集体之间，通过不平衡的利润分配获得了绝大部分的利益，甚至在"公司办村"的格局下村委会干部也无权"出股"和享有股份分红；其二，通过非正式的事实上的占有和控制，"公司人"及其领导者在正式改制时获得了"定盘子"即界定产权的权力。虽然在塘村的产权界定过程中，"公司人"的权利和利益，在排除村委会成员后，也同样发生了分化，产权在多次界定之后，最终集中到村书记兼董事长个人及其家庭成员手中，但是在村企分家之时，"公司集体"进而"职工集体"已经获得了相对于"村集体"较多的资产权利，尔后这些权利仍以"职工奖励基金"的方式得以保障。

不过，在多次产权界定中，真正掌握和运作界定权的是"公司人"的领导者——村书记兼董事长，正所谓"强权界定权利"。这种权力源自他"制度企业家"的特征、身份和能力（周其仁，2002：104）。这里，制度企业家是指兼有社区政权领导职务和企业经营者双重身份的企业家，较之普通企业家，他们一方面可以更便利地获取体制内资源，另一方面也需要为社区直接而负责地承担公共义务和责任（折晓叶、陈婴婴，2004）。

在苏南等地的村办企业中，制度企业家一般有两种固定搭配：一种是由"老村干"直接创办企业并担任现职，有"党支部书记—董事长""村长—总经理"的搭配方式；另一种是村政权组织吸收有经验的村办企业经营者入主村政，担任村书记职务，或者外聘成功人士经营企业，并委以村书记副职等。一般来说，不再委派其他村干部进入企业，目的是要通过这种制度安排既给企业经营者一定的经营自主权，又将社区利益与企业紧密联系，依靠企业的成功使社区和村政也从中获益。塘村属于后一种情况。

制度企业家在产权安排中之所以具有强权，这与集体制产权内含的行政等级制度相关联。集体制的权力结构以"行政职位权力"为基础，依此形成等级结构，特别是最高权力，是由"行政职位"加"公司职位"共同构成。失去前者就必须放弃后者，在这里，产权明显依附于行政权。因而,"村书记兼董事长"这个职位,作为村内最高权力,一直是村域政治争夺的焦点,也就不足为奇了。而且,产权内含行政权,权力和财力紧密结合,也是私有化过程中集体产权得以最终向"党支部书记—董事长"职位集中的制度基础。

这里的问题在于,制度企业家的双重身份在什么条件下会发生分离,作为"村书记"的董事长为什么可以"少"代表村集体而"多"代表公司呢?

我们注意到,至少有两个因素影响到他的行为。其中之一,兼职的双重身份改变了村集体与企业经营者之间的"委托—代理"关系。需要说明的是,这里并不是从严格的意义上使用"委托—代理"理论,只是为了与事实上经营企业的"代理人"相区别,所以仍将企业以外的社区组织领导人称为"委托人",村书记兼董事长的角色安排,从形式上看,似乎与"政企分开"的理论逻辑格格不入,但却在实际中被广泛采用,其中隐含着这样的双赢逻辑:这种角色安排使担当者既成为集体产权法人代表(委托人),又是企业经营者(代理人),从而改变了"委托—代理"链。从名义产权的角度看,委托权被同时安排给了代理人,这是在代理人的行为不易直接被委托人观察到的基本假设下,将合约激励变成委托安排激励的最优办法(张维迎,1995)。而从实践中事实产权的角度来看,则是对已经被代理人非正式地占有了的企业所有权进行某种约束,这是在代理人的行为已无法被控制的假设下,将委托激励变成责任或制度激励的最优办法。只有如此,村社区才有可能通过对"村书记"角色的社会期待,获得相对最大的收益。不过这样一来,也就顺理成章地把村政组织所代表的集体对企业的所有权虚置起来了,特别是在村书记身份依附于经营者身份时,情形更是如此。

其中之二,在村书记兼董事长的权力结构中,甚至从没有真正实行过"承包制",因为向谁承包是不清楚的,产权主体是无须追究也无须分清楚的,他可以集"党政企"于一体,甚至连"家"也融入其中,几者的区别在他的实际运作中是模糊化的。他的"视厂如家"，与普通职工不同，从产权的角度看，在他那里，企业就是自己的，公产与私产的界线是模糊的，两者之间的贡献甚至也是相互的。例如，他根本不太区分自己和家庭的"私产"与企业"公产"之间的差别，甚至一连几年都不从企业拿出由地方政府核定的属于自己的上百万奖金，"就像顾家一样地顾厂"。当然，在这样的制度安排中，他也可以不分公私地将集体资产据为己有。这种情形下，一旦政策和意识形态主张"集体退出"，他就会强调自己"企业创办人"的身份，从而淡化自己的"集体代理人"身份。

我们观察到，这一双重身份自身所产生的角色冲突，在"政府创办并控制乡镇企业得到的合法化承认和保护比获得'清晰的产权'要高"（萨克斯，1993；李稻葵，1994，转引自周其仁，2002：113）的制度环境中，被隐蔽、被淡化了，而随着上述制度约束条件在改革开放中逐步消失，它便被启动、被强化、被突显了。在重新界定产权时，塘村村书记兼董事长首先弱化自己的村书记身份，站在企业家的立场上寻求自己和"公司人"的最大权益。但是，村书记这另一重身份也仍然约束他，即便按当地人通行的办企业时"村里没有投入一分钱"的说法，他也必须为工业集体制解体时期的村政和公益事业做出"对得起村里"并让村里人认可的安排，仍然要"为了村里的老老小小"承诺在位期间不改动原有的用人制度和管理方式。他的这种行为方式可以看作制度角色和社区道德共同约束的结果。可见，在村域内，这种角色冲突尚不足以彻底改变制度企业家的双重性格和责任。

五、事后界定：社会性合约的清算和表达

所谓产权的事后界定，首先是相对于企业没有事前或初始的经济合约而言。一般认为，事后界定是一种谈判程序。然而，一旦进入事后谈判程序，就会发现陷入了一种科斯困境：在自愿谈判和交易的情况下，产权的初始界定不影响资源的配置。一些经验研究表

明，实际操作中的产权界定最终要看双方的谈判，是双方讨价还价的结果（张晓山，1999），而不管这种谈判是桌面上的还是私下的无言较量。这里的关键问题是，谈判双方的权力是否对等，是否具有谈判的本钱和能力，谈判程序是否公正等。其次，由于产权界定准则的确定是在企业已经壮大成熟之后才进行的，那么，事后界定就变成一种纯粹"内部人界定"的过程，公平与否，是以内部人自愿达成的协议为依据，外部人的界定不管多么合理，都很难作为评判公平的依据。最后，是相对于一次历史性的清算而言，由于清算后退出的集体资产仍然作为不可分割的"村财"而存在，并且还有再次进行集体经营的可能性，因此，事后的末次界定并不意味着集体产权的解体，而是对以往产权潜在的矛盾和争议的一次强制性裁决。

（一）形塑"卖方"和无言较量

"产权主体非人格化"或"所有者缺位"，是人们判定公有制产权模糊性时的一个基本因素。这种现象对于乡镇集体企业来说，是指其产权关系具有社区内"公有"或"共有"的模糊性。在这种集体制框架内不可能存在市场性交易，谁是卖方与谁是买方一样，原本是一个并不存在的问题。改制提出产权转让问题后，有偿出让或受让集体产权的交易行为需要人格化的买卖双方，这样一来，谁是产权主体，谁是卖方，就成为一个不断被追问的问题，一个特定的产权问题。因而，形塑或者说营造出一个人格化的产权主体特别是"卖方"，就成为事后界定产权时的必经过程。

从塘村的经历中可以看到，股份合作制和公司化过程最实质性的结果，是以分配股权的方式重新形塑出人格化的"产权主体"，即产生出可以指认的落实到具体对象的初始"卖方"。不管分配中"蛋糕"如何切割，大小是否合理，过程怎样复杂，其结果是村集体、职工集体和经营者各自都被赋予了可以指认、可以计价、可以交易的资产，成为有资格进行市场交易的买方和卖方。这一结果应该说是转制最为实质性的内容，它为实现产权交易准备了条件，提供了可能性，之后的私有化不过是在市场交易原则下经营者与其他产权主体之间进行的买卖而已。从这个意义上说，实行股份合作制是重新界定集体产权或最终走向私有化的最重要的过程。

形塑人格化的产权主体虽然是在事后进行的，但是在事中所形成的事实产权就已为其规定出了确定"买方"的大原则，即村书记兼董事长是控股且具有买方资格的最佳人选。而"卖方"的形塑及其定价，则是产权事后界定中最值得探究的过程。

"卖方"的确定是法律合法性和社会情理合法性机制共同作用的结果，这在村中并无异议，问题在于如何为卖方定价。一旦出现资产分割，定价就需要寻求经济法律依据。在塘村改制的每一个环节中，我们都可以看到《公司法》被多次作为依据。而当乡镇企业的股份制改造直接套用《公司法》时，集体产权内含的社会性合约便会遭到严重无视甚至否定，这对集体企业产生的影响几乎是颠覆性的。

从塘村所在地的诸多案例中可以看到，改制企业一旦依据《公司法》，就可以将企业分块出售而不必整体出售，这就为大而盈利的大中型企业的出售提供了依据；一旦成为上市公司，在所谓"规范化"的要求下，合作制内部的公共积累和内部职工股便失去存在的可能，这也为公司产权向经营者手中集中提供了依据。而且，一些研究指出，企业经营者一旦按照《公司法》运作上市，便可以通过资产评估和建立规章制度，顺理成章地把企业原有的上级所有者——乡镇或村的经济联合体"总公司"或"联社"以及名义所有者——社区成员排除在外。于是，在企业经营者成为独立法人的同时，集体企业的资产便名正言顺地转入他们手中（温铁军，1997）。一旦依据《公司法》改造，在确定产权时就容易只依据"资本金投入"来确定初始产权，如果根据"谁投入，谁创造，谁获益"的原则，乡镇企业的"投入"特点将被忽略，从而造成集体资产的变相流失。有研究认为，乡镇企业并不像国营企业那样是《公司法》的主要立法对象。如果仅从初始投入角度来界定财产权益，至少要明确，在我国农村资金要素长期高度稀缺的条件下，乡镇企业恰恰是不得不以劳动和土地"替代资本投入"而形成企业资产的。对此，《公司法》却基本没有涉及，这就从客观上造成了集体资产流失和农民权益的损失（温铁军，1997）。

不过，塘村在为卖方实际定价时，却也难以完全遵循《公司法》。若按"资本金投入"，塘村集体初始投入为"零"，零定价是不可能为村民所接受的。定价虽然没有经过标准的谈判过程，但却是在无言较量中进行的。这时候，作为"卖方"的村集体由于没有事先确立的可以作为依据的经济合同，其资产经过事中反复界定之后，"卖价"仍然难以用经济原则来加以确定。村主任在介绍这一情况时一再重复这句话："他（村书记兼董事长）会考虑村里的。"在这里，无言较量成为一种非正式的谈判过程，社区成员希冀通过社区情理合法性机制来对此加以约束。可以看到，社会性合约再次成为事后界定产权时的重要依据，不过，它也只能起到"保底线"的作用罢了。我们可以从下面这个过程中清楚地看到这一点。

（二）"倒推算法"的合约含义

塘村在界定村集体资产时，采用"公司行政"的方式，首先为之确定了一个占总资产"四分之一"的定价比例。在我们对这个比例表示疑惑之际，公司方指明"这也不是随便说出的"，村政一方也表示"不好再向公司要什么"。接着，他们各自用同样的逻辑为我们算了一笔细账，以示这个比例数的合理所在。

计算从村政和社区福利的需要出发，倒推出集体资产的大致数额，可用如下公式表示：

公共性设施和事业需求＋村政日常工作开支＋村民福利开支＝村集体资产

"倒推算法"，首先根据村内预期"办大事"即举办大型公共设施和公共事业的所需费用算出一个底数，再加上日常工作开支和村民福利费用，形成村资产的基本结构。由于村里的大事（在村书记兼董事长手里）基本都办好了，因此对已经形成的公益性物品折旧后作为固定资产归村所有；预期要办的公益项目已经有限，则从集体股变现资金中拿出一小部分即可满足；日常开支按改制前的正常水平预算，也大致可由变现资金所获利息（变现资金投入鞋业公司以获得较高的长期收益）和政策性收益（如土地使用费、农业发展基金、社会事业费）等来维持。这算法的底线，是保持村民在近20年集体工业化过程中已经享有的福利水平，并有所提升，也就是维持社会性合约的底线目标。这也正是村委会和村民愿意接受这一安排的隐含条件和期待，即社会性合约所隐含的内容。

以"倒推算法"界定的产权，显然不完全合乎经济学意义上的产权安排逻辑，它不是按照所有权或物权收益分享比例来界定资产，而是按照满足公益需要的程度来推导出资产数额及其权利归属，具有习俗性的"福利产权"性质。福利产权所涉及的资产"量"的多少，事实上涉及社区情理合法性对公共福利提出的预期，也与村民对分享企业收益的认知有关。工业部门与农民熟知的农业部门大不相同，它在为村民提供高收益的同时也剥夺了他们对于工业活动的知情权，企业收益对于村民来说，是一个无法控制的变量。因此，村民并不关心收益分享额的上限能达到多少，但对下限却有一定的预期，那就是在企业经营不出现大问题的情况下，维持历史最好水平并逐年有所提高，并且这种预期是以达到当地最高水平为参照的。也可以说，这种习俗性的"福利产权"，是按照村社区共同体的共享互惠原则和逻辑做出的"末次合同"安排。

这一"末次合同"明显地具有社会性合约的性质，按照缔约双方的表述，这是一种"还债"的历史契约和"还情"的社会契约。村书记兼董事长事后说"这就对得起村里了"，个中意含的"债务"就是含糊地指"村里以往的支持"，这应该包括对集体优惠政策的利用、对土地资本转移收益的无偿占有、对内部廉价劳动力的利用和未支付的社会保障资金的占有等。以公共性资产和公益投入来清还历史"欠债",是目前苏南集体企业改制中比较通行的做法,虽然对"债务"未作明晰计算,但这做法既承认改制安排中对集体无形资产计价的合理性,又可以避免因这部分资产难以准确计价而可能被悬置的难题和尴尬,因此受到地方政府支持,也得到村干部和村民的赞同。塘村由于一直比较重视社区公益建设,村中"大事"早在公司发展过程中基本办妥,所以将公益性资产还村,表明公司已经逐年还清了村社区应享有的权益;至于今后公司"钱多了还要为老百姓办事",就如公司经营者和村主任所表示的"那就是个人为老百姓办事了",由此而对这两种公益行为进行了严格区别。而在苏南另一些对社区改造和建设长期投入不足,欠债较多的村庄,事后也不得不同样采取向社区投入改造资金的办法来清还历史欠账,例如将改制前多年积累的减免税依法投入社区改造资金;将股份制改造过程中置换出来的村集体所有的现金依法投入社区改造资金;按国家规定每年上交地方政府的费用作适量分流,部分依法作为乡镇财政规费的转移支付投入社区改造,等等(毛丹等,2002)。上述做法也可以看作工业集体制解体时期回报村民的一种方式。改制中若能为村民建立起一个以维持和增进福利为标准的财政结构,不失为一个能让村民直接而长久受益的相对明智的办法。

这一事后安排的真正问题,首先在于,改制中村集体回收到账的这一笔资金该如何管理和处置,使之真正用于增进福利。为避免回收资金被滥用和流失,地方政府鼓励探索集体资产经营增值的办法,例如,建立工商业社区用以招商引资,委托证券投资,利用闲置土地、厂房、基础设施推进产业化经营,等等。但村干部和村民对于再次进行集体经营特别是生产性经营已经没有太大兴趣,害怕再次陷入"集体经济"的困境。如果退出经营后的资产留在村组织手里,村委会又担心被上级政府和某些官员"惦记着",被"借走"用了,村民则担心钱到了村干部手里守不住,被"开支"完了。因此,改制后的集体资产相当普遍地采用如塘村那样租借给企业使用的办法，由集体组织收取租金并加以管理。这部分资产被认为在量上界定清楚，在质上提高了安全性，因为租金能保证租借资产有稳定收入（邹宜民，1999）。这部分收入作为全村的福利保障，在村社区中受到认可，也相对易于监督。

其次在于，以社会性合约作为底线确定的村财政底盘，至多只能维持村民的现有福利，至于社区进一步发展的资金将以何种方式筹集，进而社区新的公共空间如何再建构。这里的关键是，村政组织是否能够发展成为"村政"与"民企"的合作体系，以处理好社区内分散化的经济资本如何向社区公共事业投入，新的公共资源和"公共财产"如何聚集，新的公共权威又如何树立等一系列问题（折晓叶、陈婴婴，2004）。

（三）末次合同中的机会主义

塘村以福利需求为根据界定的产权，最终作为村企商定的结果，以"协议书"的正式文本形式签署，并由镇政府存档加以确认，具有法定意义。并且，这一文本是对集体制产权的一次历史性清算和确认，又具有"末次合同"的意义。"末次合同"既是对事中形成的事实上的产权的一个法定默认，又带有讨价还价的谈判过程所具有的不确定性之特点，因而其缔结过程类似于一次"末次博弈"，事中被"排除"在边缘的村集体，这时候反倒可以以法人所有权者的身份出场博弈。虽然较量是无声的，但"出场"就意味着提供了变量，增加了预期，制造了机会。

作为处置集体产权的"最后一次晚餐"，改制中包含的机会主义欲望似乎是显而易见的，这从大量有关批评和揭露中可见一斑，例如，企业经营者在清产核资中对资产的隐匿和分割，致使集体资产隐性流失；官员与经营者"合谋"欺骗政府和集体，地方官员事后寻租，双方恶意串通，弄虚作假，以各种名目侵占集体资产；转让双方串通故意压低底价成交，等等。这很类似于"一次博弈"或"末次博弈"中的"一锤子买卖"：如果双方认为他们的交易是一次性的或最后一次的,那么未来收益的损失就可能微不足道,在这种情况下,违约的成本似乎非常低,从而双方违约的概率也非常大。

那么,发生在村庄共同体内部的"末次合同"安排,会不会真的也是一次"末次博弈"呢?在村社区,改制虽然可以看作处置集体产权的最后一次博弈,但仍然受到社会性合约的无声监督,受到社会期待的潜在约束,并没有表现出"末次博弈"的完整特点,只不过变成社区"重复博弈"中的一个关键性场次。严格地说,发生在村社区共同体内部的博弈几乎没有"一次性"的和"最终性"的,长时段的共同生活使任何博弈都"嵌入"相对稳定的社会关系网络之中,人们的思维和决策受到制度文化模式的支配,很难做出为村里人不齿的赤裸裸的机会主义选择。当社区还是乡镇企业赖以生存的母体时,即便企业转为私营,企业家仍然要十分重视自己的信誉和声誉,因为他在保留有自己和家人根基的熟人社会中,始终进行的是一个重复的博弈,要想得到社区持续性的合作,他必须拥有"兑现承诺"的良好声誉,必须对自己的机会主义行为有所限制,这正是社会性合约的延伸效应起作用的结果。

但是,社会性合约毕竟是由当事人之间的人际关系来维持的,塘村书记可以在企业产权归自己家庭时,仍对村民和村组织做出恪守"不解雇职工""有钱还投资村里建设"等在先前合约还对他起作用的情况下所做的种种承诺。这样做似乎不完全是个人的道德操守问题,其透露出的是村社区对他个人的社会期待。这种社会期待对这样的权威人物尚具有约束力,他们在位期间一般不会轻易改辙,但这种"承诺"嵌入他个人与社区的人格化的社会关系网络之中,一旦这种关系解构或者断裂,由于没有制度化的保证,这种人格承诺对其后继者的约束就值得大打问号了。我们发现一些相似的例子,在苏南另一个大型村办集体企业改制时,村民出让股权时得到时任董事长和总经理的承诺:只要企业存在,就要保证他们的就业机会,并以他们在职期间工资的9%为限,为他们购买养老保险(公司支付7%,个人支付2%)。不幸的是,时隔不久这位董事长去世,他儿子接替职位后,出于提高效率和管理的需要,首先改变的即是用人用工制度,不再承诺保障村民就业。当公司外聘人员的优厚待遇引起一些本地职工的不满和反抗时,公司加快了置换企业职工的速度,首批42名够一定年龄的村民职工被辞退,其中未到退休年龄的,每月发给300—400元生活费,待达到退休年龄后再办理正式退休手续。之后,还陆续采用"一次性买断工龄"的办法(王红领,2000)清退不适应公司需要的本地职工。

这时,改制所引发的机会主义行为将不可避免地爆发,这正是塘村等诸多改制村庄存在的潜在危机,也是近年来改制地区清退职工诉讼案逐渐上升,基层政权组织财政严重萎缩等问题的成因之一,这个问题同样也是改制设计者——地方政府面临的严峻社会问题。

六、结束语

我们从考察一项集体产权遭遇反复界定的过程中,提出了集体产权其实是一种社会性合约的看法,并且探讨了这种合约对于界定产权关系的有限作用。从中可以得出如下一些初步结论。

改制即以私有化的方式明晰产权,这是否是企业改革的关键所在,理论界已经有"产权还是市场重要"之争。不过,这些争论首先是以肯定内部"产权明晰"和外部"市场充分竞争"都是企业改革的必要条件为前提,分歧在于孰重孰轻。争论没有涉及在解决这个悖论问题过程中产权单位内部是否具有处理问题的能力,譬如,社区的互惠规则、平衡机制和合作能力等是否也是构成"激励"和"效率"以及解决冲突的要素等。其实,由互利互惠规则和逻辑串起的"互惠链",现实地维持着社区内的产权秩序。在政策推动改制之前,产权在塘村这样发展水平较高的集体制村庄中并不是社区问题的核心或关键,就是说,社区用习俗和惯例有可能比较好地解决自己的产权问题,而由外力推动,自上而下用统一政策一致性地处理产权问题,则有可能破坏这种平衡,从而使产权问题真正突显出来。

　　社会性合约反映的是一种社会和谐秩序，但它既不是某种有意识设计的制度，也不是社会关系的自然表达，而是特定行动关系协调的产物。作为一种非正式制度和过程，它与"集体经济"政策和"共同富裕"意识形态等正式制度相互依存。这二者之间的关系接近于斯科特所描述的共生关系（参见斯科特，2004/1998：425），仅仅依靠简单的政策和意识形态话语本身并不能建立可以正常运作的社会秩序，它们在很大程度上依赖或寄生于非正式的社会性合约；同时，没有政策和制度环境的支持，处于行动关系中的社会性合约也难以自我创造和维持，因而，在制度环境发生急剧变化时，社会性合约对产权的界定作用就十分有限了。

　　在市场合约不完备的情况下，社会性合约有可能比较好地处理和解决内部的合作问题和产权冲突，也具有维护集体产权底线的作用。从塘村改制的经历来看，以政策确立的所谓"集体产权"，实际上是依赖这种社会性合约维持的。在以行政力量推动改制时，如果只以制度设计替代非正式互惠规则和逻辑，而不充分考虑到社会性合约的延伸或替代问题，将会给社区的持续发展带来严重问题。特别是对于像塘村这样原本企业经营绩效好，村内公益事业发展水平高的社区共同体来说，以外部行政方式和政策规定打断原有的利益平衡机制时，就不能够只偏重于保障经济合约的明晰和企业经营者的权益，也必须以制度化的民主公平的方式留住村民应得的长久利益，以便弥补"硬性"的市场合约对"软性"的社会性合约的消解。否则，问题看似变得明晰、简单，却有可能在公共空间形成既没有正式制度安排又破坏了社会性合约的真空状态，使社区公共利益受损。可以看到，在这种情形下，社区利益的维持已经具有更大的不确定性，只能依靠当事人之间个别的更加软性的人际关系。改制后，塘村在经历村委会主任的换届选举前，曾发生过全体党员"抗上"事件，他们反对上级政府以行政方式提前换下村主任的做法，执意推选原主任，其中潜藏的一个原因，就是原主任与公司董事长是"连襟",村民预期他通过这种亲戚关系,会比较容易向改私后的公司为村里要钱。相较于原来由社区共同体关系网络的合法性机制提供的预期,这种预期的不确定性要大得多。

　　社区"集体制"所具有的社会合约规定性,使其产权成分并不都是市场合约性的,还包含有"成员共有权""平均权"和"人权"等社会关系成分,因而我们并不能把集体产权当作一个简单的经济问题来处理。在处置集体产权时,不能只遵循经济权法则的逻辑,还须遵从社会关系法则的逻辑,否则不但不能真正解决集体制的弊端,也难以找到改私后解决公共问题、维持共同体生存和发展的替代方案。改私是一个对共同体成员强制性"排他"的过程,在将集体产权明晰到经营者个人私有时,如果不能公正地处理如何排除原始产权主体(全体村民)的权利问题,使得社区丧失公共积累和公共财政能力,无力重建新的公共空间,无法满足成员的公共需求,就会使这种产权安排与嵌入其中的社会关系网络发生撕裂,导致高昂的讨还成本。一旦公共问题突出起来,社区成员对公共产权的共识就会发生变化,对原有公共产权的追索和清算,就可能成为一个新的产权难题。

　　在社会性合约存在并发挥作用的情况下,村社区内的不"理性"行为是有可能大量存在,并被合理维持的,因为产权问题受到社会性合约的调节和抑制。例如,改制时,村民对自己的就业权利是否得到保障的关心远胜过对占不占有股份、占有多少股份的关心。村民们因自己拥有的"集体"名分,关注的不是企业究竟创利多少,归属村民的比例是否合理,而是个人的收入和福利是不是逐年提高并且达到当地较高水平;他们在产权变动时计较的不是企业资产自己有没有份,而是有没有按规矩维持已经得到承诺的收入和福利。村民是以这样一种理性逻辑来计算自己的利益的:他们以土地交换的非农机会,只有通过在企业就业才能实现,只要保障他们的就业权利,他们就不反对改制;他们的非农收益,只有在企业保证盈利的情况下才能持续地获得,只要能使企业盈利并以福利的形式分享部分收益,他们就不反对经营者个人拥有企业。只有当这两种权利遭到侵害时,他们才会重新追究自己作为集体成员的权利,产权问题才会真正突出和激化起来。

(本文原载《社会学研究》2005年第4期)

参考文献

财政部清产核资办公室,1998,《全国集体企业产权界定案例》,北京:改革出版社。

陈剑波,2000,《制度变迁与乡村非正规制度》,《经济研究》第1期。

党国英,1998,《论农村集体产权》,《中国农村观察》第2期。

奥利弗·哈特(Oliver Hart),1998,《企业、合同与财务结构》,费方域译,上海:上海三联书店、上海人民出版社。

郝思恭,1992,《乡镇企业的产权与发展战略》,太原:山西人民出版社。

胡晓翔,1998,《民营化逻辑与乡镇企业改制》,http://www.econ.jxufe.edu.cn/student/classweb/98fdc/fctd/fdczl4.htm。

黄宗智,1993,《中国研究的规范认识危机——社会经济史中的悖论现象》,《史学理论研究》第1期。

——,2005,《认识中国——走向从实践出发的社会科学和理论》,《中国社会科学》第1期。

焦斌龙,2000,《中国企业家人力资本:形成、定价与配置》,北京:经济科学出版社。

孔祥俊,1996,《中国集体企业制度创新》,北京:中国方正出版社。

科斯、阿尔钦、诺斯等,1994,《财产权利与制度变迁——产权学派与新制度学派论文集》,刘守英等译,上海:上海三联书店。

李贵卿,1999,《对乡村集体企业产权制度改革若干问题的思考》,《中国软科学》第4期。

林毅夫、蔡昉、李周,1997,《充分信息与国有企业改革》,上海:上海三联书店、上海人民出版社。

郯剑星,2004,《事实合同新说——王泽鉴〈事实上之契约关系〉读后》, http://www.law walker.net/detail.asp?id。

刘尚希,1998,《苏南案例：乡镇企业与政府关系的重构》,《湖北财税：理论版》第18期。

刘世定,1995a,《乡镇企业发展中对非正式社会关系的利用》,《改革》第2期。

——,1995b,《顺德市企业资产所有权主体结构的变革》,《改革》第6期。

——,1996,《占有制度的三个维度及占有认定机制——以乡镇企业为例》,《社区研究与社会发展》,天津：天津人民出版社。

——,1999a,《科斯悖论和当事者对产权的认知》,《社会学研究》第2期。

——,1999b,《嵌入性与关系合同》,《社会学研究》第4期。

——,2003,《占有、认知与人际关系》,北京：华夏出版社。

卢梭,1982,《社会契约论》,北京：商务印书馆。

毛丹、张志敏、冯钢,2002,《后乡镇企业时期的村社区建设》,《社会学研究》第6期。

毛科军,1993,《中国农村产权制度研究》,太原：山西经济出版社。

迈克尔·莱斯诺夫（M. Lessnoff）,2006,《社会契约论》,刘训练等译,南京：江苏人民出版社。

诺斯、道格拉斯等,1994,《制度、制度变迁与经济绩效》,刘守英译,上海：上海三联书店。

彭玉生,2002,《中国的村镇工业公司：所有权、公司治理与市场监督》,《清华社会学评论》第1期。

平萍,2004,《站在改革的下一个十字路口：产权、充分信息与市场环境——对国有企业制度安排的研究述评》,《开放时代》第6期。

青木昌彦,2001,《比较制度分析》,上海：远东出版社。

青木昌彦、钱颖一主编,1995,《转轨经济中的公司治理结构》,北京：中国经济出版社。

邱泽奇,1999,《乡镇企业改制与地方权威主义的终结》,《社会学研究》

第3期。

詹姆斯·斯科特，2004/1998，《国家的视角》，王晓毅译，北京：社会科学文献出版社。

申静、王汉生，2005，《集体产权在中国的实践逻辑——社会学视角下的产权建构过程》，《社会学研究》第1期。

孙立平，2002，《实践社会学与市场转型》，《中国社会科学》第5期。

唐跃军，2002，《转轨经济中内部人控制分析》，《国际经济合作》第2期。

涂尔干，2000，《社会分工论》，渠东译，北京：生活·读书·新知三联书店。

王红领，2000，《委托人"政府化"与"非正式化"对企业治理结构的影响》，《经济研究》第7期。

王元才等，1995，《乡镇企业产权制度改革》，重庆：重庆出版社。

温铁军，1997，《乡镇企业资产的来源及其改制中的相关原则》，http://www.chinaelections.org/readnews.asp?newsid=%7B284FDC54-5C7E-48F0-9561-1AAFEC58C65C%7D。

——，2001，《重新解读我国农村的制度变迁》，《天涯》第2期。

谢作诗、杨绍江，2002，《集体企业改制为何主选公司制》，《经济学消息报》4月26日。

许经勇、任柏强，2001，《对我国乡镇企业产权制度的深层思考》，《经济纵横》第10期。

阎洪生，1995，《乡镇企业产权制度改革研究》，沈阳：东北大学出版社。

姚洋，2000，《政府角色定位与企业改制成败》，《经济研究》第1期。

张建国，1998，《集体股退出企业》，《中国资产新闻》5月20日。

张静，2003，《土地使用规则的不确定：一个解释框架》，《中国社会科学》第1期。

张军、冯曲，2000，《集体所有制乡镇企业改制的一个分析框架》，《经济研究》第8期。

张维迎，1995，《企业的企业家——契约理论》，上海：上海三联书店、上海人民出版社。

——，1999，《企业理论与中国企业改革》，北京：北京大学出版社。

张小军，2004，《象征地权与文化经济》，《中国社会科学》第3期。

张晓山，1996，《走向市场：农村的制度变迁与组织创新》，北京：经济管理出版社。

——，1999，《乡镇企业改制后引发的几个问题》，《浙江社会科学》第5期。

折晓叶，1996，《村庄边界的多元化——经济边界开放与社会边界封闭的冲突与共生》，《中国社会科学》第3期。

——，1997，《村庄的再造——一个"超级村庄"的社会变迁》，北京：中国社会科学出版社。

折晓叶、陈婴婴，2000a，《产权选择中的"结构—主体"关系》，《社会学研究》第5期。

——，2000b，《社区的实践——"超级村庄"发展历程》，杭州：浙江人民出版社。

——，2004，《资本怎样运作——对改制中资本能动性的社会学分析》，《中国社会科学》第4期。

周其仁，1987，《农民、市场和制度创新》，《经济研究》第1期。

——，1996a，《市场里的企业：一个人力资本与非人力资本的特别合约》，《经济研究》第6期。

——，1996b，《人力资本的产权特征》，《财经》第3期。

——，2002，《产权与制度变迁：中国改革的经验研究》，北京：社会科学文献出版社。

周雪光，1999，《西方社会学关于中国组织与制度变迁研究状况述评》，《社会学研究》第4期。

——，2003，《组织社会学十讲》，北京：社会科学文献出版社。

——，2005，《关系产权：产权制度的一个社会学解释》，《社会学研究》第2期。

祝瑞洪等，1999，《关于苏南模式产权结构转型中的几个问题》，《镇江学刊》第3期。

邹宜民，1999，《苏南乡镇企业改制的思考》，《经济研究》第3期。

Granovetter, Mark & Richard Swedberg, 1992, *The Sociology of Economic Life*.

Boulder, CO: Westview Press.

Lin, Nan & Chih-Jou Chen, 1999, *Local Elites as Officials and Owners: Share holding and Property Right in Daqiuzhuang, Property Rights and Economic Reform in China.* Stanford: Stanford University Press.

Nee, Victor & Sijin Su, 1995, "Institutions, Social Ties, and Commitment in China's Corporatist Transformation." In John McMillan (ed.), *Reforming Asian Socialism: The Growth of Market Institutions.* Ann Arbor: University of Michigan Press.

Oi, Jean C. & Andrew G.Walder (eds.), 1999, *Property Rights and Economic Reform in China.* Stanford: Stanford University Press.

Smelser, Neil J. & Richard Swedberg (eds.) 1990, *The Economics and Sociology of Capitalism.* Princeton: Princeton University Press.

——, 1994, *The Handbook of Economic Sociology.* Princeton: Princeton University Press.

Swedberg, Richard, 1993, *Explorations in Economic Sociology.* New York: Russell Sage Foundation.

Yushen, Peng, 2004, "Kinship Networks and Entrepreneurs in China's Transitional Economy." *American Journal of Sociology*, Vol. 109, No.5. Chicago: Chicago University Press.

"关系产权"：产权制度的一个社会学解释[①]

周雪光

经济活动是由追求自身利益的人们或经济组织所进行的；而一个经济组织的所有权或产权，界定了从事这些经济活动的人们或组织的利益所在，从而影响了他们可能选择的经济活动。在这个前提下，我们不难理解，产权制度对人们或组织的经济行为有着举足轻重的作用。若依此观之，中国经济转型的过程即是一个重新界定所有权归属、变更产权制度的过程。近年来，产权作为一个中心经济制度得到了社会科学和政策研究工作者的极大关注，但关于产权制度的讨论大多是在经济学特别是新古典经济学的产权理论框架中进行的。[②] 经济学产权理论的基本命题是："产权是一束权利"，即产权界定了产权所有者对资产使用、资产带来的收入、资产转移诸方面的控制权，为人们的经济行为提供了相应的激励机制，从而保证了资源分配和使用的效率。这是经济学理论有关产权讨论的出发点。

与经济学的思路不同，在本文中，我提出"关系产权"的概念，用以强调"产权是一束关系"这一中心命题。这一思路的基本

[①] 本文的初稿曾在哈佛大学的"东亚社会经济与制度变迁学术讨论会"（2003，波士顿）、清华大学主办的"两岸三地学术讨论会"（2004，北京）、"第36届世界社会学大会"（2004，北京）和"中国管理研究国际学会成立大会"（2004，北京）等会议上宣读。感谢与会同人提出的意见和建议；特别感谢边燕杰、沈原、张静、折晓叶等朋友提出的有益建议。这个研究得益于我与中山大学蔡禾教授和清华大学李强教授有关企业间合同的一项合作研究工作，并得到香港科技大学的资助（HIA03/04. BM01；DAG03/04. BM11），在此谨表谢意。

[②] 参见盛洪主编，2003，《现代制度经济学》（下卷）中收集的一组文章。

观点是，一个组织的产权结构和形式是该组织与其他组织建立长期稳定关系、适应其所处环境的结果。在这个意义上，产权结构和形式并不是像经济学家所说的那样反映了企业的独立性；恰恰相反，产权是一束关系，反映了一个组织与其环境——其他组织、制度环境，或者组织内部不同群体之间稳定的交往关联。从这个角度来看，关系产权是一个组织应对所处环境的适应机制。本文从社会学制度学派的理论逻辑出发，为解释产权在中国转型经济中扮演的角色和有关的经济现象提供一个不同的分析角度。

为此，我们需要首先回顾一下经济学中的产权理论和它所面临的困难；其次，集中讨论本文的主题——关系产权的概念、理论思路、分析角度以及实证意义；最后，我们应用这一思路来重新解释中国乡镇企业发展的现象。我希望这篇文章有助于回答一些更为广泛的问题：如，在中国社会发生大规模变迁的今天，产权对组织行为产生了哪些影响？它是怎样发生作用的？

一、"产权是一束权利"

自20世纪80年代以来，在信息经济学和交易成本学派研究工作的推动下，产权经济学理论从新古典经济学框架和奥地利学派的早期研究中脱颖而出，成为西方主流经济学中一个活跃的研究领域。经济学产权理论建立在市场经济的前提下，主要着眼于在市场制度特别是不完备市场（信息不对称、交易成本不为零）的条件下，私有企业之间产权的分配问题（Hart，1995）。这一学术思潮的出现与同时期世界范围内社会主义经济转型的历史背景不谋而合，恰逢其时地为这些转型经济的研究和讨论提供了话语框架和思路。

在关于产权的经济学和法学研究领域中，最具影响的一个理论思路是把产权看作一束权利（a bundle of rights）。在经济学理论中，产权指人们对于资产的剩余控制权，即在合约规定的他人使用权或法律明确限定的权利之外，所有者对其资产的使用和转手的全部权利（Hart，1995）。于此，德姆塞茨提出，产权具有"排他性"（exclusivity）和"可转移性"（alienability）的特性（Demsetz，1988）。具体而言，产权有三个组成部分：（1）资产使用的剩余决定权，即产权所有者对其资产有着除合同规定的他人租用的权利之外的全部决定权；（2）资产所得收入的支配权，即产权所有者对其资产所得的收入有着全部支配权；（3）资产的转移权，即产权所有者有将其资产转让给其他人的决定权。从这个意义上，我们可以把经济学的这一基本思路概括为"权利产权"及其相应的激励机制。

不难看出，权利产权的理论思路强调产权的排他性、独立性，以及相应的组织间明确分离的边界。这个理论思路可以追溯到经济学里著名的科斯定理，即：所有权的明晰界定可以促使人们通过市场机制来有效率地分配风险和激励。用科斯（Coase，1960）提出的一个例子来说，在"环境污染"的外部效应（externalities）条件下，只要将污染方和受害方的产权界定明确，双方就可以通过市场机制进行谈判并找到解决方案，从而达到资源的有效率分配。换言之，产权的明晰化可以导致外部效应内在化，减少交易成本，且有助于克服组织内部的投机行为。在这个意义上，产权是保证市场机制运行的基本经济制度。

虽然产权在经济学中占有重要地位，但长期以来，产权理论在新古典经济学中并没有长足发展。道理很简单：在市场经济的社会中，私有制的产权制度一直占据支配地位，并随之发展起了一整套相应的经济制度。在这个背景下，产权的概念长期以来仅仅是经济理论的一个前提假设，而不是一个研究关注的课题，没有进入研究者的分析视野。即便是近年来西方产权经济学所关注的热门课题，大多也是作为合约双方的私有制企业之间，或私有制企业和公共社区组织之间，在资源交换或共同生产情形下如何分配所有权的问题（参见 Anderson & McChesney，2003；Barzel，1989；Demsetz，1988；Hart，1995）。

应该说，正是在社会主义国家经济转型的这个大背景下，产权问题才真正成为经济学研究的中心课题之一。科尔奈在研究社会主义经济的"短缺"现象时，最早提出了产权问题。他指出，企业的公有制造成软预算约束的困境，对国有企业提供了扭曲的激励，导致了低效率的资源分配和经济行为。"我们没有任何理由期望国有企业会有像私有企业那样的行为，或者会出自本能地如受市场支配的行动者那样行事"（Kornai，1990：58）。他还认为，在转型经济中，私有制是抵制政治权力干涉的有力措施。我们可以看到，科尔奈对社会主义经济的批评是从我们上面提及的经济学框架出发的，即他正是沿着把产权作为保证所有者自主决策的一束权利和相应的激励机制这一思路，推论公有制导致了资源分配和使用的低效率。这个思路影响了经济学家有关社会主义经济转型的看法和政策建议（参见Lee，1991）。

魏昂德批评了科尔奈关于私有制可以促进企业效率竞争的观点，强调地方政府在当地集体企业运行中起到的重要作用。他提出了"政府即厂商"的说法，认为地方政府仿佛扮演一个企业集团总部的角色，把地方企业作为它的子公司，积极地参与指导它们的运行和发展。他指出，中国政府近年来关于政府财政的改革使得基层政府的财政激励尤为强烈。"与级别高的上级政府相比，级别低的基层政府可以对它们的资产实施更为有效的控制"（Walder，1995：270）。这就是说，行政层次越接近基层，基层政府的目标和利益与地方企业越一致，而地方政府的监督职能和控制职能也同时大大增强。由于地方政府的垄断地位，它们可以对这些企业提供其他所有者无法提供的优势条件，极大地促进了当地企业的发展（参见Oi，1992；Oi & Walder，1999）。

虽然魏昂德提出了与科尔奈不同的观点，但是他关于产权的基本认识还是停留在科尔奈的框架之中。他认为，在中国行政体制中，由于基层所有制的归属界定比较明晰，所以地方政府有着相应的激励以对其所属地域内的企业加以监督。换言之，由于这些产权界定的明晰化，新的激励机制促使这些基层政府像私有企业的主人一样去行为，从而导致高效率的资源分配与使用。

"产权是一束权利"以及相应的激励机制这一思路的确可以成功地解释中国转型经济中的一些现象，例如国营企业的大面积、长时期亏损与产权制度以及相应的激励机制有着密不可分的关系。但是，这一思路在实际生活中也面临着许多难以回避的困难。在日常运行中，一个企业组织的产权常常受到极大的限制，且在许多方面含糊不清；有时甚至处于瘫痪状况，不能有效地运行。正像德姆塞茨（Demsetz，1988）所说的，在许多情形下，一个企业的产权是"残缺"（truncated）的。在中国的转型经济中，我们常常可以发现这样一个现象，即在政治权力机构和企业之间，或者在企业之间，有着长期稳定的关系；这些关系体现了这些组织间的相互利益和承诺，并且是建筑在这些企业组织的产权权利被弱化的条件之上的。例如，地方政府热心地参与地方企业的战略计划；但政府的积极干预恰恰弱化了企业的产权：首先，政府干预企业有关劳动力使用和投资机会的决策，这意味着对于许多企业甚至私有企业来说，它们对资产使用的"决策权"是不完全的。其次，企业常常向地方政府支付正常税收之外的各种摊派费用，为地方政府所宠爱的项目捐赠投资，这就意味着企业对资产所得收入的支配权也被削弱了。最后，地方政府积极参与企业间的兼并和转让，并常常强加有关就业、资产流动等许多限制条件。因此，企业的"资产转让权"也受到了严重限制。换言之，经济学意义上产权的三个基本权利在日常生活中常常被弱化、扭曲，导致了"产权残缺"现象。不仅如此，20世纪90年代以来，从集体企业到私有企业的大规模转制浪潮，对魏昂德关于基层政府扮演集团公司总部角色的理论说法也打上了醒目的问号。

其实，我们在更为广泛的经济背景下也可以观察到上面描述的"产权残缺"的情形。例如，市场经济中的股份公司是将收入支配权和资产使用决定权在股东们和管理层之间分离的一个典型例子。从广义上说，企业在建立战略结盟和吸引外来资本时也在某种程度上出让它们的"排他性"决策权利。在企业内部也是如此。经济学家青木观察到：在日本企业中，"在信息加工和决策环节与决策执行环节之间并没有明确的区别。前一环节从来没有只局限于经理层，而生产线上的工人也参与了很大程度上的集体决策"（Aoki，1994：13）。换言之，这些组织的内部运作，在很大程度上限制了产权者或经理层的决策权。日本企业中的终身雇佣制意味着，公司主人放弃了产权人通常所拥有的有关劳动力和人力资本使用的一些权利（如，解雇、辞退）。此外，大公司与其合作伙伴之间的利益分配因经济环境、市场状况而不断调整（Dore，1983），这也反映了传统意义上的资产使用决定权在实际生活中的妥协和扭曲；而政府对市场结构、市场进入和竞争手段的管制也意味着对企业使用资本的权利的限制。

简言之，我们日常生活中的观察和许多研究成果都表明：产权在实际生活中许多方面的运行都与经济学的"权利产权"理论模式相去甚远。虽然经济学家告诉我们，产权明晰化有助于效率经济；但在实际生活中，产权常常是模糊的，象征性的，而且可能在讨价还价的过程中不断地被重新界定（参见张静，2004；张小军，2004）[①]。新古典经济学基础上的产权理论只是告诉我们，产权模糊的这些情形是不合理的、低效率的，最终会被更具竞争力的明晰产权所替代。然而，对上述那些十分重要、有趣、需要关注和解释的经济现象，产权理论却视而不见，无法提出有说服力的解释，甚至索性排除在其分析视野之外。中国经济学家们在研究转型经济的这些现象时做了有益的探索，并提出了各种解释（参见盛洪主编，2003；汪丁丁，1996；张维迎，1995；周其仁，2002）。下面，我从社会学的角度提出一个不同的分析思路，并尝试对这些现象进行解释。

---

① 一种观点认为，产权的模糊性是对外人而言，对当事人来说，产权则可能是明晰的。但是，这个说法不能满足经济学理论中提出的基本法律标准。产权明晰的一个基本标准是在发生争议时它必须能够在法庭上得到确认（verifiable in the court）；而对"外人"而言的模糊性意味着它无法在法庭上得到确认，这正是产权模糊性的要害之处。

二、"产权是一束关系":一个社会学的思路

让我们以一个实际生活的例子为起点提出需要分析解释的问题。在一次调查研究时,我访谈了一个广告公司的总经理。[1]这个公司是他创立的,有五位独立投资人合伙入股参与。从这位总经理的角度来看,这五位合伙人中,每个人扮演了不同的角色。有的提供资金,有的提供重要的业务信息,有的则是总经理信任的朋友,提供可以信赖的建议。在访谈时,总经理讲了这样一个故事:有一次,一位合伙人要求这个广告公司为他自己的另外一个公司做一个项目,并事先谈妥了这个项目的费用。但是,在项目完成后,这位合伙人却迟迟没有支付事先规定的费用。总经理几次委婉地提醒这位合伙人,但是他都充耳不闻。这位总经理这样告诉我:"最后我意识到,他实际上一开始就没有打算给这个项目付款。当然,我可以直截了当地向他索取欠款;但是,我不想因此影响了我们的关系。他(这位合伙人)处于一个非常重要的行业里,外人很难进入。他常常把重要的客户介绍给我们公司。我可不愿为了这笔款项而影响到我们之间的关系。"

这个欠款违约事件看起来确凿无误,但仔细想来又有许多模糊之处。例如,这位合伙人既是合同一方又是这个公司的所有人之一。在这里,有关收入支配权归属的界定并不是明白无疑的。按照经济学的逻辑,一种解决办法是,这个广告公司把这位合伙人的股份购回,那么广告公司和这位合伙人的关系就从模糊的产权关系转变为明晰的公司间业务往来关系,而广告公司就可以通过正式合同和法律来解决和避免这类问题了。但这位总经理显然没有接受经济学的这个逻辑。他知道,这种产权明晰化意味着将这位合伙人推出

---

[1] 文中所举例子除了说明出处的以外,均取自2000年前后作者与李强、蔡禾教授合作研究组织间合同关系时收集的实际资料。在陈述这些材料时,作者略去真实地点和身份,以便为采访对象匿名。

圈外，结果是他将不再把商业机会介绍给自己的公司，从而给公司的长远利益造成更大损失。在这个故事里，产权的模糊性有着代价和益处。它的代价是因此引起的资源分配的低效率和激励不足；它的益处也很明显，即维持这一关系而为公司带来的资源和商业机会是难以替代的。在这位总经理看来，这一关系带来的益处无疑大于由此引起的低效率的代价损失。

我认为，我们应该把产权作为一个"关系性"的分析概念（a relational concept），以便对上述现象加以解释。因此，我提出"关系产权"这个概念，以概括"产权是一束关系"这样一个命题，即一个企业组织的产权结构反映了这个组织与组织内外环境之间长期稳定的各种纽带关系。这个命题的基本出发点与"产权是一束权利"的经济学思路不同。"关系产权"的思路不着眼于组织的边界和排他性权利，而是强调组织与环境之间建立在稳定基础上的相互关联、相互融合、相互依赖；产权的结构被用来维系和稳定一个组织与它们的环境之间的关系。"关系产权"思路的另外一个意义是，强调我们应该从企业与其环境之间的关系这个角度来认识产权所扮演的角色。例如，一个国有企业和一个私有企业，在其产权上可能都有着明确的界定；但是，从关系产权的角度来看，它们与制度环境却有着十分不同的关联。一个国有企业的所有制结构为国家完全所有，这一产权结构蕴涵了这个企业与政府机构以及相应制度环境的独特关系；而一个私有企业所有权则意味着它面对着与国有企业十分不同的制度环境。同样地，一个股份制公司的产权结构则体现了它与持股人及股票市场经济制度之间的关系。在这个意义上，所谓"没有关系"也正是一种关系。如，当我们观察到一个个体户与其他企业或政治权力机构没有任何产权关联状况时，这也恰恰反映了它与其所处环境之间的一种特殊的关系。

当然，我们在提出"关系产权"这一概念的同时，必须回答这样一个问题，即建立在产权之上的利益关系与其他基础之上的利益关系有着什么样的不同，以至于我们需要一个新的概念来描述概括这一现象？我们知道，在组织研究的文献中已经有了许多关于组织间关系的概念。例如，企业在即时市场上与消费者发生的短暂买卖关系，企业间双边的正式合同关系，企业间非正式的社会网络关系，企业与制度环境之间长期稳定的关系，等等。那么，关系产权的独特性是什么？

首先，关系产权的概念是建立在与以往不同的解释逻辑之上的。我们是从制度意义上来界定关系产权的。权利产权的经济学思路强调经济人的主体性、独立性，着眼于产权权利对人们的激励作用。而社会学的思路引导我们注意企业对其所处环境、特别是非经济环境的依赖，强调制度环境对组织行为的制约。从这个角度来看，在经济学家看来是"产权残缺"的现象，在我们看来恰恰表现出了企业适应环境的战略选择。在微观层次上，我们可以把关系产权的结构形式看作企业适应其特定环境的战略对策的结果。例如，一些企业用产权的模糊性（收入支配权，资产使用的决定权）来换取地方政府的保护和获得稳定的资源。以关系产权的思路来看，这些情形可以被解释为企业通过在产权上某种形式的妥协、分享或出让等策略，以便建构一个稳定有利的发展环境。从宏观层次上，我们把关系产权的形成看作制度环境对企业的组织制度加以制约的结果。既然关系产权体现了组织对环境的适应机制，那么它的结构和形式必然取决于环境的宏观条件。于此，我们可从两个方面予以讨论。其一，一个经济体系中信息、资源、机会的分布状况影响了关系产权的形式。在充分竞争的市场条件下，所有生产要素都通过市场价格加以分配，所以，独立的产权结构即是最佳的应对形式。这是关系产权的一个特例。而当一个企业所需资源需要通过非市场的途径获得时，它的产权结构和组织行为不可避免地被相应的社会制度所渗透、所制约。这是组织社会学中制度学派的一个基本思想。其二，已有的制度设施也影响了产权在实际生活中的运行。例如，在法律设施代价昂贵而社会调节机制活跃的社会中（如许多亚洲社会），人们通常使用非正式的调节机制而不是正式法律手段来寻找解决问题的途径。因此，产权结构和运行也随之反映了这些社会调节机制和过程。简言之，宏观制度设施提供了限制条件和相应的激励；而在微观层次上，企业在已有的宏观约束条件下则会采取相应的对策。关系产权是在这两者的相互作用下演变而成的。

其次，本文提出的关系产权的概念得益于近年来有关社会关系网络的研究（Bian，1997；Granovetter，1985；Lin，2001）。但是，我们强调产权基础上的关系在制度层面的稳定性和持续性，这与社会关系网络理论中的关系概念有着重要的区别。我们可以借助费孝通关于"差序格局"的观点来说明这一重要区别。费孝通指出，中国人的社会关系是以个人为中心的，其他所有的个人和群体都按照与这个中心的社会距离而产生亲疏远近关系。在这个格局中，人们的血缘关系或亲情关系（如家庭）成为最为亲密稳固的社会关系（费孝通，1998）。关系产权所关注并强调的恰恰是企业组织通过产权的融合而建立一种类似于亲情关系的"圈子"。在这个意义上，我们可以把产权基础上的关系看作一种极端的强关系。

需要指出的是，产权基础上的关系与通常社会关系网络研究意义上的关系有着以下不同的特点：

第一，持续性。近年来，社会科学文献中讨论的社会关系网络，通常是指两个或几个独立活动者之间建立的经济关系或社会关系。在许多情形下，它们为了达到某种目标而设立；但在这些具体目标完成后，虽然可能仍然维持，但不再活跃。如此，企业间合同关系亦随着合同的完成而告结束；组织与其环境之间的关系也可能因地因时而有着或紧密或松散的变化。与这些情形相反，关系产权具有从相互独立的行动者之间的关系转变为"自家人"关系的质的变化。因此，它蕴涵着一种长期稳定的关系，不能任意改变，不因为某一项交易的完成或失败而结束。例如，一个人在租用一个公寓时，他与这个公寓的关系是临时性的，没有超过租约之外的承诺。但是，一旦他拥有了这个公寓，在这个产权上建立的关系就是稳定持续的、无时不在的、不可任意割舍的。

第二，双边性或多边性。社会关系网络研究强调行动者的策略行为，通过建立关系网络来达到某种目标。在这个模式中，某一方行动者是主动方，而这个关系的存在，其强度和稳定性随着他的行动而变化。但是，产权基础上的关系是双边或多边的，不是某一方可以任意改变的。因此，相对于其他的关系来说，产权基础上的关系不仅是更为稳定的，而且是更为对称的，必须在双方的互动中加以解释。例如，如果没有地方政府的明确承认或默许，乡镇企业的产权转制是不可能实现的。

第三，社会关系网络理论中的关系无论是工具性的，还是情感性的，或二者兼而有之，都局限在网络关系中的成员；而产权基础上的关系则建筑在更为广泛的制度保障（法律认定），或者共享认知（社会承认）的基础之上。同样地，一个企业的所有者（全部所有者或部分所有者）对这个企业的认同和承诺也具有类似的特点。我们在日常生活中观察到的不同家族、不同部落甚至不同国家之间的"政治联姻"也近似于这里所说的关系产权。正是因为通常意义上的社会网络关系的短暂性和非稳定性，才产生了关系产权存在的必要性。关系产权的这种稳定特性，一方面是由于法律制度的维系，另一方面是因为人们（组织）作为所有者的认知和承诺。

关系产权这一概念虽然是在本文中首次使用，但是这一思路在以前许多学者的研究工作中已经有不同形式的表达。例如，张静（2003）在关于农村土地纠纷处理情形的研究中指出，土地使用权的界定并不是建立在稳定的法律制度之上，而是常常随着政治权力和利益集团的参与而不断变化，产权归属表现出极大的弹性。折晓叶和陈婴婴（2004）的研究，从社会资本的角度分析了近年来乡镇企业产权转型的机制，特别是经营者与社会资本之间的相互作用，描述了一幅产权（资本）在各种力量相互作用下不断演变、变动不居的图画。在英文文献中，迈耶和陆（Meyer & Lu，2004）也注意到中国企业组织边界有着多重性和不确定性，在讨价还价过程中不断地重新界定。倪志伟（Nee，1992：4）提出了企业混合型产权在中国转型经济过程中的意义。他认为，在中国经济中，政治权力和市场机制的并存意味着相互竞争的资源分配机制；它们对企业行为产生了相互矛盾的压力要求，提高了交易成本。在倪志伟看来，混合型产权的企业"是试图克服在微弱的市场结构和不完全的市场转型情况下产生的问题的一种制度安排"（参见 Chang & Wang，1994；Weitzman & Xu，1994）。但是，倪志伟把混合型产权看作一个过渡性形式，认为它最终会转变为明晰的产权制度。

在关于匈牙利的社会主义经济转型的一项研究中，社会学家斯达科（Stark，1996）注意到"在后社会主义阶段，日常行为方式和活动，组织形式和社会关系可以成为资产、资源、可信的承诺和协调活动的基础"的情形，并提出"重新组合的资产"的观点来解释这些现象。斯达科强调，所谓"重新组合的资产"是企业组织针对环境不确定性、多重的和相互矛盾的合法性逻辑和资源分布特点的战略对策：

> 重新组合的资产是组织自身保护和投资组合的管理形式。在这里，人们针对组织环境的不确定性而分散他们的资产，重新定义和组合他们的资源。他们试图通过这些做法来保持通过不同逻辑或不同的测量标准所得到的资源（Stark，1996：997）。

上面这些观点，尤其是斯达科的想法，与本文提出的"产权是一束关系"的思路有许多相同之处。斯达科的思路强调资产重新组合是行动者获取资源的战略对策，但在我看来，关系产权的概念及这里隐含的关系是建筑在稳定的制度结构上的，而不是像斯达科所说的仅仅是应对环境不确定性的策略；这些关系是长期稳定的，而不是像倪志伟所说的仅仅是转型经济中的一种过渡形式。关系产权的概念特别强调这些产权关系产生的稳定的制度基础，是组织社会学中制度主义理论思路的一个延伸和应用。在此基础上，我希望从一个内在一致的理论逻辑，对下面一系列表面上看起来互不关联的产权现象做出解释。

1. 产权的交融性

在一些情形下，企业通过出让部分产权来换取与其他组织的长期稳定的合作关系。例如，不同公司间的合资项目意味着这些公司产权在某一项目上互为融合，为在技术、产品或资源等方面的合作关系提供基础。产权经济学理论从效率角度对这种现象给出了一个解释（Hart, 1995）。但是，值得指出的是，在这种合资形式搭起的统制治理框架中，其诸种决策权的实施方面并不是一成不变的，而是随时随地不断演变，因此并没有权利产权意义上的独立性和明晰性。在这里，产权的交融性隐含着模糊性。

2. 产权的弱化和妥协

在中国转型经济中，我们可以观察到这样一种普遍现象，即企业通过在产权上（资产使用决策权、收入支配权、转手决定权）非正式的弱化、妥协来换取其他组织的认同和合作。我们上面谈到的那位广告公司总经理与其合伙人的关系即是如此，更为常见的是企业与地方政府之间的非正式交换关系。从权利产权的角度来看，这种弱化和妥协是"产权残缺"的例证；但从关系产权角度来看，它们意味着企业与其环境要素建立起一个稳定合作的关系。举例来说，众所周知的一个现象是私有企业缴纳的正式税费通常很低，但与此同时，它们向地方政府缴纳了税费外的其他费用。据报道，在有些地区这些费用高达正式税率的两倍以上（人民日报，2003.4.10）。我们不难推测，私有企业的低税率可能反映了这样的情形，即地方政府采取保护主义政策，以便换取这些企业对地方政府的项目提供正当纳税外的援助。在这个意义上，"相互承诺"的做法使得权利产权基础上的组织间边界变得模糊不清了。

3. 象征性产权

在许多情形下，一个组织可能会与其他组织建立起象征性产权关系，即其他组织有着名义上的产权参与，但是它们并不参与实际的决策过程。张小军（2004：129）在研究福建阳村地权历史资料时，注意到土地产权的名义规定与实际运用中的差异，提出了象征地权的概念，即产权的实际运行取决于其所处社会观念和文化制度，如"地权可能通过政治权力的强迫或社会观念的改变而改变"。张小军强调象征地权"在实践中不能充分存在和履行"的困境。但我在这里着眼于产权象征意义对企业适应环境的正面作用。例如，在改革初期，许多私有公司"戴红帽子"——冠以集体企业之名，或者挂靠在某个政府机构之下。这些政府机构可能不在企业运作中发生实质性作用，但产权结构中所表现的关系纽带有着重要的象征性意义，建立了企业与环境的一种特殊关系，为组织存在和运作提供了合法性基础。

4. 隐性产权

中国转型经济中另外一种重要现象是，一些企业组织的产权为当事人心照不宣地熟知和认同；但是，这种产权归属从来没有被公开表述过，也无法在法庭上得到确认。我把这种产权称为"隐性产权"。例如，许多私有企业或合伙企业起初是建立在家庭关系之上的（血缘关系，亲属关系）。这些关系的一个特点是它们的产权是建立在当事人的共识之上。当出现争议时，会有某种机制（例如家庭内部的决策结构）来解决这些问题。因此，这种关系具有类似产权的稳定持续的特点。我们可以从这个角度来解释改革初期的一个现象，如一些国有企业的厂长常常把生产业务转手介绍到他的亲戚或朋友办的私有企业去。在大多数情况下，这位负责人不是这个私有企业的正式所有者之一，以避免假公济私的嫌疑。但是，这种"隐性产权"（即有关他在这家私有企业中产权地位的共识），为他和这一私有企业的持续关系提供了可信赖的承诺。这种关系不是短暂的、工具性的社会网络关系，而是建筑在有关产权的"隐含的"但同时又是共享的认同之上的。这种关系的功能，可以类比于上述的家庭血缘关系保证了家庭成员在家庭企业中有关产权的分享制度。

上述情形的一个共同特点是，企业以对其权利产权的妥协，来换取与重要资源持有者之间长期稳定的关系纽带，从而建构一个稳定有利的生存环境。在这个意义上，关系产权的概念更为恰当地概括了产权制度的这一特点，并明确了关系产权是对组织环境的一种适应机制。

三、关系产权与企业行为

任何理论都是对现实生活的简化和在一个特定角度上的"猜想"。因此，一个有解释能力的理论应该是有边界条件的和可以证伪的。具体说来，一个理论必须能够对现实生活的有关现象有着独特的分析角度。如果一个理论思路所引发的实证意义与其他理论的实证意义没有什么区别，即意味着我们无从验证这个理论是否有独特贡献，那么它也就没有存在的必要了。而且，这个理论推论出的实证意义应该具有可操作性，在研究中是可加以检验的。一个无法证伪的理论是一个同义反复的逻辑循环，没有解释力度。因此，理论的任务是双重的：一方面，它要阐明其解释逻辑以及相应的前提假设；另一方面，它应该提供可操作的实证意义。循此，我们在以下的讨论中，主要着眼于理论解释的第二个方面，即讨论关系产权思路的理论命题和相应的实证意义。具体说来，我们关心的是：关系产权作为企业应对环境的适应机制是怎样影响组织行为的，它有哪些独特的实证意义？

我们关注的中心问题是关系产权这一概念，所以我们首先提出测量关系产权的以下维度：（1）关系产权的广度，即参与产权结构的人或组织数目；（2）稳定性，即产权结构的持续时间和变动频率;(3)集中程度,即在参与产权的人或组织中,决策权的集中程度;(4)明晰程度,即产权的正式结构与实际运行之间(在资产使用的决策权、收入的支配权、资产转手的自主权诸方面)的差别。我们从获取资源的途径、企业的身份、制度环境三个方面来讨论关系产权与企业行为之间的关系。

(一)关系产权作为获取资源的触角和渠道

我们以上讨论中的一个基本命题是:关系产权是一个企业为获取资源而伸向不同领域方位的触角和稳定可靠的渠道。在我看来,产权基础上建立的长期稳定的关系,接近于威廉姆森有关交易成本思路上讨论的"垂直兼并"情形。威廉姆森认为,企业为了降低交易成本,可能会兼并那些产品上游或下游的企业,从而将外在化的组织间关系转变为组织内部的关系(Williamson,1971)。我们上面说过,关系产权可以理解为企业为了建立获取资源、机会或政治保护的稳定渠道所采取的战略对策。由于组织环境中许多的关键组织(如大公司、政府部门、民间组织)无法通过"垂直兼并"内在化,所以,一个企业通过参股、象征性归属、产权的部分出让等方式,与这些组织建立近似于血缘纽带的"圈内关系"。因此,我们可以把关系产权看作威廉姆森意义上的一种制度性表现方式。

关系产权在中国转型经济过程中具有尤为重要的意义。经济改革中制度变迁的初始条件与新古典经济学的"自然经济"起点是不同的。我们面临的是企业间迥然不同的所有制形式(从中央所属国有企业、集体企业,直到私人或家庭基础上的个体摊位)。一个企业所面对的挑战不仅是通过效率生产取得市场竞争优势,更为重要的是要得到生存所必需的资源和商机。这些资源可能不是通过价格来配置的,这些商机可能也不是出现在市场上的。在这个背景下,一个企业与重要资源的持有者或地方政治权力之间,借助关系产权可以建立一种长期稳定的关系,即组织通过出让产权、弱化产权、融合产权等做法来将关键资源的渠道纳入自己的"圈内归属"，从而为企业获得资源和政治保护提供渠道。而不同的所有制形式，在很大程度上，决定了不同企业与政治权力之间的"圈内"或"圈外"的亲疏关系，为所有者和政治权力之间的关系及相应的利益联合提供了一个稳定基础。因此，在那些产权不明晰、残缺或弱化的领域，可以预测，在企业和主要资源提供者之间，通常有着长期稳定的关系。也就是说，在产权明晰度和长期稳定的组织间的关系之间有着一个互为替代的关系。由此，我们提出以下的实证假设：

实证假设1：在组织间产权模糊的领域中，我们更有可能发现相应的长期稳定的组织间关系。

产权是组织获取资源的触角和渠道，因此，产权结构与一个领域或行业的资源分布状况以及资源分配机制息息相关。如果不同领域或行业间资源分布的状况不同，那么，这些领域或行业中的企业关系产权的分布特点也应该是不同的。我们可以从市场化的角度来讨论这个问题。市场化程度越高，意味着一个公司越有条件通过市场机制来获取生产要素资源或推销产品。在充分竞争市场的条件下，正如新古典经济学所示，生产者无须任何非经济性关系就可以达到资源的有效率分配。因此，市场化程度与关系产权的显著性有着互为替代的关系，如下面的实证假设所示。

实证假设2：市场化程度与关系产权的广度（利益涉及者数目）成反比，与产权集中程度成正比。

假设背后的逻辑是：在市场化很高的条件下，资源流通为市场机制所支配，那么企业就没有必要通过关系产权来作为获取资源的途径。因此，关系产权的广度就会受到相应的限制，而企业自主决策权就会相应地提高，并反映在产权集中的程度上。但我认为，市场化并不总是一个随着时间和经济发展而不断上升的过程，而是经济活动与制度环境以及其他替代机制相互作用的结果。正如经济学分析中注意到的"寻租"行为一样，在一定条件下，关系产权的机制可以帮助企业比市场竞争更为有效地获取资源。这意味着，这类行为和关系有可能长期存在下去。

经济学的市场理论假设生产要素可以通过市场机制加以重新组合。例如，高科技企业为了技术创新，需要雇用相应人力资本（如技术人员）。在充分信息、完全竞争的理想市场条件下，企业主可以通过价格机制配置各种资源（如雇用技术人员），并用具体合同规定来约束雇员的行为。但在实际生活中，许多资源的归属和使用无法清楚交割，而制定和执行合同的交易成本和信息的不对称性常常导致这些市场手段失灵。在这些情形下，关系产权可以为不同资产拥有者之间的长期稳定合作提供基础。由此，我们可以提出另一实证假设。

实证假设3：当资源或生产要素无法明确分割归属时，我们更有可能观察到将各方利益捆绑在一起的关系产权。

例如，在高科技行业，当技术资源与人力资源无法分割时，我们会观察到雇员共同参股的关系产权形式。在农村的合作项目中，我们也常常观察到共同所有的"集体性"形式。周其仁（2002）从这个角度讨论了企业中人力资本和乡镇企业中农民企业家的作用。他强调了人力资本的独立性和与持有者的不可分割性，以及相应的产权形式。有趣的是，我们在国际关系中也可以看到类似的例子。对有争议的区域，有倡议和施行"搁置争议，共同开发"的做法，这恰似用"关系主权"来替代传统的独立主权，以便解决或绕过陷于后者框架中难以摆脱的困难。

（二）关系产权作为一个组织的身份和承诺的有效信号

我们的第二个命题是：一定的关系产权决定了相应的制度逻辑，而这些制度逻辑在很大程度上界定了一个组织与其他组织的交往方式或者内部运行的方式，从而限制了企业相应的行为。这种制度逻辑使得产权基础上的关系具有"圈内归属"的稳定性，为组织提供了一个明确的身份（identity）和可信的承诺，成为该组织与其他组织或环境建立各种关系的基础。

我们首先考察关系产权在组织间相互关系上的意义。试想一个地方企业和当地政府之间的关系。在这个关系中，地方政府可以扮演一个庇护者的角色，也可以扮演一个协调者的角色，或者可以扮演一个攫取者的角色。甚至在同一地区、同一类型的企业之间，政府的亲疏远近关系也是分明有序的。我们在现实生活中，也都可以观察到这些截然不同的角色。那么，什么机制决定了政府在这些角色之间的选择呢？在这里，关系产权起到了十分重要的作用，界定出了一个"圈内"的"亲情关系"，这是其他社会关系所不能替代的。

我们可以用一组两个行为者之间的博弈来说明这一点（见图5-1）。赫舒拉发（Hirshleifer, 1982）说明，在这个简单的 2×2 的博弈中，x 和 y 的受益不同可能导致完全不同的博弈，从协调，到竞争，到生态学上常见的弱肉强食的博弈。而这些受益取决于两者之间的关系，以及他们对对方可能扮演的角色的期待。我们可以把一个地方政府看作博弈的一方，把它所管辖境内的一个企业看作博弈的另一方。而关系产权恰恰在这里为对方的身份、承诺和在相互作用中可能采取的策略提供了重要的信息，甚至还直接规范了组织间的关系和互动模式。这些信息有助于双方找到相互沟通的平衡点（focal point），提高协调的受益程度，从而改变了双方博弈的性质以及约束双方行为的有关规则。

		行为者B	
		C1	C2
R1	行为者A	1, 1	y, x
R2		x, y	0, 0

图5-1　一个广义的对称博弈

例如，在"囚徒困境"博弈中，双方之间没有沟通，或者说没有明确可信的有关对方身份和承诺的信号。这种情形只能导致两败俱伤的纳什均衡。但是，一旦双方知道对方的身份和可能采取的策略,双方之间的互动就可能转化为一个双方均获益的"协调博弈"(coordination game)。再如,在"胆小鬼博弈"(the game of chicken)中,毫无信息交流的双方可能会各自采取冒险逞强的策略,导致两败俱伤。但如果双方知道相互的身份和秉性,那么,他们就可以采取相应的对策,促成一个双方都可以获益的结局。因此,这些可信的信号规范了双方可能采取的策略,导致了不同的博弈和结局。

借此思路,我们可以解释不同企业间关系的差异性。如前述,我们强调了在转型经济中,市场和商业环境的不确定性是企业面对的最大困难。试想一下,两个远隔百里甚至千里的企业要达成销售或共同开发的协议,它们需要有关对方的身份和信用的信息。而关系产权在这里扮演了可靠信号的角色,因为它提供了一种稳定可信的有制度保障的身份。也就是说,当两个素不相识的企业在洽谈业务时,企业的产权结构和形式为它们了解对方承诺的可信性提供了重要信息。在我们的访谈中,许多推销员都提到,他们对不同所有制的企业所采取的对策是不同的。一位推销员这样说:"我们和私有企业打交道很简单。他所要的和公司所要的东西是一样的。你可以马上和他谈生意。如果你的对方是国有企业的,你需要了解到他自己要什么。否则,就不可能达成协议。"这些例子说明,企业产权类型成为人们进行市场交易时使用的一个重要识别标准,有利于人们选择企业间互动的基本模式和策略。

有许多研究指出,私有企业试图与地方政府建立亲近关系以便得到保护和优惠政策(Wank, 1999)。的确,私有企业可能通过贿赂政府官员来与国有企业竞争,并得到有利于自己企业的资源,以在短期内比国有企业更具有竞争优势。但从"关系产权"的思路来看,关系产权是政府在不同企业间采取倾斜政策的基础。虽然私有企业与某些政府官员之间可能有着密切关系,但是这种关系因人而异,因而是脆弱的。在一个长时期里,产权基础上的关系在整体上应该是更为稳定的,例如国有企业与政府之间的关系应该是一种十分稳定亲密的关系。由此,我们提出实证假设4。

实证假设4：产权基础上的关系具有超越其他社会关系网络的稳定性。

约束组织行为的制度逻辑体现在一组相互关联的组织特征之上，包括组织间相互关系和组织内部的运作方式。经济学家青木（Aoki，1994）在讨论日本企业特点时提出了这一观点。他的研究说明，在日本企业中，终身雇佣制、信息分享系统、工作设计诸方面都密切相关；经理们通常把雇员利益放在股东利益之前给予优先考虑。这表明，在这些企业的产权结构中，雇员是一个重要的有机组成部分。经济学家泰勒和威根斯（Taylor & Wiggins，1997）的研究指出，日本企业与美国企业之间在原料采购方式上有着明显的不同，表现出在采购、验收、合同等一系列相互关联组织特性上的差异。这个观察的一个重要意义是，不同产权体制中有着制约企业行为的稳定的制度逻辑，其内在的运作过程导致并强化了路径依赖。因此，产权结构为企业内外的各种关系提供了一个持续一贯的框架，并由此提供了一个身份，一个可信的信号和承诺。于此意义上，我们可以推出实证假设5。

实证假设5：组织在处理组织内外关系时，有着与其产权结构制度逻辑相统一的行为方式；因此，不同产权结构的组织有着系统的行为差别。

我们以上的讨论有两个意义。第一，制度逻辑的一贯性对一个组织在建立各种内外关系时可能做法的自由度有了一定的限制。这一点与其他的解释逻辑有着很大的区别。例如，交易成本经济学的解释逻辑认为，在某项经济交易中，企业会采取那些达到最低交易成本的策略。"重新组合"产权的逻辑则提出，企业会演化出产权结构的各种形式来应对环境的不确定性。我们提出的制度逻辑的一贯性意味着，一个组织不仅受到市场效率机制的制约，同时内在制度逻辑也约束着它的行为。一个国有企业如果按照私有企业那样去运作就会遇到许多的困难和质疑，反之亦然。

第二，如果一个企业的产权结构发生变化，那么，企业与外部环境关系，以及制约企业行为的制度逻辑也就会发生相应的变化。因此，我们可以预期，企业会有着相应的不同行为表现。在这里，"产权是一束权利"的思路把这些变化归结于产权基础上激励机制的作用，而我们则强调这些产权基础上的制度逻辑的约束。

从这个角度，我们可以认识国有企业改革的困难。一个制度的诸多环节都是相互关联、互为制约的。局部的改革措施可能因为与组织内在的制度逻辑相悖而无法进行下去。而关系产权恰恰是制度逻辑的中心。在我们的访谈中，一个大型国有企业的总经理谈到了这样一段经历。他所在的公司试图对内部结构进行改革，但人事管理制度受到各种制度条件和社会期待的约束，改革的阻力重重。但是，这个公司中的一个分厂被一个私有企业租用，这个分厂中的人事制度随着发生了重大变化。私有企业主任命的经理层建立并实施了一整套有关违反规章制度的惩罚措施，并严格执行，且为工人们广泛接受。这位总经理说道："在我们这里（国有企业），我们根本不可能采取这些措施。"人们对不同产权类型组织的内部管理方式有着明显的不同期待。例如，《人民日报》（1999.4.19）报道，221个国有企业采取了旨在管理事务透明化、建立民主监督的"阳光工程"。这些政策与公共所有制的制度逻辑是一致的，很容易得到合法性。但是，我们同时看到，人们对私有企业内部严格的甚至可能是严酷的管理方式，尽管时有微词，但并没有引起大的社会舆论反应。这些例子说明，一定的制度逻辑决定了其相应的激励机制，从而制约了组织内部运作的方式和社会承认的基础。

我们可以看出，制度逻辑使得组织中的各个方面密切关联，牵一发而动全身。因此，一个企业中的实质性变革，意味着制度逻辑的变化，即对新的制度逻辑的采纳。而产权的变化正是这些改革措施的标志。

（三）关系产权与制度环境的同构性

我们的第三个命题是：关系产权界定了一个组织和其他组织之

间，特别是和制度环境之间的稳定关系。这个命题是前两个命题的逻辑延伸。关系产权和结构为企业行为提供了一个稳定的基础，一个明确的身份和一个相应的制度逻辑。可以想象，组织的关系产权因为它们所处环境的千变万化而每每不同，但是，我们可以将之划分为几个大的"产权体制"类型（property rights regime）。我们使用产权体制这个概念来概括在这个体制中的企业都面临着类似的政府管制、类似的社会期待；这些制度环境对企业行为产生重要影响。这也意味着，不同的关系产权把企业引入不同的制度环境中，从而诱发了不同的企业行为模式。

社会科学研究者很早就注意到了制度环境对组织行为对策和组织间资源交换的重要影响，如组织与制度环境之间的关系是20世纪80年代以来组织社会学研究的主题之一（Brinton & Nee, 1998; Scott, 2003）。经济学家（McCallum, 1995）在一项引人注目的研究中发现，在美国和加拿大之间的贸易往来活动中，即使在类似的经济、政治、文化背景下，加拿大境内的不同区域间的贸易额超过加拿大与同样经济条件的美国各州间的贸易额20倍。也就是说，美加两国之间的边界是制约经济往来的重要制度环境因素。

在中国的转型社会中，国家的管制机制是塑造和维系不同产权体制并决定其演变存亡的最为重要的力量。举例来说，长期以来，国家政策限制了国有企业在人力资源上的决策权（如，人才流动，员工雇用或解聘），但对私有企业在这个领域中行为的约束力极小。与此相反，政府对私有企业得到金融资源的途径却有着严格的限制，但对国有企业则采取了更为有利、灵活的政策。因此，国有企业和私有企业受到了十分不同的政府管制政策，面临着不同的制度环境。一个国有企业的经理这样说道：

> 国有企业对财务管理很严格。比如我们卖产品，一定要给对方发票。本来不开发票，这个钱（现钱）就归我们厂得到。但国有单位经常查账，出了事谁负责？私人就不管，你不要发

票正好。我们生产的机器很多私人单位买，用现金，不要发票，但要求价格降下来，我们不敢这样做。如果是私人企业就没有问题了。

制度环境不仅指法律和政府管制方面的制度设施，而且包括约束企业行为的文化观念和社会期待。埃利克森（Ellickson，1991）关于美国加利福尼亚州农场主和放牧主之间解决产权纠纷的研究表明，产权边界之间的划定并不总是为效率原则所驱使，它还受到文化观念和社会期待的制约。这些文化观念和期待是制度逻辑的一个有机部分，它们为组织间关系提供了一个基础（Karsten，1998；张小军，2004）。一些企业面临相同的管制环境，其行为缘系相同的社会期待、观念和规则而十分接近。在同一个产权体制类型内的企业，通常有着类似的经历，使得它们间产生共享的期待和信任。一个私有企业的总经理这样说道：

我和国有企业和私人企业都打交道。和私人企业打交道要简单得多，而且一旦达成协议，你不用担心执行问题。但是，和国有企业打交道很困难。费尽你的脑力。你需要给他"润滑"才能达成协议。

但是，同一个逻辑却使得另一个国有企业的经理有着相反的看法：

说老实话，如果两方都是公家，因为是国营部门，沟通起来比较容易。他可能会比较客气地跟你说，你欠了我多少钱，什么时间还？但如果是私有企业，那很可能撕破脸。国营部门的对方也知道我们有历史问题，也能理解，所以他还是会高兴地与你握握手，坐下来吃个饭。

从制度环境对组织影响的趋同性角度看,在同一制度环境中,相同的制度压力导致组织间产生趋同性行为。但在不同的制度环境之间,企业因对不同制度压力的反应而表现出系统的不同行为。这意味着,一个企业更可能与同一类型产权的企业建立合同关系,因为类似的期待和行为方式可以大大减少交易成本。因此,我们提出实证假设6。

实证假设6:在其他条件相同的情况下,位处同一产权体制的组织之间比位处不同产权体制的组织间更容易发生经济交往关系。

针对这一想法,我们对在2000年收集的有关企业间合同的资料进行了分析,见表5-1。① 根据上面的讨论,我们的具体假设是,同一产权类型的企业之间比不同类型企业之间有着更多的合同关系。我们使用了一系列对数方程的统计模式来测算企业间的合同关系。表5-1说明,拟独立(quasi-independence)的模式与我们观察到的资料非常吻合(deviance=15.5,11df,.25<p<.10)。这些分析结果可以表述如下:(1)在观察到的资料中,同一产权类型的企业间较之不同类型企业间有着更为频繁的交往,也就是说,一个企业更愿意与自己同一产权类型的企业交往。这一发现在统计意义上有显著性,与实证假设6是一致的。在同一产权类型中,外资企业和私有企业有着最高的交往频率,其次为国有企业间的交往频率。(2)除了同一产权类型的企业之间的合同关系以外,不同产权类型企业之间的合同关系往来没有显著区别。也就是说,一个企业在其他不同产权类型的企业之间的选择是没有显著差异的,并不因为这些企业的产权类型而有所偏爱。例如,一个国有企业在选择它的合作伙伴时,在私有企业、集体企业、混合制企业或者外资企业之间没有显著差别,但是更可能选择国有企业。

---

① 有关这一资料的详细说明,见 Zhou, Zhao, Li & Cai(2003)。

表5-1　关于合同伙伴的产权类型的对数线形统计模式分析

统计模式	L^2	DF
独立	127.4	16
拟独立	15.5	11
拟对称	9.5	6
"同类内交换"程度指数		
Diag 1–国有企业	0.824	
Diag 2–集体企业	0.706	
Diag 3–混合型企业	0.688	
Diag 4–外资企业	0.995	
Diag 5–私有企业	0.926	

如果企业位处不同的制度环境中，它们会面临不同的政府管制压力；因此，它们在行为方式上应该有不同的特点。从这个思路出发，可以推论，这些不同的反应应该表现在它们之间合同的形式特点上。例如，20世纪90年代以来，一系列的政府法令和法律要求建立企业间合同的规范化、正式化。但是，这种制度压力因不同的产权关系而异。如果这一思路成立，我们应能观察到不同产权类型的企业间的合同形式有着不同的特点。例如，受到政府管制的企业更可能采纳"正式"的合同形式，而远离政府管制的企业更可能采纳非正式的合同形式。针对这一问题，我们对企业间合同关系的特点做了统计分析，结果见表5-2。

表5-2　不同产权类型企业间合同关系中采用"非正式形式"可能性的定序对数模式统计分析

合同双方的产权类型	总体	产品规格	产品数量	产品质量	价格	期限	防范措施
私有企业—私有企业	0.885*	0.762**	0.566*	0.870**	0.598*	0.664**	0.460
国有企业—集体企业	−0.744	−0.288	−0.376	−0.391	−0.533	−0.059	0.031

续表

合同双方的产权类型	总体	产品规格	产品数量	产品质量	价格	期限	防范措施
国有企业—混合型企业	0.168	−0.028	−0.336	−0.150	0.168	0.041	−0.075
国有企业—外资企业	−2.063*	−0.827	0.334	−1.115*	−0.464	0.223	0.280
国有企业—私有企业	0.387	0.713*	0.347	0.552+	0.711**	0.644*	0.160
集体企业—混合型企业	−1.215+	0.592	−0.021	−0.249	0.246	0.676+	−0.244
集体企业—外资企业	−1.662+	−0.510	−0.527	−0.376	−0.068	−0.070	−0.355
集体企业—私有企业	0.130	0.214	0.311	0.162	0.546	0.466	0.114
混合型企业—外资企业	−0.067	−0.316	−0.643	−0.254	0.109	−0.213	−0.603
混合型企业—私有企业	0.512	0.731*	0.513+	0.704*	0.543+	0.614*	0.429
外资企业—私有企业	1.064*	1.114**	0.523	0.958*	0.911**	0.423	0.508

*p<10；**p<0.05；**p<0.01

这个分析的主要发现是：(1)私有企业之间的合同关系通常是采取非正式形式的；(2)即便是国有企业或者外资企业，它们在与私有企业建立合同关系时也趋于采取非正式形式；(3)私有企业之外的其他产权类型的企业之间在建立合同关系时，趋于建立正式的合同关系。换言之，我们看到了两种明显不同的合同模式：一种是有私有企业参与的合同关系。即凡是有私有企业参与的合同关系——不管其中一方还是双方都是私有企业，它们都趋于采取非正式的合同关系。第二种是其他产权类型的企业间合同关系，这些合同趋于采取正式形式。这些分析结果表明，不同制度环境间的企业行为有着系统性的差异。我们据此推测，产权体制在这里扮演了重要角色。[1]

我们在这一节的开始提出,一个有分析力度的理论应该有它独特的解释逻辑和实证意义。那么,上述讨论的关系产权的实证意义是否有着独特的角度和思路呢?我们在讨论关系产权理论思路时的对比参照框架主要是经济学的权利产权理论,所以不妨与权利产权的解释逻辑加以对比。不难看出,以上的讨论涉及组织之间关系以及产权结构在其中扮演的角色。与此相反,权利产权理论强调组织的独立性、排他性;因此,它对以上提出的组织与不同环境条件之间的关系的实证意义没有任何考虑。关系产权的思路引导我们去关注企业与其环境条件(资源和制度环境的分布状况)的关系,并指出,不同的关系产权结构会导致不同的适应能力。这一思路及实证意义与权利产权理论有着明显的不同。

四、乡镇企业的重新解释:"关系产权"理论的一个应用

现在,我们将这个思路应用于重新思考中国乡镇企业的产权问题。在中国经济改革过程的前期,乡镇企业的"异军突起"起到了举足轻重的作用。但大家都注意到,许多乡镇企业虽然属于乡镇政府或村集体所有,但是在实际运行中却为一个或几个个人(或家庭)所支配(周其仁,2002;折晓叶、陈婴婴,2004)。而另一方面,地方政府对这些企业的运行和资源使用有着实际的和具有合法基础的参与干涉权力,从而极大削弱了这些企业的决策权。

为什么乡镇企业在产权不明晰的条件下取得了引人注目的发展?社会科学研究者提出了不同的解释。在这里,我简要考察

---

[1] 需要指出的是,这些差异并不总是按照"官方"分类的所有制类型的边界而产生的。我们发现,有些不同产权类型的企业有着相似的行为。于此,一个可能的解释是,尽管这些产权类型在官方的分类系统中属于不同的类别,但它们面临的制度环境是相同的,从而导致其行为的类似性。因此,在实际运作中的产权类型与官方分类的类型并不完全一致。这个现象值得进一步研究分析。

两种解释思路。第一种解释强调地方政府的重要作用。魏昂德（Walder, 1995）认为，由于政府改革的措施，在基层政府的层面，政府扮演了产权所有者的角色，对当地企业加以管理。因此，实际上产权有着很大的明晰度，为提高"监督"效益提供了激励。第二种观点认为，在转型经济中，政府作用举足轻重，致使私有企业使用"模糊策略"来得到政治权力的庇护。倪志伟（Nee, 1992）认为，在政治权力和市场机制并存的转型经济中，混合型产权的企业具有优势，因为它们可以降低交易成本。伯恩海姆和温斯顿（Bernheim & Winston, 1998）的研究表明，在不完全性合同的条件下，在合同规定方面的模糊策略常常是有道理的。如果认识到产权作为信号和身份的角色，那么就不难推断，企业会从策略上利用产权的这些象征性意义来保护自己的利益。这两种观点对解释上述的模糊产权现象的不同方面有着一定的道理。许多研究注意到了地方政府在推动和保护乡镇企业方面的作用。私有企业利用"集体企业"的招牌（戴"红帽子"）保护自身利益的例子也俯拾皆是。在改革初期私有企业受到歧视时这种现象尤为盛行。换言之，这些情形在中国的转型经济中都存在，因此这两种解释逻辑在这个课题上是互补的。

但是，这两种逻辑在解释这个现象时也碰到难以自圆其说的困难。魏昂德的理论模式隐含地假设，地方政府是一个统一的、理性的行动者，有着连贯一致的目标。但是，组织研究的大量文献已经清楚表明，不同的政府机构有着多重的、常常是相互矛盾冲突的目标；而且，这些目标常常与当地企业的目标大相径庭。即便我们假设这些地方官员关心当地经济发展，他们追求的目标常常是短期政绩，并有可能是以企业的长期发展为代价的。这一点，不难理解。因为这些政府官员只是短期地逗留在他们现在的官位上，追求短期的政绩以便向上升迁是他们最为强烈的激励。如果上面这些基本假设是成立的，那么，我们应该对地方政府和地方企业之间目标的统一性和稳定性提出质疑。从地方企业的角度来看，这是企业和政府之间的一场博弈，而政府一方的行为常常是难以预料、反复多变、没有有效约束的。因此，需要某种制度性约束机制来稳定这两者之间的关系。

有关"模糊策略"的观点也有类似困难。如果地方官员趋于短期利益，有着多重不同甚至互为冲突的目标，则需要我们解释：为什么私有企业可在如此长时间里，在一个重复博弈中，成功地装扮为集体企业，玩地方政府于股掌之中？一个私有企业怎样重复不断地发出"集体企业"或"公有企业"的可信的信号？常见的解释是，这些企业通过贿赂和收买地方官员来达到这个目的。但是，这种"特殊性"（particularistic）关系是脆弱、短暂的，难以解释乡镇企业的长时间、大面积的成功发展。换言之，我们上面描述的这种模糊策略难以成为可信赖、持续有效的信号。

以上这两种观点都建筑在政府和乡镇企业两方在相互作用中有着某种更为稳定的机制的假设上。但是，这种稳定机制是什么呢？在上面讨论的关系产权的基础上，我提出一个不同的解释。我的解释与其他观点在引证实证资料上没有不同，根本区别是对这些实证资料背后的因果机制有着不同的解释。我的基本立论是，以往的讨论没有注意到将两者捆绑在一起的"隐性产权"——立足于没有明确宣布、但却为大家所共识的产权基础之上。而这正是关系产权的一个具体表现形式。从权利产权的观点来看，地方政府或者是产权所有者，有着排他性权力（监督机制），或者是被排除在这些权利之外的一个圈外人（在模糊策略博弈中的攫取者），两者必居其一。但是，这两个角色与实际生活的观察都相去甚远。而关系产权的思路强调地方政府和厂家的共同参与的关系。从双方的行为来看，这些企业的产权结构和政府行为，的确反映了地方政府作为"部分产权拥有者"的角色。例如，政府官员参与企业的战略决策（产品类型，重要原材料的获取）；他们对企业收入的一定部分有着支配权；这些企业的转让权在很大程度上需要得到政府官员的明确的或私下的认可才能实现。简言之，在企业的实际运行中，私有企业主或集体所有的企业,在不同程度上,向地方政府出让或放弃部分产权从而换取一种长期、稳定的组织间关系。在这个隐性产权背后,产权的边界不断地随着双方的力量对比和讨价还价而变化。

我们强调了关系产权的稳定性和持续性,但这并不意味着关系产权是一成不变的。关系产权是组织应对环境的适应机制,因此它随着环境条件、资源分布状况的变化而演变。但是,这种演变必须从关系双方的互动和制度环境的作用中寻找答案。在这里,企业和政府双方共同参与产权诸方面的决策,它们在这个过程中随着利益和力量的变化而不断地讨价还价,其关系也随之发生相应变化(刘世定,1999;折晓叶、陈婴婴,2004)。这种演变,并不像社会关系网络中的关系那样可以随时启动或搁置不用,而是在关系双方不断讨价还价的过程中逐渐发生的。例如,20世纪90年代乡镇企业从集体所有制到私有制的大规模转制过程,一方面,反映了企业环境中资源分配机制的市场化发展,导致企业对地方政府依赖性的削弱;另一方面,地方政府的利益也有了相应的变化,政府职能的加强使它们可以通过税收、土地租赁等手段满足其财政需要。从关系产权角度看,这个转制过程是双方互动的结果,是企业和当地政府随着环境变化和各自利益变化而相应调整产权结构的结果;并不是一个质的突变过程,也不能简单地归因为市场的结果。

产权作为一个"关系性"概念,有助于我们认识中国研究文献中长期注意到的"庇护主义"和"地方法团主义"(Lin, 1995; Oi, 1992)的微观基础。这些理论模式强调了地方政府对当地企业组织的偏爱和保护主义做法。这些现象是大家所公认的,但是对这些现象的解释却值得进一步推敲。首先,在地方政府管辖的领地内,为什么有些企业得到保护,而其他企业没有得到?如果说这些保护来自贿赂或私下关系,那么我们的问题是:为什么这种关系会如此稳定,而其他企业(包括外来企业)却无法通过复制同样的策略来得到当地政府如此这般的青睐?从关系产权角度来看,这种"庇护关系"是建立在类似于血缘关系的"圈内归属"之上的。正如血缘关系具有超越短期功利诱惑的能力一样，产权基础上的关系亦具有超越其他功利性的稳定性，而这正是地方政府和所辖区域内企业之间关系的一个均衡点。

五、结束语

在西方市场社会的历史上，人们对影响组织间关系的机制的认识，经历了从充分竞争市场，到不完全竞争市场，到人们面临不确定性和不对称信息的各种应对机制的不同理论模式。企业组织间合同关系的治理形式也相应地经历了古典合同法、新古典合同法、关系合同法的演变过程（Macneil，1978；Williamson，1985）。我认为，社会科学研究中关于产权的概念也应该有一个相应的变化，即从权利产权的思路转变为关系产权的思路。权利产权和关系产权这两个思路，反映了有关制度环境和企业行为的两个大相径庭的前提假设。权利产权的思路是新古典经济学描述中的充分市场的逻辑结果。在这一模式中，企业被看作充分竞争市场上的独立个体行动者。在这一市场上，各个厂商都是匿名的；它们相互独立地采取行动，无须特定身份，可以互为替代。如果像科斯定理那样假设交易成本为零，那么产权明晰化有助于经济人通过市场机制进行讨价还价，从而达到有效率的资源分配。值得指出的是，权利产权理论通常采用的参考框架是没有任何产权的自然经济。例如，在一块没有任何产权归属的"公地"上，人们出于私利会过度放牧，导致资源枯竭，对长远公共利益造成损害。在这个前提下，经济学家强调产权归属明晰化的效率意义。但在转型经济社会中，企业嵌入在各种制度基础上，而且非市场机制的交换活动普遍存在，企业需要在各种非市场的关系纽带中寻找生存空间。在这些条件下，建立在产权上的身份和关系纽带，为企业的生存和发展提供了重要的适应性优势。

本文提出了关系产权思路，试图对转型经济中出现的一些经济现象提出一个新的解释，澄清这些现象背后的因果机制，提出有关的实证意义，以便促进进一步的研究探索。例如，在日常生活中，我们可以观察到组织间边界模糊和企业产权模糊不清、持续演变和被重新界定的大量实例，而权利产权理论只能告诉我们，这些情形是"低效率"的，"非最佳"的，但它对这些情形为什么存在，而且为什么有时候表现出适应优势这些问题的解释常常令人失望。关系产权理论的分析角度对这些现象提出了一个不同的解释。我们观察到，当资源的获得常常比组织内部的效率生产更为重要时，当地方政府的作用无法用其他机制所替代或抗衡时，产权结构就会随着演变以适应这些环境条件。在中国转型经济中，产权基础上的关系和策略性模糊为某些企业和各级地方政府之间建立了稳定密切的关系，制造出了一个相对稳定有利的制度环境。不仅如此，这些制度上的纽带同时造成了组织间边界的模糊性，为不同组织、不同领域、不同所有制类型之间的资源动员和资源转移提供了有利的渠道。

  关系产权的理论模式将研究分析的注意力从企业的独立性转向组织间的相互依赖，从"排他性"转向互联性，从组织间边界的明晰界定转为策略性模糊，从资源分配的效率转向组织应对环境的优势。这一思路的中心观点是：产权的结构形式取决于现实社会中信息、资源、机会、风险的分布状况和分配机制；而产权基础上建立的关系正是应对或突破这些环境条件约束的结果。从这个角度，我们可以对一些经济现象提出十分不同的重新认识。例如，从权利产权的角度看，私有企业的兴起和发展来源于它有着明确的产权界定和相应的激励机制，以达到效率生产。但是，从关系产权的角度来看，私有企业的成功可能是因为它在一定的结构条件下所建立的独特关系纽带有着动员资源的优势，相比之下，其内部生产活动的作用可能是有限的。边燕杰、丘海雄（2001）发现私有企业的"社会资本"多于国有企业，正与这一推测相吻合。

  本文提出关系产权这一概念和现象的重要性，并不意味着我们对这类现象有着一成不变的价值判断。一方面，经济学家告诉我们，产权的不明晰会导致资源分配的低效率和激励不足；但另一方面，正如我们上面所说，产权的这些特点也有其优势。这个情形类似于经济学家利本斯坦（Lieberstein, 1966）提出的X-效率的概念。利本斯坦在分析日本企业制度时提出，按照新古典经济学的分析，日本的企业制度（终身雇佣制，分工不明确，等等）在资源分配上有着效率损失；但是，这一制度可能在组织内部的运作中产生其他的效率。他把经济学理论框架所无法分析的新的效率称为X-效率（X-efficiency）。关系产权也有着类似情形。与权利产权相比，关系产权有可能导致或伴随着资源分配的低效率；产权的出让或弱化会削弱人们或组织的激励强度。但是，关系产权同时在获取资源、机会、信息诸方面又可能增强了企业的适应能力和竞争能力。

在更为广泛的意义上，我们要特别指出：关系具有双重性。任何一种关系，在建立两个事物、组织或个人之间的关联的同时又导致了它们在已有关系之外的封闭性。任何一种关系，在延伸一个行动者在某一方向的触角的同时又限制了他在其他方向上的触角。在这个意义上，一种关系同时也是一种约束。这个命题适用于我们所观察到的所有社会关系。因此，建立在产权结构之上的关系具有双重性：它们对于一个企业组织同时具有保护性和干涉性，推动作用和限制作用。我们可以从地方政府和当地企业的关系这一点上说明这一命题。地方政府可以一方面保护当地企业，但同时可能因追求其他的目标而损害这些企业的利益。因此，这些企业常常需要抵制地方政府的许多"关心"和"参与"。从另一个角度看，地方官员可能以掠夺者的身份出现，对私有企业攫取资源。但随着相互承诺的制度安排，他们也可能转化成这些私有企业的庇护者，为其发展提供便利（Findlay, Watson & Wu, 1994）。在这里，产权的形式和结构成为这些不同关系之间选择的重要基础。

我在前述讨论中提出，关系产权的理论思路可以帮助我们解释许多从权利产权角度难以解释的经济现象。但是，关系产权的思路不是要替代或否定"产权是一束权利"的思路。在我看来，这两个命题有着明确不同的解释逻辑，并在许多问题上有着不同的实证意义，但同时它们在很大程度上是互补的。在不同的环境条件下，这两个理论逻辑对解释经济现象和组织行为可能有着各自的分析力度。学术上的不同思路和解释逻辑，为我们认识解释经济现象提供了不同的角度，有助于知识在研究和争辩中不断积累、丰富、修正。

（本文原载《社会学研究》2005年第2期）

参考文献

边燕杰、丘海雄，2001，《企业的社会资本及其功效》，《中国社会科学》第2期。

费孝通，1998，《乡土中国 生育制度》，北京：北京大学出版社。

刘世定，1996，《占有制度的三个维度及占有认定机制》，载于潘乃谷、马戎主编，《社区研究与社会 发展》（下），天津：天津人民出版社。

——，1999，《嵌入性与关系合同》，《社会学研究》第4期。

盛洪主编，2003，《现代制度经济学》（上、下卷），北京：北京大学出版社。

汪丁丁，1996，《产权博弈》，《经济研究》第10期。

张静，2003，《土地使用规则的不确定：一个解释框架》，《中国社会科学》第1期。

张维迎，1995，《公有制经济中的委托人—代理人关系：理论分析和政策含义》，《经济研究》第4期。

张小军，2004，《象征地权与文化经济》，《中国社会科学》第3期。

折晓叶、陈婴婴，2004，《资本怎样运作》，《中国社会科学》第4期。

周其仁，2002，《产权与制度变迁》，北京：社会科学文献出版社。

Anderson, Terry L. & Fred S. McChesney, 2003, *Property Rights: Cooperation, Conflict, and Law*. Princeton: Princeton University Press.

Aoki Masahiko, 1994, "The Japanese Firm as a System of Attributes: A Survey and Research Agenda." In *The Japanese Firm: Sources of Competitive Strength*, (eds.) by M. Aoki & R. Dore. New York: Oxford University Press.

Barzel, Yoram, 1989, *Economic Analysis of Property Rights*. New York: Cambridge University Press.

Bernheim, B. Douglas & Michael D. Whinston 1998, "Incomplete Contracts and Strategic Ambiguity." *American Economic Review* 88.

Bian, Yanjie, 1997, "Bringing Strong Ties Back In: Indirect Connection, Bridges, and Job Search in China." *American Sociological Review* 62.

Brinton, Mary C. & Victor Nee (ed.), 1998, *The New Institutionalism in Sociology*. New York: Russell Sage Foundation.

Chang, Chun & Yijiang Wang, 1994, "The Nature of the Township-Village Enterprise." *Journal of International Business Studies* 19.

Coase, Ronald H., 1960, "The Problem of Social Cost." *Journal of Law and Economics* 3.

Demsetz, Harold, 1988, *Ownership, Control and the Firm*. Oxford: Blackwell.

Dore, Ronald, 1983, "Goodwill and the Spirit of Market Capitalism." *British Journal of Sociology* 34.

Ellickson, Robert, 1991, *Order without Law: How Neighbors Settle Disputes*. New York: Cambridge University Press.

Findlay, Christopher, Andrew Watson, & Harry X. Wu (ed.), 1994, *Rural Enterprises in China*. New York: St. Martin's Press.

Granovetter, Mark, 1985, "Economic Action and Social Structure: The Problem of Embeddedness." *American Journal of Sociology* 91.

Hamilton, Gary G. & Nicole Woolsey Biggart, 1988, "Market, Culture, and Authority: A Comparative Analysis of Management and Organization in the Far East." *American Journal of Sociology* 94.

Hart, Oliver, 1995, *Firms, Contracts and Financial Structure*. New York: Oxford University Press.

Hirshleifer, Jack, 1982, "Evolutionary Models in Economics and Law: Cooperation Versus Conflict Strategies." *Research in Law and Economics* 4.

Karsten, Peter, 1998, "Cows in the Corn, Pigs in the Garden, and 'the Problem of Social Costs': 'High' and 'Low' Legal Cultures of the British Diaspora Lands in the 17th, 18th and 19th Centuries." *Law and Society Review* 32.

Kornai, János, 1990, *The Road to a Free Economy: Shifting from a Socialist System: The Example of Hungary*. New York: Norton.

Lee, Keun, 1991, *Chinese Firms and the State in Transition: Property Rights and Agency Problems in the Reform Era*. Armonk, New York: M. E. Sharpe, Inc.

Leibenstein, Harvey, 1966, "Allocative Efficiency vs. 'X-Efficiency'." *The American Economic Review* 56.

Lin, Nan, 1995, "Local Market Socialism: Local Corporatism in Action in Rural China." *Theory and Society* 24.

——, 2001, *Social Capital*. New York: Cambridge University Press.

Macneil, Ian R., 1978, "Contracts: Adjustment of Long-Term Economic Relations under Classical, Neoclassical, and Relational Contract Law." *Northwestern University Law Review* 72.

McCallum, John, 1995, "National Borders Matter: Canada-U. S. Regional Trade Patterns." *American Economic Review* 85.

Meyer, Marshall W. & Xiaohui Lu, 2004, "Managing Indefinite Boundaries: The Strategy and Structure of a Chinese Business Firm." *Management and Organization Review* 1.

Nee, Victor, 1992, "Organizational Dynamics of Market Transition: Hybrid Forms, Property Rights, and Mixed Economy in China." *Administrative Science Quarterly* 37.

Oi, Jean C. 1992, "Fiscal Reform and the Economic Foundations of Local State Corporatism in China." *World Politics* 45.

Oi, Jean C. & Andrew G. Walder (ed.), 1999, *Property Rights and Economic Reform in China*. Stanford, CA: Stanford University Press.

Scott, W. Richard, 2003, *Organizations: Rational, Natural, and Open Systems (fifth edition)*. New Jersey: Prentice Hall.

Stark, David, 1996, "Recombinant Property in East European Capitalism." *American Journal of Sociology* 101.

Taylor, Curtis R. & Steven N. Wiggins, 1997, "Competition or Compensation: Supplier Incentives under the American and Japanese Subcontracting Systems." *American Economic Review* 87.

Walder, Andrew G., 1995, "Local Governments as Industrial Firms." *American Journal of Sociology* 101.

Wank, David L., 1999, "Producing Property Rights: Strategies, Networks, and Efficiency in Urban China's Nonstate Firms." in *Property Rights and Economic Reform in China*, (eds.) by J. Oi & A. Walder. Stanford: Stanford University Press.

Weitzman, Martin L. & Chenggang Xu, 1994, "Chinese Township–Village Enterprises as Vaguely Defined Cooperatives." *Journal of Comparative Economics* 18.

Williamson, Oliver E., 1971, "The Vertical Integration of Production: Market Failure Considerations." *American Economic Review* 61.

——, 1985, *The Economic Institutions of Capitalism*. New York: Free Press.

Zhou, Xueguang, Wei Zhao, Qiang Li & He Cai, 2003, "Embeddedness and Contractual Relationships in China's Transitional Economy." *American Sociological Review* 68.

占有制度的三个维度及占有认定机制
——以乡镇企业为例

刘世定

一、研究策略

处于迅速发展和变革中的中国的"产权制度"是异常复杂的。这里对"产权制度"四个字之所以加上引号,是因为按照现代产权经济学对产权概念的严格理解,中国经济学家们所说的中国的产权制度中事实上包含着一些非产权的制度安排。不过由于这些非产权的制度安排和产权制度之间有着密切的联系,因此把它们放到一个系统中加以研究。

现代产权经济学家将产权视为"一个社会所强制实施的选择一种经济品之使用的权利"(阿尔钦,1990),产权拥有者能够自由地行使对其财产的权利,并且不许他人干涉其权利的行使。也就是说,自由行使和排他性是产权的基本特征。产权"创造了一个所有者无须告知他人就能够想怎么做就怎么做的隐私权"(考特、尤伦,1988/1994)。以此标准来看,中国经济制度中的许多重要方面将被排除在外。变革中的中国经济制度很难被看成一个由自由行使和排他性产权构成的集合体。

但它和一个产权结构又确实有许多相似之处。在这一特殊的结构中,有法律确定的所有者,有以各种方式划定的行为边界,有使经济学家最感兴趣的交换活动,等等。和产权结构的这种相似性,吸引了研究者采用产权经济学的一些概念来对之加以解析。

对这一"似是而非"的复杂事物进行研究可以采取不同的策略。一种研究策略是，把产权作为基准概念，由此出发去说明更复杂的制度特征，而将那些难以清晰描述和说明的部分，作为对基准概念的某种偏离来处理，如采用产权模糊、产权残缺等概念来加以刻画。这种研究策略的一个好处是，便于与标准的研究范例和在此范例中已取得的研究成果相衔接。但它也存在一系列的问题：首先，这种研究策略引导人们忽略对所谓"偏离状态"的研究，而对中国这样一个"偏离状态"是常态的国家来说，这种忽略的弱点倒是不容忽略的；其次，对"偏离状态"的忽略，容易暗示性地引导人们把在这种状态中起作用的因素看成干扰或导致混乱的因素，从而忽略对其内在的规则性和逻辑的研究；最后，作为这种研究的结果，通常告知人们的是"不是什么"，而很少告知人们"是什么"，而后者正是研究工作所要追求的目标。

与此不同的一种研究策略是，寻找比标准的产权更为基础的概念，以此为工具，不仅能够解释产权概念，而且可以更深入地透视中国复杂的经济制度及变迁脉络。本文是遵循这一研究策略而进行的一次尝试。

在本文中，我们将占有作为基础概念，并试图建构一个具有制度解释力的理论框架；然后我们将利用这一框架对乡镇企业的一种主要形式即乡（镇）办企业的占有制度加以描述和解释，并对这种占有制度的形成背景进行讨论。

二、概念与分析框架

（一）占有：排他性与非排他性

在经济学文献中，占有是一个被人们广泛使用而又常常赋予不同含义的用语。虽然这个概念在中国经济学界的使用和对国外经济学文献的翻译有关，但我们在本文写作时，不准备对翻译问题和国人的理解是否准确加以追究。在我们看来，不论是正读或误读，都体现了中国经济学家对一定的经济行为和制度安排的理解，而这对我们的研究目的来说，已经够了。我们在这里只注意中国经济学家在研究中国经济时对占有的理解。

对占有一词的各种不同含义的使用，可以概略地归为狭义和广义两类。

按照狭义的理解，占有是指个人或团体对某种经济物品的排他性利用或控制，也就是说，当某个主体把某种经济物品视为其利用或控制时，便排除其他主体进入这一领域（于光远，1991）。而按照广义的理解，占有不一定具有排他性含义。[①]为了避免在使用中发生混淆，我们将广义的占有称为占有，而将狭义的占有称为排他性占有。

在经济学中有所谓私人产品（private goods）和公共产品（public goods）的区分（Samuelson，1954，1955）。纯粹私人产品具有个人排他使用的特点，或者说在消费上具有对抗性（一个人消费时另一个人便不能同时消费），而纯粹的公共产品则在消费上没有对抗性。这里所说的使用或消费上的排他性是由产品特点决定的，与我们所说的排他性占有这种规则性安排不是一回事。

在拥有排他性占有权的条件下，占有者对资产可以使用也可以暂不使用。不过使用者不一定就是占有者。占有者的使用可以分成两种：占有者自己直接使用；通过与他人的指令—服从关系借助他人之力间接使用。在后一种情况下，服从指令直接与所使用的经济品接触的人只是占有者意志的延伸媒介，因此，他们并不是占有者，原主体的排他性占有仍然存在。

[①] 例如周其仁在研究集体化经济时认为："集体化经济绝不只是农村社区农户之间的权利合作关系，就其实质来说，它是国家控制农村经济权利的一种形式。""集体在合法的范围内，仅仅是国家意志的贯彻者和执行者。它至多只是占有着经济资源，并且常常无力抵制国家对这种集体占有权的侵入。"（周其仁，1994，第63页）

（二）占有的排他性方位

如果更进一步考虑占有的排他性，那么还可以提出对谁排他，即对占有主体之外的哪些行为主体具有排他性的问题。我们将之称为排他性占有的方位问题。

从方位的角度看，极端的、或者说最彻底的形态是全方位排他性占有。这意味着，占有者排除任何其他主体的进入。私有产权正是具有全方位排他的特征。在发达的市场经济中，这种形态的排他性占有是大量存在的。

但在经济生活中还存在着相当数量的非全方位排他性占有的情况。就中国经济而言，这种现象不仅在改革前存在，而且在不少已实施了改革的领域中存在，甚至在人们认为最接近市场经济运行方式的乡镇企业中也存在。我们将这种占有主体排除某些个人和组织，但却不排除另外一些个人或组织（通常为数很少）占有的状态称为有限方位的排他性占有。

占有的排他性方位影响着占有者的责任。全方位排他性占有者对其占有行为及后果承担全部责任，而有限方位的排他性占有者则只负部分责任。排他性方位越是受到限制，占有者的责任感越弱。

（三）占有方式选择的范围

现实中的占有离不开对经济品的一定的利用和控制方式，主体能够以怎样的方式、不能以怎样的方式实现占有，构成了占有方式选择的范围。

在任何一个有规则的社会中，占有方式的选择都是有边界的。这种边界取决于法律、行政强制力以及非正式规范的约束。选择边界范围的大小，可以用它所受到的约束多少来衡量。约束越多，选择范围越小；约束越少，选择范围越大。

经济学家们通常理解的产权总是和占有方式选择的相当大范围联系在一起的。例如罗伯特·考特（Robert D. Cooter）和托马斯·尤伦（Thomas Ulen）认为它"包括占有、使用、改变、馈赠、转让或阻止他人侵犯其财产的范围"（考特、尤伦，1988/1994：125）。[①] 也有人认为完备的产权包括使用权、用益权、决策权、让渡权等（张军，1994：26）。事实上要非常具体地穷举自由选择范围是不可能的。从法律的角度来看，对产权的通常理解和普通法对人们如何处置其财产施加的约束相当。"在普通法上约束甚少"，"一般的规则是不侵犯他人财产的，任何使用都是许可的"（考特、尤伦，1988/1994：157）。

在中国当代经济中，占有主体的占有方式选择范围极为复杂。因为它们远不是按照一个统一的法律体系来划定的。在这里，占有方式的选择范围不仅受到与占有对象相联系的一系列规则的约束，如耕地的非农使用受到严格限制，工业污染物的排放也受到限制等，而且受到和占有主体相联系的一系列制度的约束，比如，政府、集体组织、个人的占有权范围在很长时间中是有明显差别的。[②]

占有方式的选择范围与激励问题有密切的联系。假定主体可能获得的效用是选择范围大小的增函数，而激励强度取决于可能获得的效用，那么，激励强度也是选择范围的增函数。

---

① 这里使用的"占有"一词的含义与我们使用的不一定一致。

② 这种情况使得按照产权交易理论框架来理解中国经济中的许多交换活动发生困难。从产权交易理论的观点来看，物质商品的交易实质上是权利的交易。德姆塞茨写道："当一种交易在市场中议定时，就发生了两束权利的交换。权利束常常附着在一种有形的物品或服务上，但是，正是权利的价值决定了所交换的物品的价值。"（德姆塞茨，1967/1994：96）一个简单的例子可以对这种观点做出说明：甲拥有对一批机器设备的一组产权，乙拥有对一批谷物的一组产权，当交易议定之后，甲拥有了对谷物的一组产权，乙则拥有了对机器设备的一组产权。伴随物质商品的交易，产权也进行了交易。

但并不是任何交易都会出现上述结果。假定甲拥有对机器设备的购买、使用、出卖的权利，乙则只拥有购买、使用的权利，而不拥有出卖机器设备的权利，那么，甲的机器设备和乙的谷物交换之后就会出现另外的结果。这时候，乙并不会因为购买了原来归甲所有的机器设备便具有了出卖机器设备的权利。显然，甲在机器设备上拥有的一部分产权并未转让给乙。

之所以会产生这种情况，是因为社会强制地对甲和乙在占有同样的经济品上划定了不同的约束边界。

（四）占有的时限

占有除了可以从排他性方位和选择边界范围的角度进行分析之外，还可以从时限的角度进行分析。从时限的角度来看，占有可以分为无限期占有和有限期占有。

无限期占有这一概念并不意味着占有的永恒性，而是指这种占有没有来自法律、法规、契约或其他规则的预先确定的期限。因占有主体死亡而导致其占有行为终止，占有主体将占有对象转让他人，因为占有对象损坏、消失而使占有在事实上不再存在等等，都与无限期占有不矛盾。有限期占有则是指有预先确定期限的占有。在期限内，主体可以施行占有行为（排他性的或非排他性的），一旦超出这个期限，占有便告结束。

如果一个实行排他性占有的主体将资产暂时转交他人，由新的主体实行有限期的全方位排他性占有，到期限后再恢复原主体的占有，那么，原主体的排他性占有就出现了间断，因为他也处于新主体的"排他"范围之内。如果新的主体实行的是有限期的有限方位排他性占有，即不排除原主体的占有，那么，原主体的占有就不会出现间断，只不过是排他性的方位减少了：在一定期限内，不排除新主体的占有。

有限期占有在许多情况下都存在。在雇佣劳动制度中，雇主对购买的劳动力的占有是有限期的占有；在租赁制度中，承租者对所租物的占有是有限期的占有；在中国实行的企业承包制中，承包者的占有也是一种有限期的占有。

占有的时限影响着占有者决策时的预期的时长，从而影响着他的选择。在理性选择的假定下，有限期占有者总是要追求限期内效用的最大化，而不会做出和无限期占有者相同的选择。

（五）占有的社会认定

占有的排他性及其方位、方式选择范围、时限构成了占有的三个维度，在每一个时点上，现实的占有都在这三维坐标系中定位。三个维度上的变量的不同组合，形成了占有的极为复杂、丰富的形态。

占有形态的复杂性，不仅来自这种多样的组合。占有的社会认定的多种机制，也是造成其复杂性的重要原因。

新制度主义经济学家和产权经济学家已经注意到制度形成的多种机制。比如，布坎南在分析制度和规则时指出，这里存在着两种力量，即可以在结构上明确加以构造的力量和文化演进的力量（布坎南，1986/1989：116）。阿尔钦认为，产权强制实施的可能性和成本，依赖于政府、非正规的社会行动以及通行的伦理和道德规范（阿尔钦，1990：166）。

经济学家已认识到，通过国家组织的正式程序构造制度并使其得以实施是要付出成本的，成本制约着正式制度构建和执行的范围、规模和详细程度。在一个现实的社会中，总是正式规则和非正式规则并存，它们共同起着降低不确定性的作用。有意思的是，关于非正式规则，人类学的研究文献已引起现代产权经济学家和制度经济学家的关注。对于财产的形成问题，经济学家们通常除了在逻辑上借助于一个类似鲁滨逊故事的思想实验来进行分析（考特、尤伦，1988/1994：129），便是在史料上对人类学家的描述性著作加以解读（德姆塞茨，1967/1994：100—104页）。诺斯认为，这些文献不仅是研究历史著作和分析原始社会秩序的重要读物，而且对于理解非正式约束的现代意义也很重要（诺斯，1990/1994：51）。事实上，中国目前的制度变迁过程，每天都在实践着正式规则和非正式规则的依赖、摩擦、交织和相互推动。

从中国20世纪70年代以降的制度变迁过程来看，占有的社会认定机制主要有这样几种：法律认定、行政强力认定、官方意识形态认定、民间通行的普遍规范认定、特殊人际关系网络中认定。不同机制的认定结果既可能是相容的，也可能是不相容的。在前一种情况下，经济运行比较顺利；而在后一种情况下，经济运行将付出规则摩擦成本。本文在下面分析乡镇企业的占有制度时，将关注不同的认定机制的作用，并将对这些机制的分析和占有的三维度结构的分析结合起来。

当占有在或大或小的范围内得到社会认定时，我们便说占有者在这范围内拥有了占有权。这样来使用"权利"这一用语，和学者们通常的理解可能有出入。不过我们不准备讨论这个问题。我们只想说明，本文仅在这样的含义下使用"权利"。

三、乡（镇）办企业：作为占有者的乡（镇）政府

（一）乡（镇）政府的占有者地位

根据有法律效力的典章化的条文规定，乡（镇）办企业的财产属于该社区范围内的全体农民集体所有。如《中华人民共和国乡村集体所有制企业条例》（1990）规定，乡村集体所有制企业的财产"属于举办该企业的乡或者村范围内的全体农民集体所有，由乡或者村的居民大会（农民代表会议）或者代表全体农民的集体经济组织行使企业财产的所有权"。一些研究者指出，乡（镇）办企业名义上是农民集体所有，事实上在很大程度上是乡（镇）政府所有的企业（张晓山，1994）。本文作者也发表过这种意见。这种"名义上—事实上"的分析框架的一个缺陷是，容易忽略"名义"也是一种事实上的力量。但撇开这些不谈，有一点却是清楚的，那就是乡（镇）政府是一个重要的占有者。这里说的政府指政权机构，包括党委和管理日常行政工作的狭义的政府等。

乡（镇）政府的这种地位，可以通过乡镇组织结构表现出来。乡镇的组织结构在各地不尽相同。在乡镇企业最为发达的苏南地区，90年代初的乡（镇）领导机构由"四套班子"组成：党委、政府（狭义）、人民代表大会、农工商总公司。农工商总公司实行董事会领导下的总经理负责制。董事会由党委、政府主要领导以及骨干企

业、村、信用社等方面的代表组成。通常由乡（镇）党委书记任董事长，[①]乡（镇）长任副董事长。正、副总经理由董事长推荐，报上级审批同意后，由董事会聘任。总经理通常由一名副乡（镇）长担任。农工商总公司下设工业公司、农业公司、商业公司、外贸公司等，对乡（镇）经济活动进行管理。乡镇工业企业直接由工业公司管理。乡（镇）办企业的经理（厂长）、会计都由工业公司任命。这样一种组织结构使乡（镇）政府对企业资产的占有得以实现。

（二）人民公社领导机构的占有：纵向排他软化

乡（镇）办企业作为一种企业类型，其前身是人民公社体制中的社办企业，因此有必要对公社领导机构的占有状态做一简要描述。

公社领导机构的占有存在着两种基本形态。

一种形态是，以国家（或上级政权机构）的生产计划和统购统销等指令为背景，[②]在公社、生产大队、生产小队的等级结构中实现对经济要素的占有。例如对生产队耕种的土地的占有就是如此。从公社领导机构仅仅是国家指令的执行者这个意义上说，它不是占有者，但由于国家指令常常是粗线条的，而且监督也难以完全到位，这就使之可以有一定的自主决策的余地，从而成为占有者。[③]生产大队、小队的占有也是如此。所以，在自上而下的等级系统中，上一级的占有在一定范围内排斥下一级的占有，同时又在一定范围内不排斥其占有。而下级的占有，对上级则不具排他性，因为上级政府在它认为必要的时候随时可以干预下级的占有行为。

---

① 笔者1996年初在苏南地区的调查中了解到，由党委书记任农工商总公司董事长的做法已经取消。但总公司的重大决定，都是党委做出的。

② 周其仁认为，农村集体所有制"并不是自动意味着是一种较为宽松的国家控制形式。集体所有制与全民所有制的真正区别，在于国家支配和控制前者但并不对其控制后果负直接的财务责任"（周其仁，1994）。

③ 笔者在1990年写的研究中国企业制度的一部未完成的手稿中写到："只有同时理解了'服从与占有的不相容性'和'指令空隙与服从者占有的相容性'，才能把握现实中在'指令—服从'关系不纯粹条件下的占有关系。"

另一种形态是，公社领导机构在完全排斥生产大队和小队占有的情况下占有部分经济资源。如公社办的农机站、农具厂等就是这样。然而对这部分资产，公社领导机构并不排斥上级政权机构的干预或占有，或者说，排他性即使存在，也是相当软化的。事实上，这部分资产必须做什么、不能做什么，很大程度上是上级要求的。显然，排他性是有限方位的。

两种形态的一个共同之处是，都存在着对上不排他或排他性软化。造成这种现象的原因在于：

第一，这种占有结构的基本格局是在国家政权力量对乡村的控制中通过财富再分配形成的。在这里，国家不是民间已有的占有关系契约的保护者，也不是在占有的权利边界不清时的界定人或调整人，而是通过剥夺和半剥夺后的分配者。这意味着，国家由于特定的历史原因变成了乡村经济资源的第一占有者。而所谓"集体所有制"则是国家政权掌握者考虑到革命时期对农民的承诺和政权竞争者的压力而做出的有限妥协。这种第一占有者的地位，因意识形态的原因而在政权掌握者头脑中强化了，只要没有遇到严重的经济效率问题，是不会被轻易放弃的。

第二，公社领导机构作为自上而下的行政指令运作系统的一个环节，存在对上级的行政依附。公社领导者由上级任命的制度，保障着这种自上而下的运作。事实上，生产大队领导甚至生产小队的领导，都在一定程度上存在着对上级的行政依附，虽然在国家的正式典章中并未将生产队领导机构纳入行政系列。

第三，在意识形态上，存在着所有制等级格局，即按照国家（全民）所有制、公社集体所有制、生产大队集体所有制、生产小队集体所有制、私人所有制自上而下排序。国家（全民）所有制是完全社会主义的，将长期存在；各类集体所有制都不同程度地存在私有制因素，因而将逐步为国家（全民）所有制取代，或向国家（全民）所有制过渡。事实上，在人民公社制度建立之初，中共中央的决议中就已指明，人民公社带有全民所有制成分，这种成分

"将在不断发展中继续增长,逐步代替集体所有制"。对未来制度安排的这种勾勒,虽然没有具体划定当前占有制度的限期,但已明确宣布了其暂时性。这必然影响到占有主体当前的占有行为。所有制等级的意识形态,有利于国家意志向乡村的渗透,同时也使公社领导机构在资产占有方面可能产生的向上的排他性软化。

(三)占有权范围扩大:行政变通的作用

1. 20世纪70年代初期社队企业兴起的一段历程

事实上,社队对经济资源的占有,不仅具有纵向排他软化的特点,而且其占有方式选择范围也被限制得很小。特别是在将资产用于非农业发展方面,限制更是严格。

20世纪50年代后期,随着人民公社制度的建立,产生了最初的社办企业。它们的来源有两个:一部分是原来的手工业合作社在人民公社建立以后划归公社,成为社办企业;另一部分是新办的一些小厂,包括机修厂、砖瓦厂、小煤窑、矿场等。1959年国民经济出现严重困难后,社办工业受到压缩,1962年国务院发布《关于发展农村副业生产的决定》,规定公社和生产大队一般不办企业。这一规定虽然在经济调整方面有其合理性,但从占有制度的角度来看,恰恰反映出社队的资产占有权范围受到国家强力的极大限制。"文化大革命"开始后,"防止资本主义复辟"的意识形态的强化形成了对社队占有权范围的进一步限制。

1970年,国务院召开了北方地区农业会议,提出了加快实现农业机械化的任务,为此允许社队办农机厂、农具厂以及与农业有关的其他行业的工厂。这一规定放宽了对社队占有权范围的限制,并画出了一条粗略而有弹性的约束边界——"与农业有关的其他行业"。

各地方政府在执行这一规定的过程中表现出很大的差异。江苏省无锡县委在贯彻会议精神时,首先提出"围绕农业办工业,办好工业促农业"的口号,通过强调工业的作用,为社队工业的发展争取更大的空间,并做出企业有权发展横向联系等规定;继而又将允许办"与农业有关的其他行业的工厂"扩展为肯定社队企业发展的"四服务"方向,即为农业生产服务、为人民生活服务、为大工业服务、为外贸出口服务。这样便变通地为该地区的社队占有权界定了更宽的范围(虽然很模糊)。无锡县的变通做法,很快在苏南地区扩散开来(莫远人,1987)。江苏省的社队工业也因此获得了较迅速的发展。见表6-1。

表6-1 江苏省社队工业总产值变动情况(1970—1975)　　　　单位:亿元

年份	社办工业	队办工业	合计
1970	3.86	3.10	6.96
1971	5.52	3.77	9.29
1972	6.96	4.44	11.40
1973	8.86	4.77	13.63
1974	10.82	5.87	16.69
1975	14.00	8.44	22.44

资料来源:(莫远人,1987:140)

这个社队企业早期发展的事例,体现了中国当前正在发生的占有制度变迁中占有的行政认定的一个重要机制,即变通。事实上,从20世纪70年代初以来,乡镇企业(早期为社队企业)占有结构的几乎每一次重要变动,如,社队资产使用范围的扩大(允许用于发展工业)、交易权的逐步确立、企业私有产权的确立等,都伴随着某个地方或某些地方、某个部门或某些部门、某一级或某些级别政府在占有认定方面的变通行为。

2. 变通行为分析[①]

在研究中国的乡镇企业占有结构的变动时,必须注意的一个

---

① 1994年,笔者与王汉生、孙立平、沈原、郭于华、刘小京共同讨论形成的文稿《作为一种制度运作方式的变通》中对变通进行了详细的分析。这里有关变通的基本思想均来自该文。

基本事实是，它不是简单地在政府自上而下的统一安排和统一执行中形成的。把握这点是必要的：政权组织内部存在着等级结构，制度的安排和运作要通过这一等级结构来进行。在这个过程之中，中层、基层政权组织追求自身效用的行为起着重要的作用。[1]

我们将制度变通定义为：在制度实施中，执行者在未得到制度决定者的正式准许、未通过改变制度的正式程序的情况下，自行做出改变原制度中的某些部分的决策，从而推行一套经过改变的制度安排。变通后的制度与原制度保持着形式上的一致，这种形式上的一致，有时包含明确的操作性内容，有时则仅采用和原制度相同的话语系统，并受与这套话语相联系的意识形态等因素的约束。

在无锡社队企业早期发展的事例中，国务院是社队占有权范围的正式认定者，无锡县委只是国务院决议的贯彻者。但在执行中，无锡县委将"与农业有关的行业"扩展为"四服务"方向。从形式上看，二者并没有大的矛盾：什么行业与农业无关呢？然而实际上，从狭义的"有关"变为广义的"有关"，已经发生了占有边界的变化。

无锡县的政策，是由正式的政权机构——县委做出的，从而具有正式性。但这种正式性是不完全的，因为它将上级的政策自行作了变动。这里表现出变通的某种特征：它既不同于正式制度通过正式程序加以运作的过程，也不同于纯粹的非正式约束的作用方式。

---

[1] 诺斯在进行经济史中的结构与变迁的研究中提出，理解制度结构的两个主要基石是国家理论和产权理论，而国家界定产权，因此国家理论是根本性的。他将国家视为在暴力方面具有比较优势的组织，认为产权的界定是统治者的欲望与交换当事人努力降低交易费用的企图彼此合作的结果。为了进行清晰的逻辑分析，诺斯构建了一个简单的国家模型，该模型假定只存在着一个以效用最大化为目标的统治者（诺斯，1981/1991，第1篇）。这一假定意味着，国家组织的内部结构被省略了。这种简化虽然有利于明了地勾勒政府在产权界定中的一种行为逻辑，但是同时也降低了对于有着复杂的内部结构，并且内部各个部分有着不同效用函数的政府组织的产权界定行为的解释力。特别是，当我们试图理解政府在乡镇企业占有认定中的作用特征时，以上省略带来的问题便更不容忽视。

经变通过程形成的直接结果既非新制度主义经济学家所说的正式制度，也非他们所理解的非正式约束。可以说，它处于二者之间，具有正式和非正式的部分特征，是一种准正式的制度安排。变通可视为原制度与实际实行的准正式制度之间的转换机制。

变通主体的身份是双重的，即他们既是原正式制度的执行者，又是准正式制度的决定者。在政权组织的内部等级结构中，变通者的双重身份与他们地位的双重合法性来源有密切的关联：一方面他们由上级任命，必须对上级负责；另一方面他们又代表其辖域的特殊利益。变通是主体试图在二者之间实现平衡的一种方式。

作为原制度的执行者，变通将承担风险，这可以看作一种成本。无锡县委在当时批判商品生产和商品交换、"割资本主义尾巴"的政治和意识形态压力很大的情况下，做出与这种压力反向的变通决策是有一定风险的。因此，变通决策者要进行变通成本与收益的权衡。假定决策者有足够的理性，那么变通行为方程可简略地表示如下：

$$R=[p'(B'+D')-O'-C']-[p(B+D)-O-C]$$

式中，R表示对原制度的变通反应，p'、B'、D'、O'、C'分别表示变通成功概率、变通提供的社会利益、私人利益、实施变通的组织成本、私人成本；p、B、D、O、C则分别表示非变通制度安排成功的概率、采用非变通制度安排提供的社会利益、私人利益、实施非变通制度安排的组织成本、私人成本。不论是社会或私人的收益、成本，均为潜在变通者的内在评价。

只有当$R>0$时，变通的决策才会做出。而且数值越大，变通决策的动因越强。

在变通决策行为中，变通成功的概率和私人成本起着十分重要的作用。变通成功的概率取决于：对变通制度安排的社会需要强度或可接受程度、干部集团的共识程度、上级对原制度安排的贯彻态度、与变通制度安排有关的其他制度的状况等。变通的私人成本主要是变通者可能受到的惩罚，这是他要承担的风险，而决定风险高低的因素包括：原制度的约束强度、原制度安排的粗略程度、等级制中上级对下级的约束强度等。

无锡县委的变通尽管存在风险，但当时也存在着若干促使其做出变通决策以及使风险弱化的因素：首先，基层组织干部和社员对社队资产占有权的变通安排有很强的需求和很高的认可度——苏南地区有悠久的工商业传统；社队工业在整个20世纪60年代始终存在；地少人多，劳动力有向非农产业转移的动力。其次，计划经济的缺口形成了对社队企业产品的潜在需求，"文革"中城市工业秩序混乱，产品短缺，计划缺口扩大，不能不寻求另外的弥补渠道，这就为社队企业发展提供了机会（莫远人，1987）。再次，国务院规定的约束边界是有弹性的，留下很大的余地。最后，"文化大革命"中垂直的行政约束弱化了。这些因素为变通的占有权安排奠定了基础。

1978年，中共中央十一届三中全会通过了《关于加快农业发展若干问题的决定（草案）》，该决定草案中提出，社队企业要有一个大发展；城市工厂要把一部分产品和零部件扩散给社队企业经营；国家对社队企业实行低税或免税政策。1979年，根据十一届三中全会的精神，国务院颁发了《关于发展社队企业若干问题的规定》，这些文件，可以看作对多年变通施行的占有权边界的正式认可。准正式制度安排转化为正式制度安排。

（四）纵向排他的硬化：财政推动

1. 乡镇企业发展和乡（镇）政府的财政利益连带：财政自筹资金

自20世纪70年代末政府实行改革开放政策以后，原来导致公社领导机构占有中纵向排他软化的因素发生了很大的变化。第一，在碰到严重的经济效率危机和与此相连的政治、社会危机之后，国家以第一占有者身份直接干预乡村经济活动的行为大大减少了。如果说，在农作物种植特别是谷物种植方面国家还保留着较多的指令干预的话，那么，在乡镇工业企业的运行方面，国家指令性计划既无意也无力问津。第二，所有制等级的意识形态发生了变化，集体所有制不再被认为是比国家所有制低级的形式。第三，公社领导机构（人民公社取消后则为乡镇政府）对上级的行政依赖弱化。这些变化，使乡（镇）政府在对乡（镇）办企业资产的占有中，纵向排他趋于硬化。关于第一、第二两点，已有许多文献论及，本文不再赘述。我们只讨论第三点。

关于乡（镇）政府行为，目前进行的经验研究很少，很难做出系统归纳，而对于其行为目标的研究则更为困难。不过，数年的经验观察使我们确信，可支配财政收入是乡（镇）政府的一个重要行为目标。

在公社办企业发展之前，公社领导机构的财政收入基本依赖上级拨款。有了社办企业之后，情况发生了变化，社办企业利润成了新的财政来源。这种情况在撤销人民公社，设立乡政府时得到国家财政系统正式认定。

1983年，中共中央、国务院在中发〔1983〕35号通知中提出"随着乡政府的建立，应当建立乡一级财政"的要求。根据这一精神，财政部制定了《乡（镇）财政管理试行办法》，经过全国财政工作会议讨论修改和征求国务院有关部门的意见，报经国务院领导同意后，于1985年正式颁发试行。在这个试行办法中，正式确认"乡（镇）财政收入由国家预算内资金、预算外资金和自筹资金组成"。（财政部预算管理司，1986）[①]

[①]《试行办法》中规定，"国家预算内部分，包括上级政府划归乡（镇）财政的乡镇企业所得税、屠宰税、城市维护建设税、集市交易税、牲畜交易税、车船使用牌照税、契税和其他收入。国家预算外部分，包括上级政府划归乡（镇）财政的农业税附加、农村教育经费附加、行政事业单位管理的预算外收入，以及一些镇按照国家规定征收的公用事业附加。自筹资金部分，包括乡（镇）政府按照国家政策规定征收的自筹收入，但不得随意摊派"。

财政部颁发《乡(镇)财政管理试行办法》,旨在于乡政府建立之际便使其财政管理进入规范轨道,但同时也认可了"自筹资金"在乡(镇)财政中的地位。乡(镇)办企业上缴乡(镇)政府的利润,是财政自筹资金的主要来源,因此,乡(镇)财政自筹资金的正式认定,刺激乡(镇)政府举办企业并扶持其发展。在乡镇企业蓬勃发展的地区,乡(镇)政府的财政来源结构明显变化,对上级财政拨款的依赖越来越小,而越来越依赖来自乡镇企业上缴的利润。

一些个案调查显示,来自乡(镇)办企业上缴的利润,已成为乡(镇)可支配收入的主要部分。以苏南某市的 H 乡为例,该乡 1991 年财政收入中,自筹资金收入占 65.66%。见表 6-2。

表6-2　H乡1991年财政决算收入

项目	金额(万元)	比重(%)
预算内乡级财力决算收入	73.86	17.10
预算外决算收入	74.50	17.24
自筹资金决算收入	283.65	65.66
总计	432.01	100.00

资料来源:(马戎、王汉生、刘世定,1994:730)

财政收入结构中自筹资金收入的存在,产生了两个结果:

第一,由于自筹资金收入和企业利润密切关联,因此它使乡(镇)政府更敏锐地关心乡(镇)办企业的发展。不符合乡镇企业发展利益的占有与干预,会被看成如同调减乡(镇)政府的财政资金一样予以抵制。

第二,它使乡(镇)政府对上级政府的依赖弱化,特别是在预算内、预算外收入占财政收入的比重极低的情况下,更是如此。

这两个结果将产生一个共同的作用:使乡(镇)政府占有的纵向排他硬化。

2. 财税包干和上下级间的讨价还价

从20世纪70年代末开始，许多省份实行了财政收支分级包干的体制。①由于财政收入主要来自于税收，因而形成了事实上的包税制。这种体制一直贯彻到乡（镇）。1994年税制改革条例发布之后，至少到目前为止，许多乡（镇）仍在实行事实上的包税制。

这样，在现实的经济管理中便存在着双重税制，即一方面是按国家规定的税种、税率征收，征收到多少税额，取决于被征对象的实际经济状况和征税执行情况，税额不是先定的；另一方面，是税收包干，这是按先定的税额征收。乡（镇）政府从本社区发展利益和自身财政收入的利益出发，必然关心财税包干额度以及税收双重标准在执行过程中的实际把握。

在乡镇社区中，税的征收是由乡（镇）税务所和财政所执行的。②虽然税务所和财政所在人事或业务上要受垂直的部门领导，但是，由于行政体制安排中"条""块"系统的相互制约，由于征收力量不足，由于政府运作中乡土人际关系的重要影响，因此，财税征收离不开乡（镇）政府的合作。而财税包干制更使乡（镇）政府介入了税额的确定过程。通常，征税额度要在上级政府、上级税务部门、乡（镇）政府、财政税务所之间通过协商，乃至讨价还价

---

① 1979年，财政部财政体制改革领导小组在江苏试行"固定比例包干"的办法的基础上设想了若干方案，同时在四川省"进行划分收支、分级包干"体制的试点工作。1979年底召开的全国计划工作会议确定推行"划分收支、分级包干"体制。1980年，国务院发布《关于实行"划分收支、分级包干"财政体制的暂行规定》。1982年，国务院发出关于改进这种财政体制的通知，规定除广东和福建省外，一律实行收入按固定比例分成的包干办法，即"总额分成"办法。实行第二步"利改税"后，国务院决定从1985年起实行"划分税种、核定收支、分级包干"办法。1986年后，一些经济发展较快地区认为这种办法存在"鞭打快牛"的弊病，导致一些地方财政收入下滑，而当时中央财政因连年赤字，不得不几次向地方借款。这样，1988年国务院发布《关于地方实行财政包干办法的决定》。

② 农业税、农业税附加、建农基金、教育费附加等由财政所征收，而工商各税、城市维护建设税等由税务所征收。

后确定。

这样,财税包干不仅是一种事先明确社区中各个经济主体占有财产的总体边界的制度,而且推进了乡(镇)政府与上级政府及其他政府部门间讨价还价机制的形成。而伴随着讨价还价机制的出现,乡(镇)政府占有中纵向排他性也硬化起来,并进入正式程序。

3. "放水养鱼"与乡(镇)政府占有的保护

在双重税制下,乡(镇)政府除了介入包税额的确定过程以保护本社区及自身占有的利益外,通常还要采取一系列措施防备实际征税过程中因同时执行双重规则而越过包税定额边界,因为如果严格按各税种、税率征收,税额有可能大于包干额。这种尽可能使企业不多缴税的政策,在一些地方叫作"放水养鱼"。

在存在乡(镇)办企业特别是这类企业比较发达的社区,"放水养鱼"不仅是对社区利益的一般保护,而且是对乡(镇)政府占有的保护。在一些地区,乡(镇)内部实行着某种地区性的准正式的规则,它们常常可以体现这种保护的特点。

例如,在1994年税制改革之前,有的乡(镇)中实行的账面利润和结算利润制度,就体现着这种对乡(镇)政府占有和社区利益的保护。所谓账面利润,是乡(镇)办企业提交给税务部门报表上的利润额,其数额小于实际利润。它的功能之一,是避免税务部门在包税的额度之外再征收更多的企业所得税。但乡(镇)政府并不停留在允许企业上报和实际利润有差距的账面利润上,它还设计了结算利润考核规则,以便保障它对企业的占有。乡(镇)政府不依据账面利润来检验乡(镇)办企业的经营情况,也不依据它来结算。和企业结算时,依据的是结算利润。结算利润=账面利润+调增利润—调减利润。调增和调减利润都是依靠一套内部规则来核定的。表6-3为H乡化工厂1988—1991年的账面利润和结算利润。

表6-3　H乡化工厂的利润　　　　　　　　　　　　　　　　单位：万元

项目	1988年	1989年	1990年	1991年
结算利润	8.43	9.97	15.00	68.00
账面利润	0.40	0.45	0.15	0.61
调增利润	8.03	9.52	14.85	68.00
预提费用				68.00
认可利润		3.26		
调减利润				0.61

资料来源：（马戎、王汉生、刘世定，1994：762）

乡（镇）政府的财政利益（自筹资金）是和结算利润联系在一起的。表6-4说明了这一点。所以通过账面利润—结算利润制度对乡（镇）政府占有企业资产的保护，也是对它的财政利益的保护。

表6-4　H乡化工厂结算利润分配（1991年）

项目	金额（万元）	比重（%）
结算利润总额	68.00	100.00
企业留存	44.43	65.34
上缴乡政府	6.80	10.00
职工分配	16.77	24.66

资料来源：（马戎、王汉生、刘世定，1994：763）

乡（镇）政府的某些地方保护行为，反映了占有的排他性的强化。

四、乡（镇）办企业：作为占有者的企业经理（厂长）

根据我们对占有的理解，乡（镇）政府并不是乡（镇）办企业唯一的占有者，企业经理（厂长）也是重要的占有者。

（一）责任承包制：有限期占有和默契的边界

1. 责任制中的占有空间

在乡（镇）办企业中，大都实行了"责任制"或"承包制"。"责任制"或"承包制"的形式多种多样，例如在苏南地区，具体形式有所谓"生产要素承包、资产滚动增值制""净收入工资含量制""超产值利润计奖制""风险抵押承包制"等。尽管形式不同，但这类制度都存在着以下共同特点：第一，具有若干由乡（镇）政府制定的要求企业经理（厂长）执行的指标或规则，以及将经理（厂长）的报酬和这些指标或规则的贯彻情况联系起来的方法；第二，企业经理（厂长）在一定的范围内对企业的生产、交换活动做出自主决策，从而在一定范围内成为企业资产的占有者。

我们可以以一份乡（镇）政府和企业经理（厂长）签订的"承包合同"为例来说明这种占有的特征。以苏南I镇炼油厂为例，1989年该厂与镇工业公司签订了为期三年的承包合同，合同中的主要指标见表6–5。

表6-5　承包合同中的主要指标

项目	单位	1989年	1990年	1991年
产值				
保证指标	万元	600	700	864
目标指标	万元	750		
五项收入[①]				
保证指标	万元	75	88.5	104.43
目标指标	万元	110		
上缴利润	万元			

---

① 五项收入包括：（1）利润；（2）提留工资总额，即按基本工资标准和企业核定人数计算的工资总额；（3）以提留工资总额为基础计算的其他各项提留，包括奖励基金、福利基金、教育基金；（4）折旧基金；（5）大修理基金。

续表

项目	单位	1989年	1990年	1991年
人均创产值	元	40000	40000	40000
人均创五项收入	元	5000	5000	5000
应收款/销售收入	%	10	10	10
产销率	%	90	90	90
固定资产产值率	%	3	3	3
企业活动经费/销售收入	%	0.6		
外勤经费/销售收入	%	1		

资料来源：(马戎、王汉生、刘世定，1994)

从表中可以看到，乡政府要求炼油厂厂长贯彻的指标包括产值、利润、五项收入等10项，然而这些指标的存在并不能使厂长成为一个经营活动的简单执行者。政府并没有要求厂长必须生产什么，必须如何组织生产，必须把产品销售给谁，这些重要的方面，都是厂长自主决策的领域，都是厂长实现其占有的领域。

由于占有的经济资源种类和数量都比较少，因此乡（镇）政府不可能像中央计划经济体制下的中央政府那样，能够以对各生产单位间的物资调拨来替代企业间的交易。如果政府要求企业必须生产什么，那么它至少必须安排好对于生产出来的产品的需求，甚至还要保障生产所需的各种要素的投入；如果政府要求企业必须把产品供给于谁，那它必须保障这些产品能够被接受；在一个乡镇范围内，在乡（镇）政府所办的几个企业之间，要想形成这样一个关联机制是不可能的。这样，尽管乡（镇）政府占有着企业资产，但也不能不允许企业经理（厂长）拥有相当范围的占有权。有的人看到乡（镇）政府对乡（镇）办企业资产的占有和对这些企业的控制，便认为这类企业的机制已在向传统国营企业的机制转变，这种看法的一个缺陷，是忽视了乡（镇）政府和中央政府在以物资调拨替代企业间交易方面的功能差异。

2. 占有范围的约束

在实行企业经理（厂长）责任制的乡（镇）办企业中，责任"合同"使企业经理的占有权受到两类约束，一类是目标约束，另一类是过程约束。

所谓目标约束，是指通过确定企业经理必须完成的经营目标来实现对经理的占有权范围的约束或限定。如，表6-5中要求经理实现的产值、利润、五项收入等指标就构成了对经理占有权范围的目标约束。固然，经营目标本身并没有对占有权范围做出直接的界定，但是，由于经营目标的实现离不开对企业资产的占有，经营目标的内容影响占有方式的选择范围，而占有方式的选择已直接涉及占有权范围，因此，责任制中的经营目标必然影响经理占有的权利范围。目标约束可以说是一种对占有权范围的间接约束。

拥有一定占有权的企业经理，总会有自身的经营目标。在这些目标是经理自主确定的条件下，它们并不构成对企业经理占有权的约束，相反，却是占有权的具体表现。但是，在实行责任制的条件下，当一定的目标以强制的形式要求企业经理必须完成时，它们就构成了对占有权的一种约束。图6-1可以直观地描绘这种约束的力量。

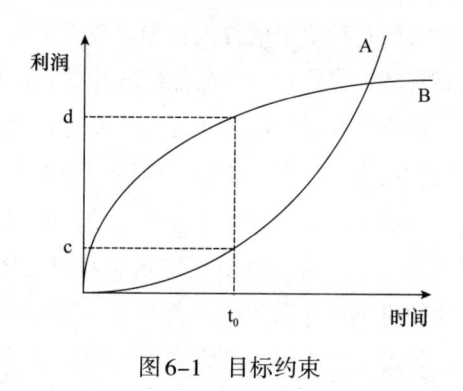

图6-1 目标约束

图中，A和B为两条不同的利润曲线，它们分别为资源的不同利用方式所决定。在两条曲线相交之前，曲线B的盈利水平高于曲线A，而随着时间的推移，在曲线相交之后，A的盈利水平高于B。假定在没有责任制目标约束的条件下，企业经理经过对短期利益和长期利益的权衡，倾向于将经营方案选择在A上，但是由于责任目标规定的利润水平是d点，因此，他只能选择通过d点的方案B，而不能选择方案A。这里，体现着目标约束的作用。

所谓过程约束，是指对企业经理在占有过程中的行为直接做出约束性规定，从而划定占有的权利界限。例如，对企业用工方式、报酬制度、资产处置方式等做出规定，就属于过程约束之列。过程约束可以说是对占有权的直接约束。

在乡（镇）办企业中，过程约束的一个主要方面是个人报酬的决定。从苏南乡镇企业调查个案可以看到，乡（镇）政府对企业职工报酬总量以及经理（厂长）报酬的控制是相当严格的（马戎、王汉生、刘世定，1994）。这样做固然有控制社区成员之间收入差距的考虑，但更重要的是防止乡（镇）政府占有的资产通过个人收入分配渠道转变为个人财产。20世纪80年代中后期，在苏南地区曾实行过所谓"一脚踢"的承包方式，即发包方只要求承包方上缴一定数额的利润，其他一概不管。从占有的角度来看，这种方式是对占有的单纯的目标约束。但是后来"一脚踢"的方式基本不再采用，原因是它不利于乡镇政府对承包者的监督管理，不利于企业资产增值，容易造成资产流失，出现所谓"穷庙里跑出胖和尚"的现象。

3. 有限方位的排他

企业经理虽然与乡（镇）政府签订了责任制或承包制"合同"，但他们并没有因此在"合同"所认可的范围内获得对政府的排他性占有权。事实上，"合同"常常是在乡（镇）政府与企业经理个人地位不平等、权利不对称的条件下签订的，并带有或多或少的指令色彩。①"合同"签订后，乡（镇）政府在认为必要的时候，常常会单方面修改合同，调整指标，并要求企业经理同意。

以前面表6-5描绘的I镇炼油厂的合同为例。1989年签订的合同虽然是三年期的，但是由于镇政府对该镇的承包经营政策进行了一些调整，同时该厂1989年的经营实绩大大超过原来的预料，因此在1990年镇工业公司提出与企业经理重新商议，对原来的合同作了修订和补充。修改和补充的主要内容如下：

（1）1990年产值保证指标由700万元调整为960万元，目标指标改为1152万元。1991年度按20%提高考核基数。

（2）1990年五项收入保证指标由88.5万元调整为220万元，目标指标改为264万元，1991年度按18%提高考核基数。

（3）1990年开始引进风险机制，实行风险抵押承包。办法是，厂长交抵押金1000元，如完成考核指标，抵押金按存款利率计算，本息一并退还；如完不成考核指标，按下降的比例扣除抵押金。

（4）计算职工报酬总额，由"五项工资收入含量"改为"税后三项收入的工资含量"。②

（5）厂领导报酬按镇政府1990年新的规定执行。

1991年镇政府对承包合同又作了一些补充和修订，包括：将产值保证指标改为1352万元，目标指标改为1750万元；五项收入保证指标改为275万元，目标指标改为370万元等。

对合同的改动，虽然要与企业经理协商，但主要是在乡镇政府的意志下做出的。而且乡镇政府对于单方面要求修改合同并未给予对方以补偿。这说明合同对乡镇政府的约束是软的，与乡镇政府签订合同并未使企业经理获得合同所界定范围的全方位的排他性占有

---

① 苏南I镇电热电器厂钱副厂长说，指标实际上是指令性的，"这是行政命令"，"从来没有讨价还价的余地，他（镇）定的就是定死了，不能变。讨价还价成功的很少"。(马戎、王汉生、刘世定，1994：903)

② 税后三项收入包括：提留工资总额、按提留工资的24.5%做出的其他各项提留、按适用税率计税后的利润。

权，经理的占有在合同期内并未排除乡（镇）政府的占有，至少排他性是软化的。

造成这种状况的原因在于：

第一，独立司法体系的存在是企业经理通过与乡（镇）政府签订合同获得全方位排他性占有权的必要条件，但这一条件目前尚不具备。毋庸置疑的是，如果司法裁决受政府权力的影响，那么，尽管有合同，企业经理的占有也不可能排除政府的同时占有。事实上，问题甚至不在于一旦出现权利纠纷将会有怎样的现实后果。在司法不独立或不完全独立的体制下，企业经理甚至意识不到他在与政府签订合同时会具有与后者平等的地位。

第二，许多乡（镇）办企业的经理，对乡（镇）政府具有或多或少的依附性。这种依附性的保持，或者是因为政府可以给他们提供地位的稳定性保障，或者出于人际网络及感情上的原因。乡（镇）办企业的第一代领导，绝大部分是原来公社—生产队或乡—村等级体系中的干部，后来的领导者也大都是在乡（镇）、村的人际网络中接续产生出来的。他们的行为，自然不同于来自经理市场上的受招聘者，因而不能用刻画后者行为的理论模型来理解他们。这种依附性造成他们在占有权问题上对政府排他的软化。

但是这并不意味着企业经理的占有不存在一个基本独立的领域而随时受到乡（镇）政府的干预。乡（镇）政府对企业经理占有行为的干预，在技术上要受到它所掌握的信息和拥有的管理能力的约束。同时，政府始终要在社区经济增长和资产控制之间权衡，而这两个目标之间在一定范围内存在着替代关系，即对经理占有行为控制度提高，会弱化激励，从而不利于经济增长；而激励度的提高，又可能导致政府占有的弱化。如果乡（镇）政府具有足够的理性，并且把经济增长放到重要的位置，那么，政府就必定要给企业经理的占有留下一定的自由空间。此外，乡村人际网络关系虽然可能带来经理对政府的占有的排他性软化，但是，它也同时促成镇政府领导与企业经理之间的特殊信任关系，借助于这种信任关系，乡（镇）政府与企业经理常常可以形成一种默契的占有权边界。①

4. 占有的合同期限和预期期限

乡（镇）办企业经理对企业资产的占有是有限期的。在实行责任制的条件下，合同的期限构成了企业经理占有的一个限期。但是，他们的占有并不一定因合同到期而结束，有的经理的占有将持续下去。他们是否能继续占有，取决于他们的经济活动的绩效，他们与乡（镇）政府的关系，以及年龄（比如，是否已经到了退休年龄）等因素。事实上，经理们在当前的占有活动中，都存在着对其占有期限与合同期限未必一致的预期，这种预期期限有的十分明确，有的则只有一个大致的估量。合同期限、预期期限以及这两个期限间的关系，对企业经理的当前占有行为有重要影响。

主要的影响表现在资产的利用和经济绩效追求方面。

占有的合同期限和预期期限对资产利用方式选择的影响可以通过图6-2来描绘。

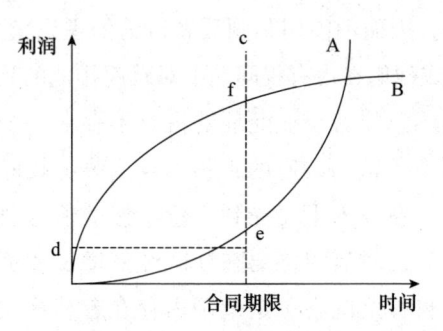

图6-2　合同期限、预期期限与资产利用

---

① L镇2号丝织厂厂长关于工作动力的一段话很能表现企业经理和镇政府之间的情感上的联系，他说："第一，不是每个人都能当厂长，我能当厂长是领导培养的，我应该不辜负这些培养。第二，镇与我是有感情的，我应该对得起镇上，为镇上干好。第三，要是我去干个体，或者这里不让我干了，我还有关系，每年挣个一二十万是很容易的。不过镇上给了我荣誉，还把我的农村户口转成了城镇的，这就是荣誉，跟别人花一万多元买的城镇户口是不一样的。"（马戎、王汉生、刘世定，1994：1250）

在图6-2中，垂线c表示合同期限，水平线d表示合同规定的最低盈利水平；曲线A、B分别表示两种不同的资产利用方式，在合同期限上，这两种利用方式的盈利水平均高于d。假定企业经理预期他对企业资产的占有将在合同期限到达时结束，那么，他将选择近期利润较高而远期利润较低的资产利用方案B，使企业在合同期内的盈利水平达到f，因为这样他可以得到更多的个人收入。假定企业经理的占有预期期限远长于合同期限，那么，他很可能选择方案A，使合同期内的盈利水平仅达到e，因为这样可以保证他的长期收益最大化。

占有的合同期限与预期期限的关系还影响着企业经理的经济绩效追求。如果企业经理的预期期限和合同期限相等，那么他很可能追求合同期内经济绩效的最大化，并使这些绩效尽可能充分地显示在乡（镇）政府面前。如果企业经理的预期期限长于合同期限，那么他很可能倾向于在合同期内只追求一个适度的而非最大化的经济绩效目标；在政府掌握企业经营信息不完全的情况下，他很可能力图使一部分经济绩效不在政府面前显示出来。这样做，是为了避免在新的合同期中被规定太高的经营目标。

（二）人际关系网络形成的排他性

1. 非正式关系资源与企业资产的占有

在乡镇企业的营运过程中，非正式的人际关系网络发挥着重要的作用。我们将非正式人际关系定义为被当事者所认可，但却未被法律、法规、契约、规章确认的关系。笔者曾指出，由于在一些非正式人际关系后面，牵动着各种稀缺的经济资源，如资金、设备、技术、原料、项目、批件等，而对这些资源的获取，又常常与人际关系有密切的联系，因此，非正式人际关系在经济活动中就具有了经济资源的典型特点：一方面，它是稀缺的；另一方面，它具有为一定的主体带来经济收益的可能性。因为非正式人际关系资源能够影响其他经济资源的配置，所以它不仅成为一种有经济意义的资源，而且是一种具有资源配置功能的资源。一些乡镇企业的调查案例说明了非正式人际关系在企业营运中的广泛作用，它们参与作用的领域包括：建厂、联营、转产、获得业务项目、购买原料、产品销售、技术指导、人员培训等。（刘世定，1995a）

非正式人际关系资源对企业生产的影响，可以通过一种形式化的方法简洁地予以说明。我们用O代表企业的产出，用I代表企业在生产中投入的非正式人际关系之外的经济资源，那么产出与投入之间的关系可以表示为：$O=F(I)$。假定在生产中投入的资源I与企业获取的资源量相等，而资源的获取量是非正式人际关系资源r的函数，则有：$I=f(r)$。将两式联系起来，得到：$O=F[f(r)]$。这就是说，企业的产出是非正式人际关系资源的复合函数。

复合函数的一般表达式并没有告诉我们非正式人际关系资源在怎样的程度上影响着企业的产出，但是它简明地表达了一种逻辑关系。通过这种逻辑关系我们可以得知，当企业经理独自掌握着关系资源r时，关系资源在多大程度上影响着企业的投入和产出，也可以说企业经理在多大程度上独自占有着企业资产。经理对企业资产的占有，是他所占有的非正式关系资源的函数。

2. 私人化营运与低替代性

我们不排除非正式人际关系资源为政府机构、集体合作组织掌握的可能性和现实性。事实上，乡（镇）办企业发展中利用的一些非正式关系，是乡（镇）政府掌握的，有的企业经理掌握的非正式关系也是借助于乡（镇）政府建立的。但是，较深入的调查以及日常的经验观察使我们相信，有相当大比重的非正式关系资源掌握在私人手中。

在非正式关系为企业经理私人掌握，并成为他从事经营活动的重要经济资源的条件下，企业的营运便具有了私人化的特点。这时候，撤掉一个经理，就可能意味着损失一批经济资源，甚至会影响一个企业的生存。企业经理因此具有了低替代性。

乡镇企业发展中有着许多白手起家的传奇故事。几乎在每一个这样的故事中，都可以看到企业经理寻找、利用、编织、生产和再生产非正式关系的活动，同时也体现出，在依靠经理的关系起家和发展的企业中，企业经理的地位几乎是不可替代的。

苏南L镇二号丝织厂的创办就是一个利用关系资源白手起家的例子。该厂建于1985年，当时是一个乡办企业（在乡、镇合并后转为镇办企业）。虽说是乡办，但乡政府并没有资金投入，只给了厂长"一块牌子、一个印章、一套班子（任命了正副厂长、党支部书记、会计）"。乡政府之所以能够以这样的方式来创办一个企业，是因为它所任命的厂长不仅有组织生产的能力，而且有较广的社会关系，并善于利用这些关系于经营活动。厂长之所以敢于接受这一任命，是因为他相信他的能力和关系可以转化为经济资源和收益。为了解决资金问题，厂长借助于他的乡办企业厂长的身份和个人的关系，从乡丝绸公司借了30万元，用以建造厂房并购买了18台织机；又向工艺织造厂借了2吨化纤原料，从周围村庄招收了70个工人，企业就这样创办起来了。第一年经营就盈利70万元，以后逐年递增，至1989年年盈利已达220万元。谈到企业的迅速发展，该厂厂长说他是赶上了"天时地利人和"的条件。他所说的"人和"既有乡政府的信任和支持，也有周围的非正式人际关系的顺利利用。厂长表示，以他的关系而论，完全可以办起一座像样的私人企业，虽然他并不打算这样做（马戎、王汉生、刘世定，1994）。像这样的企业领导，至少在一段时期中，其地位是不可替代的。

I镇炼油厂建于1988年。其前身本是镇中心小学的一个搞废油回收加工的校办厂。该厂厂长精明强干，善于抓住机会建立关系，开拓经营局面。当时石油是主要由国家计划分配的物资，该厂不在计划分配体制之内，无缘获得计划分配物资，而计划外的原油则十分紧缺。但厂长通过朋友关系在一年内购买到1万余吨计划外原油，为该厂的起步奠定了基础。此后，为上新项目，他又到处想办法寻找资金,不但解决了本厂2300万元投资的来源问题,而且帮助本镇其他企业解决了部分资金困难。厂长介绍说,他们的"关系网"很大,"关系户"很多。他认为,人与人之间靠情义,工厂之间靠信誉,产品靠质量,我们和别人真诚相待,虽免不了请客送礼,但其中是包含着朋友关系,私人关系在内的。随着该厂的迅速发展和企业领导关系网络的扩大,小学校逐渐失去对他们的控制能力。此时镇政府则努力把该厂纳入镇办企业行列,强调镇与企业的上下级关系。但厂长并不认为上级机构的变更会对他们的经营活动有什么影响。由此反映出,关系网络已使厂长的地位很难被替代。(马戎、王汉生、刘世定,1994)

3. 关系网络和占有的排他性:非正式排他与正式排他

企业经理的非正式人际关系网络、营运的私人性、低替代性,为他们的占有行为构成了一道特殊的保护圈,从而改变着占有的排他性特征。由于这些因素的存在,企业经理占有的排他性强化了,排他性的方位更加完全,因为乡(镇)政府在一定程度上和一定范围中事实上也被排除在外了。

但这种排他性的强化和排他方位的增加是非正式的,它并没有得到拥有强力优势的政府的认可和保护。非正式人际关系网络的存在只是使乡(镇)政府一时难以介入,而并未形成使之不能介入的稳定机制及正式制度安排。

事实上,随着企业的成长,将不可避免地产生一系列破坏人际网络保护圈的因素:随着创业阶段的结束,企业进入常规发展时期,经理的可替代性将会提高;随着交易的扩展,人们会发现,在许多场合非人格化交易的成本比人格化交易的成本要低,从而使相当部分的交易活动逸出私人关系网络;企业之间业务往来的稳定化,将使最初的人际联系变为机构间的联系,从而降低营运的私人色彩,等等。这些因素,将使企业经理由人际关系网络获得的排他性趋于丧失。

这将在一些企业经理中产生一种危机感。一方面，他们在多年的经营活动中，发掘和建立了大量的非正式人际关系资源，利用这种资源，他们不仅使企业获得迅速的发展，而且进一步确立了自己的占有地位；但另一方面，不论他们一时的地位如何牢固而不可替代，在长期中仍是不确定、不稳固的。这种近期占有排他性的强化和未来不确定的反差，使相当数量的企业经理产生了将非正式的排他性占有权转化为正式的排他性占有权的要求，即在法律上确定他们在企业资产中的所有权的要求。(刘世定，1995b) 这类现象在一些地区已经出现，值得进一步观察和研究。

(三) 名义所有权与经营性占有的交易：个人的理性选择

除了通过乡（镇）政府的任命获得企业资产占有权这种类型以外，企业经理占有乡（镇）办企业资产还有另一种类型，那就是通过名义所有权与经营性占有的交易。其特点是，个人投入创办企业的资金、关系资源等，但却不在法律上注册为私有企业，而是和乡（镇）政府达成默契，注册为乡（镇）办企业，实际创办者个人出任总经理。也就是说，个人出让名义所有权，换取到对乡（镇）办企业的占有权。

1. 对所有制形式的理性选择

个人与乡（镇）政府间从事的名义所有权和经营性占有的交易，是在历史形成的特定的所有制政策和所有制文化背景下，理性选择的结果。

长期以来，政府对不同的所有制形式采取了区别性的政策，特别是私有财产的经营性使用受到严格的限制。改革以后的政策在总体上，是向多种经济成分共同发展的方向推进，由于采取了渐进改革的策略，区别性的所有制政策仍然或多或少地发挥作用。而在各个局部，政策变动状况则异常复杂，从而形成了多元差异政策格局。这种多元差异政策格局的特点是，当某项政策向某种所有制形式倾斜时，另一项政策则可能向另一种所有制形式倾斜，即并非所有的政策都配套地向一个方向倾斜。比如，银行贷款政策可能向国有大中型企业倾斜，税收政策则可能更有利于乡镇企业，而私有企业在用工方面可能最少受到政策束缚。总之，各项政策的倾斜不是单方向的。

区别性所有制政策的长期实行以及相应的意识形态的影响，造成了一种对所有制形式的特殊信任结构。曾经存在的企业所有制形式信任结构序列是：全民所有制企业、城市集体所有制企业、乡（镇）办集体企业、村办集体企业、个体和私营企业。这种信任结构在改革后仍延续了一段时间，它是影响企业经营活动开展的重要因素之一。

在存在所有制形式的多元差异格局和信任差异的条件下，对于进行理性决策的企业家来说，只要有可能，他就会像选择投入要素的组合一样来考虑所有制形式的组合问题。名义所有权和经营性占有的交易，就是这种理性选择的结果。

2. 一个理性选择企业所有制形式的案例

K镇涂料厂厂长杨的办厂设想可以说是对企业所有制形式进行理性选择的一个比较典型的案例。杨曾是县轻工业局下属一家工厂的经营部的承包人。在多年的经营活动中，积累了资金，摸清了市场，准备自己办一个企业。当时杨所在的省份实行鼓励乡镇集体经济发展，抑制私营经济发展的政策，并对不同所有制形式的企业采取了各种区别性的政策。杨考虑到这些情况，设想了他认为优化的所有制形式组合：（1）企业要具有县办大集体性质，以便借用国家对这类企业的政策，如贷款政策等，并利用这类企业当时的较好的社会声誉和信誉；（2）要有乡镇企业的特点，以便获得较大的经营自主权和税收政策上的优惠；（3）最好办成"福利厂"（即安置有一定比例的残疾人的工厂）以便获得更加优惠的减免税政策；（4）实际运作上，要具有私人企业的特点，以便拥有足够的自主权。

根据这样的设想，杨采取了一系列的运作步骤。首先使办厂要求获得县轻工业公司（由轻工业局转变成的）的准许；然后促进轻工业公司和K镇的合作。最后形成的结果是，县轻工业公司委托杨承包的经营部、K镇委托该镇的LH村联合建厂，杨出任厂长和轻工业公司驻厂代表，联营厂注册的性质为村办集体。在建厂后的经营运作中，出现了一系列的问题和矛盾，在这些问题和矛盾的处理中，杨脱离了轻工业公司，并设法将轻工业公司挤出，而与镇村联盟（马戎、王汉生、刘世定，1994）。

3. 占有的特征

通过出让名义所有权而获得的经营性占有权，与责任制下乡（镇）政府任命的经理的占有权有这样一些差别：前者是全方位排他的（排他性占有的边界，在名义所有权出让中和政府议定），后者是有限方位排他；前者的占有是无限期的，后者则是有限期的。但前者的全方位排他和无限期占有之所以能够实现，一个必要条件是政府的行政变通和默认、保护。一旦这个条件发生变化，那么占有的形态就有可能发生变化。因此，这种占有存在着制度风险。

五、结 语

本文试图从占有的角度提供一个分析中国的经济制度的框架，其中包括占有的三维度结构（即占有的排他性方位、占有方式选择范围、占有的时限）以及占有的认定机制，并利用这一框架对乡镇企业中最有代表性的部分即乡（镇）办企业做了一些说明。在对乡镇企业中的占有形态的说明中，我们特别注意到某些机制，如行政变通、人际关系网络、政府的财政激励在占有认定中的作用。我们也试图把这些概念引入到占有理论分析架构中来。

必须指出的是，本文所提供的理论框架是十分粗略的，对乡镇企业的分析主要是举例性的，不论从理论还是从经验资料的分析角度来看，都极不系统。总之，这仅仅是一种尝试。

（本文原载潘乃谷、马戎编：《社区研究与社会发展》下，天津：天津人民出版社1996年）

参考文献

阿尔钦，1990，《产权：一个经典注释》，载于《财产权利与制度变迁——产权学派与新制度学派译文集》，第166—178页，上海：上海三联书店、上海人民出版社。

布坎南，1986/1989，《自由、市场与国家——80年代的政治经济学》，平新乔、莫扶民译，上海：上海三联书店。

科斯，1960/1990，《社会成本问题》，载于科斯：《企业、市场与法律》，盛洪、陈郁译，第75—129页，上海：上海三联书店。

罗伯特·考特、托马斯·尤伦，1988/1994，《法和经济学》，张军译，上海：上海三联书店、上海人民出版社。

财政部预算管理司，1986，《现行乡（镇）财政管理办法汇编》。

德姆塞茨，1967/1990，《关于产权的理论》，载于《财产权利与制度变迁——产权学派与新制度学派译文集》，第96—113页，上海：上海三联书店、上海人民出版社，1990年。

刘世定，1995a，"乡镇企业发展中对非正式社会关系的利用"，《改革》第2期。

——，1995b，"顺德市企业资产所有权主体结构的变革"，《改革》第6期。

马戎、王汉生、刘世定（主编），1994，《中国乡镇企业的发展历史与运行机制》，北京：北京大学出版社。

莫远人，1987，《江苏乡镇工业发展史》，南京：南京工学院出版社。

诺斯，1981/1991，《经济史中的结构与变迁》，陈郁、罗华平译，上海：上海三联书店。

——，1990/1994，《制度、制度变迁与经济绩效》，刘守英译，上海：上三联书店。

于光远, 1991,《对占有、所有以及它们与经营的关系的再思考》, 载于于光远:《政治经济学社会主义部分探索》(五), 北京: 人民出版社。

周其仁, 1994,《中国农村改革: 国家和所有权关系的变化》,《中国社会科学季刊》(香港) 1994, 夏季卷。

张军, 1994,《现代产权经济学》, 上海: 上海三联书店、上海人民出版社。

张晓山, 1994,《乡镇企业组织制度的比较研究》, 载于《中外学者论农村》, 北京: 华夏出版社。

Samuelson, P. A., 1954, The Pure Theory of Public Expenditure, *Review of Economics and Statistics* 36, November, pp.387–389.

——, 1955, Diagrammatic Exposition of a Theory of Public Expenditure, *Review of Economics and Statistics* 37, November, pp.350–356.

下篇 评论与争鸣

回归乡土与现实：乡镇企业研究路径的反思

周飞舟

一、"中国模式"的悖论

1994年，哈佛大学的马丁·魏茨曼（Martin Weitzman）与伦敦政治经济学院的许成钢（Weitzman and Xu, 1994）在《比较经济学杂志》上发表了一篇题为《中国乡镇企业作为一种界定模糊的合作企业》的论文，提出了一个关于"中国模式"的悖论："按照几乎任何一种形式的标准的主流产权理论，这里所说的'中国模式'应该是一种引起经济灾难的、极端不现实的方案。没有真正的所有者，谁会有清晰的权利与激励来管理企业以求得最大利润呢？在现有的产权结构下，乡镇企业应该是没有效率和无人负责的。"清晰界定的产权及其相关的激励机制和组织结构被认为是企业成功的前提条件，而乡镇企业无论从上述哪个方面来看都与这种标准相去甚远，所以乡镇企业的成功对中国经济增长的理论解释带来了巨大的挑战。两位教授在20世纪90年代提出的这个悖论，实际上代表了国际学术界对于中国"渐进式"改革模式能够取得成功的普遍困惑。

对于中国转型期经济增长的解释，可以分为前后两期。前期以林毅夫代表的"比较优势理论"为主，后期则以钱颖一代表的"地方竞争理论"为主。比较优势理论是以发展经济学中的二元经济增长模型为基础的。改革开放以前，我国具有明显的农业经济为主、劳动力大量过剩的特点，但是重工业优先的赶超战略不能充分发挥我国的比较优势，再加上计划经济的资源配置和无自主权的企业经营制度，这是中国经济难以发展的主要原因。改革开放在一定程度上发挥了我国的比较优势，是中国经济增长的关键所在（林毅夫、蔡昉、李周，1999）。地方竞争理论则以政治经济学的分权理论为基础，指出中国政府实行的财政分权所引发的地方政府竞争是中国经济保持持续高速增长的主要原因。在财政包干制下，地方政府以扩大其财政收入为主要目标而引发了大办乡镇企业的热潮，这是第一阶段的地方竞争（Oi，1992）；20世纪90年代的分税制改革之后，地方政府的竞争从企业扩展到包括土地经营和城市化在内的诸多经济领域，其竞争体制在理论和经验上都得到了比较充分的分析（周黎安，2004；Li and Zhou，2005），这种竞争与经济增长的稳定关系也在实证研究方面得到了比较充分的证明（Qian and Weingast，1997；Qian and Roland，1998；Zhang and Zou，1998；Lin and Liu，2000；张晏和龚六堂，2005）。以上这两种主流解释，虽然比较普遍地得到了学术界的认可，但是并不能充分回答魏茨曼和许成钢在其论文中提出的问题，因为它们归根到底是从宏观行为角度入手的，与产权安排和微观经营机制并无必然的逻辑性关联。就地方竞争理论的解释而言，一个重要的问题是，当地方政府以推动GDP和财政收入为主要指标的经济增长时，并无充分证据证明他们是通过明晰产权制度和改革经营机制来实现其目标的。

从改革开放史的考察来看，虽然私有经济一直在迅速增长，但是产权改革对于中国经济的贡献并非一直占有绝对的主导地位。20世纪90年代中期以前，带动中国经济增长的主要动力是乡镇企业；自90年代中期之后，随着乡镇企业的大规模转制与国有企业的股份制改革，私有经济部门的成长是经济增长的主要因素；进入新世纪之后，中国经济进入第三波增长期，政府投资拉动以及国有企业的重新兴起，成为经济增长的强劲动力，其中地方政府的土地经营开发和城市化起到了重要的作用，国有控股企业的实力在这个过程中大为增强。今天，无论是赞成还是反对中国经济的增长模式，很少有研究中国经济的学者会否认地方政府在经济增长的主导性地位,这也是"地方竞争理论"成为主流解释的重要原因。但是问题在于,即使我们承认这种"中国模式"的政府特色,也并不能令人满意地解答十几年前魏茨曼和许成钢提出的"悖论"。只有回到对企业的占有、经营和治理的机制分析中,才有可能对颇具中国特色的产权安排和经营机制展开更加深入的讨论。从这个角度看,对最早带动中国经济高速增长的乡镇企业的认识,在今天仍具有很强的现实意义。

二、乡镇企业的"外围"解释

从多个方面来看,乡镇企业都带有明显的经济上的"不合理"性。首先,乡镇企业不具有规模经济的特征。乡镇企业大多坐落于村庄、集镇等比较典型的农村地区,一般远离中心城市,交通不够便捷,企业对于市场和产品信息的需要很难便利地得到满足。20世纪80年代后期,在几种比较典型的"苏南""广东"和"温州"模式的带动下,山东、河北乃至中部广大地区都兴起了大办乡镇企业的热潮。这些"后发型"的乡镇企业大多带有政府行为的色彩,是在地方政府推动的以银行信贷支持为主的投资下兴办起来的。其次,乡镇企业投资规模比较大。无论是乡办企业还是村办企业,一般都在一个"乡""村""农工商联合总公司"的大牌子下面,这与其说是多个企业组成的产业集群,不如说是一个规模巨大的联合企业。从20世纪80年代中期到90年代中期的"农村工业化",基本上是以这类乡镇企业为主带动的。这种形式的农村工业化被称为"异军突起"[1]是有道理的,因为它并不符合一般农村工业化的特征,更不符合传统中国农村工业化的特征。

民国时期,在商业化浪潮的冲击下,中国农村地区出现了大

---

[1] 见 Byrd and Lin, China's Rural Industrg: Structure, Development, and Reform 序言(Byrd and Lin, 1990)。

量专业化的手工业区域,这可以说是中国第一次农村工业化的过程。与传统社会的手工业相比,这些手工业具有了一些现代经济的特征,比如远程贸易、劳动分工和专业生产区域,在一些地区甚至引起了农村剩余劳动力的跨区域流动(吴知,1936)。以农村纺织业为例,在全国几个大的农村布区,虽然农民已经发展到"荒田织布"的状态,但是这些布区的织布业仍然以家庭工业作坊的形式出现,以包买制的形式来组织生产和开拓市场,并没有出现织布工厂。这在当时激烈的市场竞争和大量的市场需求背景下的确是一个奇怪的现象。至于为什么没有出现工厂制形式而一直维持着"家庭+包买商"的生产和市场制度,学术界流行的主要解释有两个:一个强调过剩的农村劳动力和纺织业的低利润率构成的"过密化"(赵冈、陈钟毅,1977);另一个则突出以包买制这种制度形式相对于工厂制度在当时的经济和社会背景下的优越性(周飞舟,2006)。今天看来,这两种解释模式都各有其片面之处:"过密化"说以极低的劳动力机会成本作为理论基础,难以解释这些农村布区在经历了繁荣发展和技术改进之后为何仍维持家庭生产的现象;制度主义思路虽然能够解释农村工业的组织效率和技术进步,但是对于家庭生产所面对的高昂的监督费用、质量控制的困难和生产者的"道德风险"则难以给出令人满意的答案。而事实上,工厂制度相对于分散的家庭生产的最大优势恰恰在于这些方面。由此可见,对于民国时期许多农村地区出现的繁荣的农村工业,学术界至今的理解依然是不够完整的。

从历史的角度来进行考察,乡镇企业在20世纪80年代的兴起似乎是民国时期农村工业化的一种创新形式。但是,从大量的经济学文献来看,乡镇企业虽然是一种工厂制度,却不能够有效解决监督费用和质量控制的问题。这主要是由于其模糊的产权结构所导致的"软预算约束"和日趋严重的"委托—代理"问题导致的:首先,由于乡镇企业带有色彩鲜明的政府投资和管理背景,其主要功能之一是增加地方政府的财政收入。在财政包干制下,乡镇企业无论其经营效率如何,都能够为地方政府带来大量的产品税和增值税[①]。地方政府存在强烈的意愿和实际行动去扩大乡镇企业的规模,因此形成了20世纪80年代中期以来各地政府"大办企业"和"办大企业"的热潮(Oi, 1999)。这是一种典型的软预算约束现象。其次,乡镇企业在报酬分配方面难以形成较好的奖惩方案,对经理人的激励不足,在这方面村办企业似乎更加严重一些。在一些村办企业内,企业不能自由解雇有村民身份的员工,全村的村民无论是否在企业工作,都有部分享受企业利润或福利的权利。这些现象,都可以归结于企业的模糊产权导致的代理问题(Kung, 1999)。

因此,从历史角度看,乡镇企业既非传统农村工业的延续,也不是对传统农村工业形式的"反动",因为乡镇企业的工厂制度至少在产权、经营层面上并不是一种对于家庭工业来说具有明显优势的现代企业制度。纯粹从制度主义的角度出发,我们既不能彻底解释传统农村包买制组织下的家庭工业的成功,也难以深入解释乡镇企业的繁荣。事实上,对于乡镇企业繁荣最有力的解释都是从"外围"入手的。从目前学术界的研究成果来看,这些解释可以分为三类。

第一类解释我们可以称之为"经济结构论"。这类解释以两位学者的研究为代表。第一位是巴里·诺顿(Barry Naughton)。他认为,乡镇企业的成功在很大程度上是由于新中国成立后三十年里在赶超策略下形成的以重工业为主的产业结构。在20世纪80年代中期,当时的国有企业生产的大多数是重工业产品,轻工业产品严重短缺,乡镇企业正是通过填补这项结构上的空缺而兴起的。在旺盛的市场需求下,企业效率和产品质量的低下都不影响乡镇企业的扩张和盈利(Naughton, 1996)。进入20世纪90年代中期之后,随着国有企业的改革和民营企业的勃兴,以耐用消费品为主的轻工业市

---

① 产品税和增值税分别按产品总额和增加值总额进行征收,是同一类流转税。国家自1984年起决定把原征收产品税的部分工业产品陆续改征增值税,到1993年底产品税完全被增值税所替代。这个税种在分税制改革之前一直是规模最大的税种,主要与企业规模相关(周飞舟, 2012)。

场形成了多种企业竞争的局面，此时乡镇企业的利润率就出现了直线式下降的局面，并直接导致了乡镇企业大规模倒闭和转制。另一位学者李稻葵讨论的不是产业结构而是市场结构，这也是比较有代表性的一种解释。乡镇企业繁荣的时代是计划与市场"双轨"并行的时代，国有企业还在很大程度上受到计划经济的束缚，而乡镇企业作为新生事物，与计划体制没有旧的联系，其带有政府色彩的背景又十分有利于这些企业在当时并不完备的要素和产品等"灰色市场"中进行各种规范和不规范的交易。同样，20世纪90年代中期之后，随着市场经济的日趋完善，乡镇企业难以适应这种较为完备的市场，其倒闭和转制也是顺理成章之事（Li，1996）。

第二类解释我们可以叫作"政府行为论"。这是从中央和地方关系入手，讨论财政包干制度对于县乡政府行为的影响。在包干制下，无论乡办企业还是村办企业，都能为地方政府贡献大量的产品税和增值税，乡办企业还能够为乡镇政府的预算外财政提供"企业上缴利润"。乡镇企业自20世纪90年代中期以后的转制和倒闭潮也与中央同地方关系的改变紧密联系（Kung and Lin，2007）。

第三类解释与前两类解释相比，更加注重20世纪80年代改革初期乡镇企业所产生的社会经济背景，可以称为"历史背景论"。这类解释认为，乡镇企业这样一种看似不具有经济合理性的生产组织形式在一定程度上是"路径依赖"的结果，依赖的是中国农村"三级所有、队为基础"的集体所有制形式。苏南乡镇企业的前身就是这个地区的"社队企业"，大部分乡镇企业所占用的土地是无偿获得的农村集体建设用地。从劳动力来看，乡镇企业所利用的劳动力也正是所谓"离土不离乡、进厂不进城"的农村剩余劳力，这些劳动力都有自己的承包地，不但没有机会成本，连基本的福利和社会保障也不需要企业支付（叶扬，2004）。

无论是从企业制度本身还是从企业的经济、政治和历史背景来解释乡镇企业的发展、繁荣和转制、消失，上述观点都各有其理论和现实的依据。但是，这些观点无论其洞察性如何，几乎都存在一个共同的问题，就是自觉不自觉地将企业的产权、经营机制与外围的经济、政治和历史背景"割裂"开来进行讨论。例如，就委托代理的观点来说，乡镇企业的失败是理论上注定了的，中国乡镇企业的现实命运不过是产权和企业理论的注脚而已；就"经济结构论""政府行为论"和"历史背景论"等"外围"解释而言，企业的微观经营机制又显得无关紧要，乡镇企业的历史命运似乎是这些外围因素所决定的。在今天看来，乡镇企业不过是中国改革开放史上的一个阶段，但是如果对这个独特的历史现象的理解仅停留于现有的分析则是远远不够的，因为这会影响到我们对当前中国经济和社会的深入理解。具体而言，产权的明晰化与中国经济的转型和持续增长之间的内在联系到底是什么还需要更加深入的讨论。从这个意义上而言，渠敬东（2013）的《占有、经营和治理：乡镇企业的三重概念分析》（以下一律简称"渠文"）一文正是从这个角度进入，对于已经渐趋沉寂的乡镇企业研究而言，开创性地揭开了新的篇章。本文的讨论只是对渠敬东研究的一个拓展性的注释。

三、乡镇企业的乡土性与现实性

在本文开头引用的文章中，魏茨曼和许成钢试图从一个新的角度去回答他们提出的悖论。主流经济学在研究制度与合作的关系时，"合作能力"被看作一个常数，在效用最大化的前提下，人们的行动策略是由情境和规则决定的。具体而言，界定清晰的产权有利于人们采取合作，而界定模糊的产权则会促使产生各种机会主义行为。这篇文章提出，"合作能力"不一定是一个常数，而有可能是一个变量，至少在不同的社会文化中，人们倾向于合作的意愿以及能力是有所差别的（Weitzman and Xu, 1994）。实际上，如重复博弈模型中的"民俗定理"所展示的，博弈可能会产生一组与理想的由约束协定所产生的结果非常相似的解。也就是说，如果我们将清晰产权界定下的企业行为看作理想结果的话，产权的清晰界定并不一定是这种结果的必要条件。在中国经济研究中就存在这样的先例。林毅夫（Lin，1990）在解释20世纪50年代农村合作化与生产效率之间的关系时，就是通过分析农户间的重复不合作博弈来解释全要素生产率是怎样在私有产权被迅速剥夺时而继续实现增长的。

魏茨曼和许成钢将这种"合作能力"定义为一个可以变化的值λ。在λ值较高的社会中，产权可能不需要定义得那么清晰，人们就有可能采取合作而不是机会主义的行为策略；而在λ值较低的社会中，产权就需要进行更加清楚的界定。需要指出的是，用"合作能力"这个词容易引起一种文化上的误解，即不同社会文化背景的行动者会"先验"地具有不同的合作能力，这样一来，λ值并不具有什么实际的解释能力，只是把乡镇企业的解释变成了一个文化比较的问题。众多的关于"东亚模式"或"东亚四小龙"研究文献中的一部分最后都变成了文化讨论，而这对本文提出的问题并没有实质性的帮助。实际上，在魏茨曼和许成钢的分析中，乡镇企业中的实际行动者在重复不合作博弈中的理性化前提与西方现代产权理论并无不同，有所区别的是这些行动者在面对模糊界定的产权时会达成一些最终"合作"性的结果，其中的关键要素并不是现代企业明晰的产权结构和契约式的行为规范，而是一些模糊定义的权利结构、行动者彼此关联的社会情境、潜在的规则以及行动者对这些规则的共识，这些结构、情境、共识是λ值的决定因素，也是渠文所要讨论的关键问题之一。

乡镇企业经营者的地位是在讨论企业占有和经营时的首要问题。乡镇企业的独特之处在于，企业所有者与企业生产者之间并没有清晰的分界。例如，就村办企业而言，其名义所有权带有强烈的村庄"成员权"（membership）的色彩，而这些村庄成员中的许多人又被企业雇用成为生产者。在股份制改革之前，这种权利结构无法用清晰的产权界定表达出来，"集体所有制"是一种带有必然性的描述形式。在大部分村办企业中，经营者往往就是村干部，村干部与村民的关系与企业经营管理者与生产者的关系形成一种平行的类似关系。在渠文中，作者通过对农村土地集体所有制的考察来分析乡镇企业的占有和经营，正是敏锐地意识到了这种关系对于我们理解乡镇企业经营的重要意义。经营者在企业经营中类似于"家父长"制的权威支配并不能单独依靠企业的产权结构建立起来，而恰恰是通过村庄中以土地调整以及其他公共事务的支配关系而建立起来的，村庄中的社会关系会被"带入"到企业的经营、管理乃至分配中。例如，一个村民或者其亲属可能因违反计划生育政策而失去其在村办企业中的工作，另一个村民或者其亲属可能因为在村级事务中配合了村干部的要求而在企业中得到奖金或者升职。同样，如果一个村庄企业的经营者对某些员工的管理感到棘手，虽然他不能解雇员工甚至不能对其直接做出惩罚（这明显是产权模糊带来的委托代理问题），但是他可以通过村庄中的事务或者关系来进行某种"间接"的惩罚，比如拖延、阻挠村民所需要的一些证明文件，用笔者实地访谈中所听到的说法是，"不给盖公章"。我们看到，模糊界定的产权结构带来的问题并非完全在产权构架内部得到解决，而是努力去利用村庄的"社会关联"（贺雪峰，2001）。正是在这个意义上，村庄的社会结构"参与"了企业的经营，而企业也参与了真正意义上的村庄"治理"。对于更高一级的乡办企业而言，乡镇政府与企业、企业经营者的关系是学术界关注的重点之一。事实上，乡办企业的产权结构与村办企业非常不同。与村集体相比，乡镇政府是更加明确的乡办企业的所有者，与企业经营者的"委托—代理"关系也更加明确一些。社会学在研究中提出的重要概念，如"关系合同""逆向软预算约束""经营性占有"等，就是试图从不同的方面捕捉这种委托代理关系的中国特色（刘世定，1999；周雪光，2005）。与村办企业相同的是，委托代理双方各自受到的约束并非经济性的和契约性的，而是社会性的。这正是魏茨曼和许成钢（Weitzman and Xu，1994）试图概括的那个 λ 值。

乡镇企业具有浓厚的"乡土性"。这个"乡土性"并非指乡镇企业坐落于农村，使用的是完全来自农村的土地、劳动力等生产要素，而是沿袭了费孝通（2006）在《乡土中国》中所使用的"乡土"的含义，是与"差序格局""私人道德"等概念联系在一起的。乡镇企业虽然是一个昙花一现的历史现象，但是这样一种现代企业制度扎根于一个乡土社会之中所产生的新的经营和治理方式却具有长盛不衰的深意。渠文在最后将讨论追溯至包买制以及更早的族田、社仓和永佃制，并且试图由经济史引向观念史的讨论正是在挖掘乡镇企业的经营和治理中的既传统又现代的意义。

在《乡土中国》中，费孝通指出了传统乡土社会中"维系着私人的道德"所具有的社会含义："……这并不是个人主义，而是自我主义。……一切价值是'己'作为中心的主义。""为自己可以牺牲家，为家可以牺牲族……这是一个事实上的公式。"这与西方"团体格局"的社会形成了鲜明的对比。在中国缺乏具有契约精神的团体格局这一方面，费孝通的论断无疑是正确的。但是，由差序格局所生发的道德是否走向自我主义或者自私自利，则存在着很大的疑问。吴飞（2011）在《丧服制度与差序格局》一文中指出，为家牺牲国或许成立，但是为自己可以牺牲家则不能如此轻易做出结论。梁漱溟在承认西方"团体本位"的同时，认为中国社会是"伦理本位"而非自我本位的。梁漱溟（1990）没有用"家族本位"而使用"伦理本位"一词，正是在强调这种"私人的道德"并非纯粹家庭、家族的道德，而是一种社会的道德："然则中国社会是否就一贯地是家庭本位呢？否，不然。……伦理始于家庭，而不止于家庭。吾人亲切相关之情，几乎天伦骨肉，以至于一切相与之人，随其相与之深浅久暂，而莫不自然有其情分。因情而有义。……伦理关系，即是情谊关系，亦即是其相互间的一种义务关系。伦理之'理'，盖即于此情与义上见之。"这种以伦理为本位的道德观念在经济活动中的作用，对我们理解乡镇企业的经营和治理有着重要的参考意义。

现在我们重新回到本文第二节中关于传统农村工业的"包买

制"的讨论中去。我们发现，纯粹从新制度主义的思路出发，难以彻底回答包买制中"外生"的质量控制和道德风险问题。包买制和乡镇企业虽然在形式上大不相同甚至互相对立，但是其扎根于村落社会的"乡土性"则是前后一致的。包买制度将生产网络在村庄中不断扩张的过程中，也是高度利用了村庄固有的社会结构和"维系着私人的道德"来降低其监督费用的。在民国的几个布区中，"领机"和"摘机"制度正是扎根于村庄的社会关系之中而发展起来的（周飞舟，2006）。在乡镇企业已经消失的今天，随着沿海地区的工厂的劳动力成本迅速上升，生产组织方式也开始发生变化，各种"外包制""包买制"等"反纵向一体化"的形式大量出现，活跃于以妇女和老人为"留守"人员的农村地区。这些组织形式仍然一如既往地缺乏正式的契约和明晰的产权界定，但在经营和治理的精神层面上，我们仍然可以将它们看作乡镇企业的实质延续。

中国的经济转型是向现代市场经济的转型。市场经济和现代企业制度在中国的成功，依赖于中国人有效的竞争与合作。竞争与合作是利益的竞争与合作，但是真正有效的竞争与合作，则依赖于传统与现代融合出的时代气质和制度精神。这些气质与精神却难以在"以利为利"的风气中长成。利者，义之和也。社会学的解释力和想象力在这个层面才能进一步发扬光大。

（本文原载《社会》2013年第3期）

参考文献

方显廷，1935，《华北乡村织布工业与商人雇主制度》，《政治经济学报》第3卷第4期。
费孝通，2006，《乡土中国》，上海人民出版社。
贺雪峰，2001，《论社会关联和乡村治理》，《国家行政学院学报》第3期。
梁漱溟，1990，《梁漱溟全集（第三卷）》，济南：山东人民出版社。

林毅夫、蔡昉、李周,1999,《中国的奇迹:发展战略与经济改革》,上海:上海三联书店。

刘世定,1999,《嵌入性与关系合同》,《社会学研究》第4期。

渠敬东,2013,《占有、经营和治理:乡镇企业的三重概念分析》,《社会》第33卷第1期,第33卷第2期。

吴飞,2011,《从丧服制度看差序格局:对一个经典概念的再反思》,《开放时代》第1期。

吴知,1936,《乡村织布工业的一个研究》,北京:商务印书馆。

叶扬,2004,《苏南模式——乡镇企业发展的经济学分析》,《中国乡镇企业》第8期。

赵冈、陈钟毅,1977,《中国棉业史》,台北:联经出版事业公司。

张晏、龚六堂,2005,《分税制改革、财政分权与中国经济增长》,《经济学(季刊)》第5卷第1期。

周飞舟,2006,《制度变迁与农村工业化:包买制在清末民初手工业发展中的历史角色》,北京:中国社会科学出版社。

周飞舟,2012,《以利为利:财政关系与地方政府行为》,上海:上海三联书店。

周黎安,2004,《晋升博弈中政府官员的激励与合作——兼论我国地方保护主义和重复建设问题长期存在的原因》,《经济研究》第6期。

周雪光,2005,《"逆向软预算约束":一个政府行为的组织分析》,《中国社会科学》第2期。

Byrd, William A. & Qingsong Lin (eds.). 1990. *China's Rural Industry: Structure, Development, and Reform.* London: Oxford University Press.

Kung, James. K. 1999. "The Evolution of Property Rights in Village Enterprises: The Case of Wuxi County." In Jean C. Oi and Andrew G. Walder (eds). *Property Rights and Economic Reform in China.* Stanford: Stanford University Press:95-122.

Kung, James. K. & Yimin Lin. 2007. "The Decline of Township-and-Village Enterprises in China's Economic Transition." *World Development* 35(4):

569-584.

Li, Hong Bin & Zhou Li-An. 2005. "Political Turnover and Economic Performance: The Incentive Role of Personnel Control in China." *Journal of Public Economics* 89: 1743-1762.

Li, David. 1996. "A Theory of Ambiguous Property Rights in Transition Economies: The Case of the Chinese Non-state Sector." *Journal of Comparative Economics* 23(1): 1-19.

Lin, Justin Yifu. 1990. "Collectivization and China's Agricultural Crisis in 1959-1961." *Journal of Political Economy* 98(6): 1228-1252.

Lin, Justin Yifu & Zhiqiang Liu. 2000. "Fiscal Decentralization and Economic Growth in China." *Economic Development and Cultural Change* 49(1): 1-21.

Naughton, B. 1996. *Growing Out of the Plan: Chinese Economic Reform, 1978-1993*. Cambridge: Cambridge University Press.

Oi, Jean C. 1992. "Fiscal Reform and the Economic Foundations of Local State Corporatism in China." *World Politics* 45(1): 99-126.

Oi, Jean C. 1999. *Rural China Takes Off: The Institutional Foundations of Economic Reform*. California: University of California Press.

Qian, Yingyi & Barry R. Weingast. 1997. "Federalism as a Commitment to Preserving Market Incentives." *Journal of Economic Perspectives* 11(4): 83-92.

Qian, Yingyi & Gérard Roland. 1998. "Federalism and the Soft Budget Constraint." *American Economic Review* 88(5): 1143-1162.

Weitzman, Martin. L. & Chenggang Xu. 1994. "Chinese Township-Village Enterprises as Vaguely Defined Cooperatives." *Journal of Comparative Economics* 18(2): 121-145.

Zhang, Tao & Heng-Fu, Zou. 1998. "Fiscal Decentralization, Public Spending, and Economic Growth in China." *Journal of Public Economics* (67): 221-240.

理论化与制度精神
——"占有、经营与治理"一文引申的几点思考

赵立玮

在开启了一种真正世界性社会学的《社会行动的结构》(Parsons, 1968)中，当时身处西方文明"危机状态"中的帕森斯借助欧洲"世纪末"的社会理论探讨，一方面澄清了他自己对"西方社会状态诸问题"的思考，同时以更大的智识性努力试图从这场他所谓的"思想运动"中引申出社会科学研究的一般"概念图式"(Parsons, 1970：25ff.)。因此，他在该书中首先讨论的是"理论与经验事实"(Parsons, 1968：6ff)这种基本的方法论问题，并以此确立其理论化探讨的基础。[①]而对于当今中国的社会学研究者来说，无论是理论传统还是经验事实和现实问题，都处于一种双重处境中：一方面，经过一百多年的发展，社会学研究的诸多传统和流派、理论和概念、范式和方法等已经极其丰富，但我们对这些丰富的思想遗产的研究梳理和吸纳消化还处于一个比较低级的阶段，这种状况有时反而悖谬地成为对中国现实问题研究的一种"负担"或"阻碍"；[②]

[①] 一位研究者多少有些夸张地指出："如果没有帕森斯，《社会行动的结构》之后的20世纪社会学将无力进行理论化。"(Wearne, 1989：77)

[②] 例如，出于对"西方学术话语霸权"的抵制和反抗，国内一些研究者主张直接从对中国现实问题的经验研究中提出假设和概念，已有学者（应星，2005）对这种所谓的"朴素的经验主义"提出了批评。批评者认为，在持续百余年的现代化进程中，"西方对中国的影响已经渗透在中国人的日常生活中，深入中国人的精神气质中"，因此，"脱离西方来理解中国"实际上已不可能，"不深刻地理解西方世界，不深入地了解西方社会科学，我们也就难以真正地理解中国今天的乡土社会"（应星，2005）。

另一方面，和西方"社会学"学科的明确提出和阐发（Comte，1896）几乎同步的中国近代以来所经历的社会和思想领域的剧烈而复杂的变迁，尤其是始于20世纪70年代末期的当代改革历程，将大量的现实问题呈现在研究者面前，使得当今中国社会学的研究问题极其丰富、尖锐和紧迫，但今天的研究者在面对这些过于丰富和复杂的"研究对象"时，却往往难以提出有效的理论解释。换言之，"理论和经验事实"依然是摆在当今中国社会学研究者面前的一个根本问题。中国社会学要有所积累和发展，就必须正视和解决这个问题。

自社会学引入中国以来，民国时期的社会学家们已经在这个方面做出了巨大贡献；社会学在中国恢复重建以来的30余年里，也一直有研究者在不断地探讨这个问题。渠敬东的《占有、经营与治理：乡镇企业的三重分析概念》（以下简称《占有》）（渠敬东，2013a；2013b）一文就是近期的一个很有意义的研究尝试。这篇文章的第一个副标题表明了此项研究的一个明确意图：为乡镇企业研究提供一种多维分析框架；但不啻于此，该文的第二个多少有些令人费解的副标题既表明了作者提出这种分析框架的路径或方式，同时也透露出作者的一个更具理论意义的尝试："重返经典社会科学研究"。在当今的研究处境下，这种尝试似乎有些不合时宜："经典社会科学研究"对于当今的中国现实问题研究还有什么意义呢？社会学早就被定位为"经验科学"，默顿就曾经援引怀特海的话来为这种科学的进展而辩护："一门还在犹豫是否忘却其创立者的学科是迷茫的。"（Merton，1968：1）但默顿的"良师益友"帕森斯在其长达半个世纪的学术生涯中，不仅没有忘记社会学的那些创立者，而且经常"重访古典大家"（Parsons，1981）；杰弗里·亚历山大（Jeffrey Alexonder）更是明确打出了社会科学中"经典的中心地位"（亚历山大，2007）的旗号。

问题是：如何"重返经典社会科学研究"？《占有》一文正是对此难题的一种切实的探索性解答，其意义还不仅仅在于用一些古典社会科学的概念来建构对于某个或某些中国经验问题的解释框架，更重要的也许是重申古典社会科学的研究方式以及其中所蕴含的实质问题。这项研究涉及诸多有意义的问题，下面仅就其中涉及的几个问题进行简要讨论。

一、"总体现象"

《占有》一文的经验研究对象是乡镇企业。众所周知，中国在20世纪70年代末的改革始于农村，而"乡镇企业"曾被官方誉为中国农民在改革时代继"家庭联产承包责任制"之后的"又一个伟大创造"，并在改革早期（尤其是20世纪80年代）极大地带动了中国经济的快速发展。但因为种种原因，乡镇企业在20世纪90年代日趋衰落，或倒闭而亡，或转制而生。乡镇企业虽然曾经是"学术研究的一片沃土"（第75页，以下只注明页码者，皆为引用《占有》在本书中的页码），但今天再来研究这个"已经基本消亡了"的社会现象，其意义何在？

确实，"好些过往的社会现象，并不因它们消逝了而死去，好些人们正看得见的现象，也并不因其现实存在着而活着"。不过，正如韦伯在论及社会科学方法论时所指出的，研究者在选择研究对象时，必然涉及"价值关联"（value-relevance）问题（Weber, 1949, esp.21—22）。这涉及研究者的研究"旨趣"（interest）和关切。就《占有》一文的论述来看，这种选择同时涉及作者的多维概念框架和实质关切这两个层面的问题，前者表现为乡镇企业是"一个总体现象"（第74页），后者表现为乡镇企业体现了"一个时代的制度精神"（第75页）。

先看第一个问题。《占有》一文的作者认为，乡镇企业"这个看似局部的社会现象，在理论分析上却有着总体上的意义"（第74页），并进一步从两个方面指出了这种"总体意义"的意涵。就第一个方面而言，正是因为"乡镇企业本身即是一个总体现象"，才

有可能运用多维概念来分析其"总体性"特征:

> 在占有关系上它汇合了公有制、共有制和私有制等多重因素,并在其间进行多向度的转化;在经营关系上,则充分利用双轨制的体制环境,将土地承包、企业经营和财政包干结合起来,集个体、集体和行政部门之力,充分调动和积累各种资源,投入市场化运作;在治理关系上,将体制的、知识的和民情的等多向度的治理机制融合起来,解放了家庭、宗族、习俗等各种传统资源,甚至尽可能地从制度史和思想史中汲取营养,来尝试现实实践中的改革与创造。(第74页)

这段话可谓对全文论述内容的一个提炼概括。不过,这种分析乡镇企业的多重概念框架,其一般性尚不止于此:"占有、经营和治理的概念、范畴和分析上的联系,对于分析同一历史阶段中的国有企业、政府机构或民间群体的结构特性和运行机制,也具有一定的解释力。"(第74页)因此,这项研究虽然集中于对乡镇企业的分析,但其概念化或理论化意图中实际上蕴含着一个更具一般性的分析框架。

可能是因论题、篇幅等因素所限,作者对这种"总体意义"的讨论——就此项研究而言,这种讨论实际上是至关重要的——被放在简短的"尾议"之中,确实有意犹未尽之感。不过,我们从中至少可以引申出两个方面的意涵来稍加展开。

首先,这种对"总体现象"或"总体意义"的探讨,从思想史或学科史的角度看,涉及社会科学研究中的"总体性"(totality)范畴及其相关概念的思想脉络。就此项研究而言,最直接的指涉莫过于涂尔干—莫斯传统,尤其是莫斯的经典研究《礼物》(莫斯,2002)所体现出的总体研究范式。莫斯认为,在早期人类社会中,礼物交换是一种"总体现象",牵连到社会生活中的诸要素,因此表现了他所谓的"总体呈现体系"。我们在此不妨简要引述莫斯关

于"总体性社会事实"(total social fact)的相关论述(可与上段引文稍作对比):

> 我们所研究的全部事实,都是总体的(total)社会事实……在某些情况下,这些事实启动了社会及其制度(夸富宴、对峙的氏族、互访的部落等等)的总体;在另一些情况下,特别是当这些交换和契约所涉及的主要是个体的时候,这些事实所启动的虽然不是社会总体,但却是多种制度。……所有这些现象都既是法律的、经济的、宗教的,同时也是美学的、形态学的,等等……它们是"总体",是我们所试图描述其功能的各种社会体系的全部。我们是在动态或生理学的状态中考察这些社会的……只有通盘考虑整体,我们才有可能体会其本质、其总体运动、其活生生的面相……(莫斯,2002:203—205)

从某种意义上讲,社会学的研究视角就是"总体视角"。① 我们需要指出的第二点是,将乡镇企业作为"总体现象"来探讨,不仅在研究范式上受到西方社会科学的影响,而且蕴含着对中国社会结构,尤其改革时代以来中国社会结构变化的总体性理解和判断。实

---

① 在社会学思想—分析史中,"总体性"观念的意涵和发展脉络都比较复杂。例如,圣西门—孔德所创的"实证主义"的社会学研究即蕴含着总体性观念,在涂尔干—莫斯传统以及此后的列维—斯特劳斯的"结构主义"中,这种"总体"视角都是极为显著的。在德国的黑格尔—马克思传统中,"总体性"也是一个核心概念,这也是卢卡奇解释马克思(主义)的一个关键概念。帕森斯后来在社会理论中拓展的"系统"分析,实质上也是秉持一种"总体"视角。即使是在以所谓的"片断化"的小品文写作风格见长的齐美尔那里,"总体性"依然是其方法论思想的一个核心观念,例如他在《货币哲学》中写道:"本书的这些考察的统一性在于……在生命的每一个细节中发现其意义的总体性","可以将生命的那些细节和表面性的东西与其最深层的本质运动联系起来,依据生命的总体意义来对它们进行的解释,既可以基于观念论也可以基于实论"(Simmel, 2004: 53)。这种"总体"观念不仅是我们理解《货币哲学》,也是理解齐美尔整个思想的基础。应当指出的是,为了避免对这个概念的简单化理解,至少应当注意:"总体性"的意涵在不同的传统和研究者那里是十分不同的;应当把认识论—方法论层次和实质结构层面上对"总体性"概念的使用明确区分开来。

际上，中国社会学研究者很早就注意到这种结构性变化，例如，在20世纪90年代初期，北京大学社会学系一些研究者的一项相关研究（孙立平等，1994）认为："改革以来，中国社会结构的最根本的变化是由总体性社会向分化性社会的转变。"从这些研究者在文中使用的基本概念——如总体性社会、（结构、功能、利益）分化、（社会、政治）整合、自由流动资源、社会流动等——和论证逻辑看，可以说是深受西方现代化理论的影响；而且，这项研究虽然也指出和强调了中国社会变迁中的一些问题，但对中国改革和社会变迁前景的判断基本上还是乐观的。但伴随着中国的改革历程，后续的一些相关研究，尤其是孙立平的一系列相关研究，已经敏锐地看到这种社会结构的变化所表现出的不同于其早期的变化特点和趋势，中国社会结构在20世纪90年代中期以来并没有沿着从总体性结构向分化性结构的转变趋势而变化，相反，随着改革的发展，中国社会结构渐渐演变为他近期所谓的"新总体性社会"（孙立平，2012）。[1]我们从《占有》一文的作者前几年的一项合作研究（渠敬东、周飞舟、应星，2009）中也可以看到类似的结论。这项研究侧重于对改革历程的诸阶段（1978—1979，1990—2000，2001—2008）的制度改革——双轨制、分税制和市场化改革、行政科层化等——的详尽分析，得出中国社会结构经历了从"总体支配"到"技术治理"的转变，但在实质意涵上，这种转变和孙立平所谓的从"老总体性社会"到"新总体性社会"的转变并无不同。换言之，经历了三十余年的改革历程的中国社会结构在本质上依然是一

---

[1] 孙立平概括了老、新总体性社会的特征：1.过去的老总体性社会是建立在再分配或计划经济基础上的，是总体性权力与再分配经济的结合，新总体性社会是形成、打碎、重组市场因素之后，总体性权力与市场经济相结合；2.老总体性社会的机制是比较单一的，就是权力，现在权力则多了一个机制，即经过其重组的市场机制；3.老总体性社会的基本整合原则是一种乌托邦式的意识形态，而新总体性社会的整合原则则是利益；4.老总体性社会只有一个中心，而新总体性社会存在一种蜂窝状的趋势。（孙立平：《关于新总体性社会特征的讨论》，http://page.renren.com/601076018/note/844287033）

个"总体性社会",尽管其中的支配或治理方式发生了巨大变化。从这一点来看,今天再来探讨和反思能够表征改革早期的那种"总体性"变迁的乡镇企业,其中所蕴含的意义可以说是不言而喻的。

二、"概念问题"

那么,如何提出和运用适当的概念框架来分析乡镇企业这种"总体现象"所体现出来的"总体意义"?实际上,这正是《占有》一文所做的一个主要尝试。在这个方面,我们可以做进一步讨论。

如何提出关于中国现实问题研究的分析概念?《占有》一文开篇指出了改革以来中国社会结构变迁和组织变革的错综复杂性以及因此而导致的理论解释的困难,在指出(来自经验研究的)描述性概念和简单照搬某些现存的(主要来自西方的)社会学概念之不足后,作者提出了其理论化努力所强调的几个基本点:首先,鉴于中国社会"正在经历着现代社会基本要素的形成、组合和演化的基础过程,即是一种结构性的社会再造过程",因此对此过程的社会学解释需要"从原初概念出发来确立逻辑清晰的解释链条",需要源自多学科的"经典理论的宏大视野";其次,因为中国"社会转型中的任何表面看来微小的现象,都可牵一发而动全身,都可透视出结构变迁的效果",因此需要"构建一种总体性的解释框架,即从现象与总体社会结构的关联出发形成结构分析的基本脉络";最后,因为中国社会正在经历的是一个复杂的变迁过程,因此"结构分析不能停留在总体特征和类型的归纳层面,而应深入造成结构变迁的每个动力机制"(第5页)。显然,这每一种侧重点背后都蕴含着对中国社会变迁的一般性判断。而作者在此所强调的"原初概念""结构分析"和"动力机制(分析)"也将贯穿在随后的理论—经验分析中。

《占有》一文的论述风格和时下的大多数学术论文写作有所不同,其进路既非纯粹的经验研究,也非抽象的理论探索,表面上看类似于某种"二手研究"。作者在整个文章中的论述，看似相当依赖于相关的经验研究，尤其是文中"经验问题"部分特别提及的几项研究。但文章的主旨显然不在于此。毋宁说，这些相关研究主要是用来提出论题和问题的。以作者论及的五项"产权研究"为例，选择这些研究，不仅仅是因为它们是国内近年来关于乡镇企业和产权问题的具有代表性的研究，而且——就本文主旨而言，可能更为重要——因为这些研究所呈现出来的具体经验问题的复杂性以及试图提出有效解释的理论化尝试。尤其是文中所提及的"研究四"（周雪光，2005）和"研究五"（刘世定，1996），其概念化或理论化的意图是相当明确的。不过，《占有》显然不是一般意义上的"二手研究"，这种研究方式蕴含着某种概念化或理论化的策略。作者最终提出的以"占有""经营"和"治理"为"一级分析概念"以及若干相关的二级、三级分析概念构成的分析框架，显然并非源自对相关研究的一种"经验概括"。作者在论及这些"精彩的"研究时，一方面认为"这些研究在理论上的突破率先来自经验本身的活力，对经济学普遍存在的产权制度改革的思路提出了挑战，并试图通过将产权分析扩展到组织构成的所有范围，突破时下通行的法人治理结构改革和制度主义分析的理论架构，从而确立一种能够囊括组织研究之基本问题的新范式"（第5页）；但同时又指出：

> 这类研究从结构分析和机制分析上极大丰富了中国经验的理论意涵，但同时由于仅强调总体结构关联中的某个侧面，而使得单一性的分析概念缺乏解释力度。从对此类研究的检讨中，我们也可以看到，正是占有、经营和治理在三个层面上塑造的不同社会关联和其中所贯彻的不同逻辑，才使得中国的乡镇企业组织始终处于一个动态的变迁过程之中，因三个维度在不同时势中的相互作用和调整，而呈现出阶段性的发展特征。（第19页）

因此，这种概念框架的提出方式涉及经验问题和（某种意义上先验的）参照框架——实际上源自作者所谓的"经典社会科学研究"传统——的双向互动，既非经验主义意义上的经验概括，也非理性主义意义上的逻辑推演。《占有》一文的主要篇幅用来论述概念框架对复杂的现实经验问题的解释上，而这种解释反过来又促进了对概念框架的阐发。

进而言之，这种研究方式不仅体现出《占有》一文的作者对所谓的"中国经验"进行概念化和理论化的尝试，也有助于我们对中国社会学的积累性发展的思考。例如，从"二战"后西方社会学的发展来看，帕森斯的"一般理论"（general theory）和默顿的"中层理论"（middle-range theories）是两种具有代表性的理论化策略和对社会学的积累性发展的不同思考和进路。虽然帕森斯和默顿都强调社会学是一门经验科学，但两人的方法论立场却判然有别：帕森斯始终坚持一种反经验主义的方法论立场，[①]而默顿显然是一个经验主义者（例如，亚历山大，2006）。帕森斯认为，从（社会）科学研究对象的描述（即确定研究的"事实"[②]）到解释都离不开"概念图式"；他孜孜以求的"一般理论"，其主旨在于为社会科学研究提供"理论的实质性的共同基础"，结束不必要的"派系之争"，从而有助于社会科学的积累性发展（Parsons，1968：774）。默顿则倡导他所谓的"中层理论"（Merton，1968：39），拒斥"总体性的社会学理论体系"，认为这种研究取向对社会学的发展有弊无利。默顿认为，"社会学理论要想得到重大发展，就必须在下述两个相互联系的层面上推进：（1）发展特殊理论，从中推演出一些能够在经验上考察的假设；（2）慢慢发展出（而非突然性的启示）一个逐渐变

[①] 帕森斯称之为"分析实在论"（analytical realism），具体论述参见Parsons，1968：730。

[②] 帕森斯指出：科学的研究对象是"事实"而非"现象"，一个事实就是"借助某个概念图式对于现象的一种可以在经验上证实的陈述……所有的科学理论都是由这种意义上的诸事实以及关于诸事实之间关系的陈述所构成的"（Parsons，1968：41）。

得较为一般的概念图式，这个图式足以巩固诸特殊理论群"。显然，默顿的研究取向遵循的是从特殊到一般的经验主义理路；这与帕森斯的"一般理论"的研究取向可以说正好相反。①

从方法论角度看，《占有》这项研究与其说意在提出一种关于乡镇企业的分析概念框架，不如说作者运用"理想型"（ideal type）的方法来构建"乡镇企业"这种韦伯意义上的"历史个体"（historical individual）。从文章内容来看，作者实际上是从所有权结构、经营管理方式以及制度环境诸方面构建了"乡镇企业"的"理想型"，或者用作者的话说，这三重维度的概念建构所揭示的是这种企业组织"所特有的政治性、经济性和社会性意涵"，这些维度及其关联决定了这种"企业的性质"（第19页）。对社会学研究而言，作者对"治理"维度的论述可以说是最有意义的。在这项研究中，作者试图将"治理"（goverance）作为社会科学分析的一个基础概念，并从体制、知识、民情（mores）三个面向来界定其丰富内涵。这种阐述使得近年来在社会科学研究中运用颇广、牵连诸多智识脉络的"嵌入性"（embeddedness）概念类型化和具体化。另外，《占有》一文用相当篇幅来论述"民情"概念，尤其是在运用它来解释"温州模式"和"苏南模式"时，牵连到诸多历史和现实因素，展现了其丰富的解释力和真正的社会学研究视角。

不过，《占有》作者对其概念框架的论述也存在一些值得讨论

---

① 在通行的社会学教科书和诸多论著中，帕森斯和默顿往往被认为是"功能主义"理论的主要代表而归于一派，而对他们各自所秉持的理论和方法论立场以及理论建构策略方面的实质性差异则缺乏深入的比较和分析。虽然两人都试图终结不利于社会学的积累性发展的"派系之争"，但理论进路是完全不同的。不过，因为两人之间的特殊关系，相互间相对温和的批评反而使读者容易产生"误读"，例如可参见 Parsons, 1948, 1975; Merton, 1968, esp.52. 关于帕森斯和默顿之间分歧的一个有意思的讨论，可参见 Wearne, 1989, esp.140ff. 作为"不可救药的理论家"（Parsons, 1951），帕森斯对社会科学研究中的理论和方法论具有深刻的洞见和详尽的论述，在这个方面，默顿显得相形见绌；但就两人对"二战"之后社会学的发展所产生的实际影响而言，默顿无疑更胜一筹，并在很大程度上导致社会学，尤其是美国社会学今日的发展状况。关于这两种进路及其各自的优劣和存在的问题，牵连甚广，此处不再展开。

的问题，例如，作为全文解释框架的三重概念维度之间的逻辑关系问题，虽然作者指出它们各自的侧重点（如"政治性、经济性和社会性意涵"），并在对具体经验问题的解释中也多有涉及其间的关联性，但在概念框架层次上并没有对它们之间的逻辑关系给予明确阐述，这使得文中提出的概念框架显得不够充分，而这种主要基于分类的概念框架也显得有些简单。另外，"分析"层次和"具体"层次的区分——这种区分在科学研究的方法论思考中具有关键和基础性的意义——在这项研究中似乎也未能得到明确的论述和贯彻。因此，作者在文中的诸多细节性的经验解释虽然颇具启发性，但在总体概念框架的阐发和对乡镇企业的总体解释两个大的方面，仍存在诸多可探讨之处。

三、"制度精神"

在《占有》一文的结尾部分，作者潜在地表明了此项研究的一种主要旨趣在于揭示乡镇企业在其产生和运行过程中体现出来的"改革的时代精神"：

> 与其说乡镇企业的实践是一种制度的创生和建设过程，不如说这一实践过程所代表的更是一个时代的制度精神。乡镇企业实践的活力之源，在于它不为一统的体制、一体的制度和整齐划一的观念所支配，而是将各种各样的历史遗产、传统资源和本土策略，与现行体制结合起来，与外来制度融汇起来，进行大胆的尝试和创造。它不屈从于任何单一向度的制度霸权，不唯传统是瞻，不受体制裹挟，不被西方掠获，印证了真正意义上的改革的时代精神。（第75页）

在当代中国的改革进程中，乡镇企业是一种极具中国本土特色和富有中国经验的企业组织形态，其中蕴含着中国改革时代的矛盾和动力：一方面，乡镇企业在中国改革早期的社会结构中处于一个相对边缘的特殊地位；另一方面，它在中国改革早期历程中却发挥了重要的、甚至是关键性的作用。正如《占有》一文的作者所指出的："正因为乡镇企业作为社会存在的多重因素和多重环节的交集点，才能在改革实践中蕴涵有丰富的制度创新空间，并反映出改革开放的前十年的核心理念。"（第74页）作者运用占有、经营和治理的多重概念对这种组织形态进行了比较详尽的结构和机制分析，并以此来揭示它所体现出的"制度精神"。不过，比较遗憾的是，作者只是在文章结尾部分对此进行了简要的总结，而未将此作为其概念框架的一维。这个方面也可以提出几个问题予以讨论。

一是，在社会科学研究传统中，这个"精神"——或道德、价值、规范等——维度一直居于显著位置。在西方思想脉络中，社会—文化科学实质上是一种"人的科学"（science of man）。人的存在（包括其构成）虽然离不开物质性，但其本质却在于其精神性。虽然不同思想传统、流派和研究者对此"精神性"的理解、表述和侧重点存在差异，但都不否认其根本的重要性。以古典社会理论最主要的代表涂尔干和韦伯为例：涂尔干所建构的"职业群体"（professional group）虽然具有经济、政治和伦理等功能，但无论就涂尔干对此所做的社会史考察还是理论建构而言，道德规范所带来的社会团结无疑是这种群体最主要的功能（涂尔干，2000：200）；而在韦伯那里，撇开他在学术生涯的中后期对宗教伦理与"资本主义精神"所做的经典研究（韦伯，2010）不论，在其早期的经验研究中，这种强烈的价值取向已经表述得很明确，譬如他在运用政治经济学视角研究当时德国的具体社会经济问题时写道：

> 当我们超越我们自己这一代的墓地而思考时，激动我们的问题并不是未来的人类将如何"丰衣足食"，而是他们将成为什么样的人，这个问题才是政治经济学全部工作的基石。我们所渴求的并不是培养丰衣足食之人，而是要培养我们认为足以

构成我们人性中伟大和高贵的素质……一种以"人"为对象的科学说到底最关切的是"人的素质";政治经济学正是这样一种以"人"为对象的科学,它要研究的是特定社会经济生存状况中成长起来的人的素质(韦伯,1997:90—91)。

就此而言,在这项试图"重返经典社会科学研究"的研究中,对"制度精神"的强调也就是其题中应有之意了。不过,就乡镇企业而言,仅仅强调这种改革时代的"制度精神"可能还是不充分的。众所周知,中国始于20世纪70年代末的改革之所以发端于部分农村地区,基本上是生存问题之逼迫使然;同样,乡镇企业在改革初期的广大乡村地区的兴起,虽然有其历史上的制度根源(如《占有》一文所论述的),但鉴于其所处时代背景及边缘性的地位,生存逻辑可谓主宰了其并不是很长的发展史。大凡经历过改革早期历程的中国人,大都对乡镇企业那为了生存和扩张而不择手段的做法以及生产的大量假冒伪劣产品印象深刻。而在乡镇企业发展的中后期,尤其是其转制及后续的发展(大多转为民营企业)中,其毫不掩饰的功利主义(并不完全等同于企业对利润的追求)同样给国人留下了深刻印象。因此,当我们强调其所体现出的改革时代的制度精神的同时,也应当看到这种"精神"的另外一个面相:生存逻辑与功利主义。更为重要的是,如果说乡镇企业是一种"总体现象",那么它所体现出的这个"精神"维度也具有"总体"意义;尤其是20世纪90年代中期以来,随着某些研究者提及的中国"新的总体性社会"的渐渐形成,功利主义也渐渐成为当下中国人在社会生活中最重要的价值取向。社会科学尤其是社会学研究,自其诞生伊始,虽然主要致力于对现实经验问题的解释(以及相应的解决之道),但批判和理想也是其研究的基本维度。且不论马克思对资本主义社会的深刻批判,作为古典社会理论主要代表的涂尔干(例如,涂尔干,2000)和韦伯(例如,韦伯,2010),实际上都以批判功利主义的社会理论作为其创建自己理论的逻辑起点,帕森斯对此给予了明确阐述,并从思想史的角度对功利主义的社会理论进行了系统的批判,从而对"秩序问题"提出了经典性的论述(Parsons,1968: esp. char.4)。相反,在当今中国的社会学研究中,利益取向和利益关系似乎成为压倒性的视角。

二是,就社会科学作为"人的科学"而言,它自始至终都特别关注各种层次的"主体",从个体"自我"到不同层次的"群体"。以韦伯关于"新教伦理"的研究(韦伯,2010)为例,这项经典研究的主旨并非在于提出一种不同于马克思的关于资本主义起源的新解释(尽管二者的关联是明显的),而是对"现代自我"的起源和形成进行了深入的谱系学探讨(例如,Kim,2004)。在韦伯的论述中,这个问题又与西方近代史上一个新的群体或阶层——"中产阶级"(德语das burgertum)[①]——的兴起密切相关,这个群体是一种新的"伦理"的主要担纲者(carrier),他们的"心智框架"(frame of mind,中译本译作"思想框架")与西方历史上的一些重大变化(如"现代资本主义"的兴起)息息相关。在韦伯晚期对"世界宗教(world religions)的经济伦理"的博大精深的比较研究中,世界各大文明中的主要伦理的主要担纲者都是其研究的重点所在。回到《占有》这项研究,我们在其中可以看到围绕乡镇企业的较为复杂和详尽的"结构分析"和"机制分析",看到乡镇企业所呈现出来的多维面相,但我们依然不清楚这些"结构"和"机制"背后推动企业运行的"主体"。如果说乡镇企业体现了改革早期的时代精神,那么,这种精神的担纲者又是什么样的个体和群体呢?文中提及的各种角色——如乡镇企业的厂长和经理、乡镇基层的官员等——还主要限于相关法规文件中的抽象存在。[②]考虑到中国当时所处的特

---

① 韦伯对这个概念的使用,强调的是其作为欧洲历史上一个新兴阶层、一种新的价值观的担纲者的意涵。这与法文中的bourgeois和英文中的middle class含义并不完全一致。"中产阶级"这个词也不能恰当表达其含意。

② 文中提到的华西村的吴仁宝是个例外,不过,一方面他并不具有普遍代表性,同时我们也依然不清楚其"心智框架"。

殊背景，这种研究要求也许过于困难而难以实现，但"制度与人"历来是难以割裂开来的。我们今天来研究乡镇企业，自然想要知道与之相关联的形形色色的人都是什么样的人，或用韦伯的话说，他们有什么样的"心智框架"？这种内在状态又是如何与外在条件关联起来而推动了乡镇企业这一独特的企业组织的兴亡？

（本文原载《社会》2013年第3期）

参考文献

刘世定，1996，《占有制度的三个维度及占有认定机制：以乡镇企业为例》，载于《中国社会学》第5卷（上海，上海人民出版社，2006年），原载于潘乃谷、马戎编，《社区研究与社会发展》（下），天津：天津人民出版社。

莫斯，2002，《礼物》，汲喆译，上海：上海人民出版社。

渠敬东，2013a，《占有、经营与治理：乡镇企业的三重分析概念——重返经典社会科学研究的一项尝试（上）》，《社会》第1期。

——，2013b，《占有、经营与治理：乡镇企业的三重分析概念——重返经典社会科学研究的一项尝试（下）》，《社会》第2期。

渠敬东、周飞舟、应星，2009，《从总体支配到技术治理：基于中国三十年改革经验的社会学分析》，《中国社会科学》第6期。

孙立平、王汉生、王思斌、林彬、杨善华，1994，《改革以来这个社会结构的变迁》，《中国社会科学》第2期。

涂尔干，2000，《社会分工论》，渠东译，北京：生活·读书·新知三联书店。

——，2001，《职业伦理与公民道德》，渠东译，上海：上海人民出版社。

韦伯，1997，《民族国家与经济政策》，甘阳编译，北京：生活·读书·新知三联书店。

——，2010，《新教伦理与资本主义精神》，苏国勋、覃方明、赵立玮译，北京：社科文献出版社。

杰弗里·亚历山大，2006，《经典文本的中心地位》，赵立玮译，《社会理论》第2辑。

应星，2005，《评村民自治研究的新取向——以〈选举事件与村庄政治〉为例》，《社会学研究所》第1期。

周雪光，2005，《"关系产权"：产权制度的一个社会学解释》，《社会学研究》第2期。

Comte, August. 1849/1896. *The Positive Philosophy of August Comte*, vol.2, freely translated and condensed by Harriet Martineau, Cornell University Library.

Merton, Robert. 1968. *Social Theory and Social Structure*, New York: The Free Press.

Parsons, Talcott. 1949. "The Position of Sociological Theory." In *Essays in Sociological Theory Pure and Applied*, Glencoe, Illinois: The Free Press.

——. 1951. *The Social System*. New York: The Free Press.

——. 1968. *The Structure of Social Action*. New York: The Free Press.

——. [1970] 1977. "On Building Social System Theory: A Personal History." In *Social Systems and the Evolution of Action Theory*, New York: The Free Press.

——. [1975] 1977. "The Present Status of 'Structural-Functional' Theory in Sociology." In *Social Systems and the Evolution of Action Theory*, New York: The Free Press.

——. 1981. "Revisiting the Classics throughout a Long Career." In *The Future of the Sociological Classics*, edited by Buford Rhea, London: George Allen & Unwin.

Simmel, Georg. 2004. *The Philosophy of Money*. London: Routledge.

Wearne, Bruce, C.. 1989. *The Theory and Scholarship of Talcott Parsons to 1951*. Cambridge: Cambridge University Press.

Weber, Max. 1946. *The Methodology of the Social Science*. Translated and edited by Edward A. Shils and Henry A. Finch, New York: The Free Press.